学科整合的美育范式和创新实践

张 熙　章光虎　肖 锐　著

西南交通大学出版社
·成　都·

图书在版编目（CIP）数据

学科整合的美育范式和创新实践 / 张熙，章光虎，肖锐著. -- 成都：西南交通大学出版社，2024.11.
ISBN 978-7-5774-0152-2

Ⅰ. G40-014

中国国家版本馆 CIP 数据核字第 20240GJ006 号

Xueke Zhenghe de Meiyu Fanshi he Chuangxin Shijian
学科整合的美育范式和创新实践

张　熙　　章光虎　　肖　锐　著

策划编辑	郭发仔
责任编辑	郭发仔
封面设计	墨创文化

出版发行	西南交通大学出版社 （四川省成都市金牛区二环路北一段 111 号 西南交通大学创新大厦 21 楼）
邮政编码	610031
营销部电话	028-87600564　028-87600533
网址	http://www.xnjdcbs.com
印刷	四川森林印务有限责任公司

成品尺寸	170 mm×230 mm
印张	18
字数	250 千
版次	2024 年 11 月第 1 版
印次	2024 年 11 月第 1 次
定价	98.00 元
书号	ISBN 978-7-5774-0152-2

图书如有印装质量问题　本社负责退换
版权所有　盗版必究　举报电话：028-87600562

序 Preface

在推进中国式现代化的进程中，人民群众的物质生活与精神生活同等重要。美育是丰富精神生活的重要源泉，是促进人的全面发展的重要途径。学校美育在党和国家的工作部署中具有十分重要的战略地位，属于培根铸魂的重要工作。这要求学界和一线教育阵地高度重视与加强学校美育，深刻认识学校美育的育人价值，创新学校美育的方法与路径。

美育是审美教育、情操教育、心灵教育，也是丰富想象力和培养创新意识的教育。不仅可以提高学生的文化理解、审美感知、艺术表现、创意实践等核心素养，还可以浸润身心，使学生的人格更加健全。早在春秋时期，孔子提出"兴于诗、立于礼、成于乐"。近代学者王国维提出"美育者，一面使人之感情发达以达完美之域，一面又为德育与智育之手段"，认为美育不仅可以陶冶人的心灵，怡情养性，还可以作为育德启智的手段。蔡元培认为"若为涵养德性，则莫如提倡美育"。在教育现代化发展的今天，美育作为培养学生审美和人文素养、促进学生全面发展的重要途径，其作用与价值不言而喻。而学科课程整合作为一种课程改革的重要探索方式，为进一步加强学校美育工作、强化学校美育的育人功能提供了广阔的空间。

重庆市沙坪坝区儿童艺术学校历经三十余年的美育发展，形成了"每一天，美一天"的校园文化，建立了教师审美育人能力提升机制，健全了审美课程体系，构筑起家校社馆全域美育新局面，形成了审美化办学特色。此外，还围绕学校美育、学科整合、美育实践等研究主题，开展了深入的研究与实践。同时，基于国内外现有研究基础与学校三十余年的美育发展历程，学校总结经验并提炼成本书，以便为其他学校美育工作的开展提供借鉴。

　　本书秉持"立足儿童，扎根实践，遵循美育特点"的研究风格与实践精神，着眼于学校课程体系中美育的地位和作用，注重探索学科整合美育范式下的创新实践路径。本书共六个章节，通过对美育理论和实践的梳理，结合党中央对学校美育工作的要求与部署，全面系统地探讨了学科整合美育范式的理论与实践，深入剖析了学科整合美育的核心概念和意义；创造性地建构了三个类别的学科整合美育的基本范式：艺术课程美育增值范式、学科课程美育渗透范式、综合课程美育效应范式；通过丰富的案例和教学设计展示了其在实际教学中的运用。同时，书中还对学科整合美育范式的评价体系进行了深入研究，为读者呈现了一个完整的学校美育体系，为广大教育工作者、研究者和决策者提供有益的启示。

　　在西南大地上盛开的美育之花，凝聚着中华民族对美的持久追求和热切向往。相信本书能够成为美育教育领域的重要参考资料，为推动我国美育教育事业的发展作出积极贡献。

罗生全
2024 年春于西南大学

前言 Preface

2020年10月，中共中央办公厅和国务院办公厅共同印发《关于全面加强和改进新时代学校美育工作的意见》，明确要求把美育纳入各级各类学校人才培养全过程，贯穿学校教育各学段，强调"以提高学生审美和人文素养为目标，弘扬中华美育精神，以美育人、以美化人、以美培元"。2023年12月22日，教育部下发《关于全面实施学校美育浸润行动的通知》，要求以"推动形成全覆盖、多样化、高质量的具有中国特色的现代化学校美育体系"为行动目标。2024年1月，《中共中央、国务院关于全面推进美丽中国建设的意见》印发出台，建设美丽中国是实现中华民族伟大复兴中国梦的重要内容，反映了人民对美好生活的向往与追求，而美育教育的深入、美育范式的建构，对于全面提升国民美育素养、深入推进美丽中国建设具有重要价值与意义。

自1991年更名为重庆市沙坪坝区儿童艺术学校以来，学校发展经历了三个十年，走过了战略选择与调整适应阶段、课程重构与优势突破阶段、课程深化与审美文化建构阶段，从2021年开始进入审美教育与学科整合全面育人阶段。学校开展以"普适+特长"为目标的"3+2"艺术课程群，着力构建美育视角下五育融合发展课程体系，全面推动学科审美化教学模式，实现五育融合学科教学，通过跨学科五育融合实践活动，提升学生的审美与人文素养。成果多次在全国现场交流。历时三年的反复总结与提炼，在广大研究工作者的努力下，本书得以完成。在完成初稿时，《教育部关于全面实施学校美育浸润行动的通知》的颁布让我们欣喜，本书的研究初衷与文件精神不谋而合，故研究成员在充分吸收文件精神的基础上进一步完善书籍，以求能够进一步为新时代美育工作贡献力量。

本书立足学科整合美育范式的理论基础，回应新时代学校美育发展的新命题，进一步澄清了学科整合美育范式的基本理念，界定了学科整合美育范式下的课程结构，并明晰了学科整合美育的基本范式。从价值表征、基本思路、基本形态三个维度出发，对艺术课程的美育增值范式、学科课程的美育渗透范式、综合课程的美育效应范式三大范式建构逻辑进行系统梳理。随后，基于学科整合美育范式教学设计的基本思路对艺术类课程、学科类课程、综合类课程进行教学设计，打造出艺术类审美化教学模式、学科类审美化教学模式、综合类审美化教学模式三大模式，并列举出学科整合美育范式的典型案例。最后，基于学科整合美育范式评价的理论基础，提出学科整合美育范式的评价理念，开发相应评价工具并以具体案例呈现工具应用过程，进而完善学科整合美育范式的科学评价体系。

  本书得到了西南大学教师教育学院罗生全院长的全程精心指导，得到了赵伶俐教授、邓翠菊副教授及其团队的多次指导。本书的具体分工如下：第一章，张熙、钱怡、韩奕；第二章，章光虎、张熙；第三章，张熙、罗婷；第四章，肖锐、李定维、刘刚；第五章，肖锐、刘刚、孙溥；第六章，张熙、何鑫、万天群、杨晴琴。最后由张熙、章光虎和肖锐修改并定稿。

  在本书即将付梓之际，衷心感谢所有参与本书编写工作的教育理论研究者、一线教育工作者、在读博士生与硕士生。感谢儿童艺术学校的老师们，他们勤勤恳恳，兢兢业业，很多人都把自己的青春年华奉献给了儿童艺术学校。同时，也要感谢本书责任编辑付出的辛劳与智慧，让本书得以顺利出版。

作 者

2024 年 3 月

目录 Contents

第一章 学科整合美育范式的提出与理论基础 001
第一节 学校美育发展的历史过程 001
第二节 新时代学校美育发展的新命题 019
第三节 学科整合美育范式的思想基础 045

第二章 学科整合美育范式的基本理念 058
第一节 学科整合美育的范式理念 058
第二节 学科整合美育范式的育人理念 073
第三节 学科整合美育范式下的课程重组及结构 084
第四节 学科整合美育的基本范式 098

第三章 学科整合美育的三大范式建构 108
第一节 艺术课程美育增值范式的建构逻辑 108
第二节 学科课程美育渗透范式的建构逻辑 123
第三节 综合课程美育效应范式的建构逻辑 136

第四章 学科整合美育范式教学设计理论 152
第一节 学科整合美育范式教学设计基本思路 152
第二节 艺术类审美化教学设计 168
第三节 学科类审美化教学设计 181
第四节 综合类审美化教学设计 191

第五章 学科整合美育范式教学设计案例 201
第一节 学科整合美育范式艺术类教学设计 201
第二节 学科整合美育范式学科类教学设计 209
第三节 学科整合美育范式综合类教学设计 218

第六章 学科整合美育范式的评价体系 227
第一节 学科整合美育范式评价的理论基础 228
第二节 学科整合美育范式的评价工具 238
第三节 学科整合美育范式评价工具的应用 269

参考文献 279

第一章
PART ONE

学科整合美育范式的提出与理论基础

为落实中共中央办公厅、国务院印发的《关于全面加强和改进新时代学校美育工作的意见》、教育部《关于全面实施学校美育浸润行动的通知》，全面贯彻落实党的教育方针，坚持社会主义办学方向，以立德树人为根本，弘扬中华美育精神，以美育人、以文化人、以美培元，重庆市沙坪坝区儿童艺术学校基于30多年审美化办学特色，整合美育资源，对"学校美育"进行深入探究，持续推进学校美育教育改革，有效落实学校素质教育的目标。

着眼于新时代学校美育发展政策，重庆市沙坪坝区儿童艺术学校从发展学生的审美与人文素养、优化学校的课程建设、强化教师队伍等多方面增强美育在促进学生全面发展工作中的重要作用。积极探索学校在美育促进人的全面发展方面的创新方式，将审美与人文素养和"五育"全面融通，基于国家的政策导向与学校30多年的美育探索经验，初步构建学科整合的美育范式。

第一节 学校美育发展的历史过程

随着中国教育的不断变革和时代的快速发展，学校美育逐步成熟，美育的重要性在争论中逐步凸显，知识领域逐步拓展并不断丰富。学校美育的历史过程不仅是一种发展趋势，还涉及社会、文化和艺术的传承与发展。对学校美育的历史过程分析可以从学校美育的性质与定位、发展过程两个维度进行展开，对学校美育历史过程的分析有助于学校美育概念的界定、对学校美育发展方向的把握与育人实效的提高。重庆市沙坪坝儿童艺术学校基于国家的政策导向与自身30多年的美育探索经验，持续对学校美育工作进行实践与探索，为拓宽美育教育的思路、丰富美育教学内容和方法、提高美育教育的质量和效果，提供了理论与实践支撑。

一、学校美育的性质与定位

对学校美育的概念、内涵与边界的界定是进行学校美育科学研究的前提和基础。密尔（John Stuart Mill）指出："概念是我们各种理论的核心部分。"[①]它不仅决定了这是一门什么样的学科，而且是这门学科得以发生、发展的重要基础。[②]厘清学校美育的概念，有助于廓清研究边界，把握其性质与定位，为学科整合的美育范式与创新实践奠定基础。

（一）学校美育的概念

1. 美　育

"美育"是舶来品，英文叫"aesthetic education"，于19世纪初随着西方美育思想传入中国。王国维在其《孔子的美育主义》一文中，最早使用了"美育"这一术语。随后，学者们相继对美育提出见解，从不同角度探讨美育与教育的关系。一是情感教育说。这种观点从教育手段或功能角度，把美育视为激发和培育情感的教育。王国维借鉴康德人的主体能力分为知、情、意的观点，在《论教育之宗旨》一文中曾说："教育之事亦分为三部：智育、德育（即意志）、美育（即情育）是也。"[③]并认为："美育使人之感情发达，以达完美之域"[④]，即美育能够怡情养性，陶冶心灵，

[①] 加里·戈茨. 概念界定：关于测量、个案和理论的讨论[M]. 重庆：重庆大学出版社，2014：1.
[②] 项贤明. 论教育学的术语和概念体系[J]. 教育研究，2018，39（02）：43-51.
[③] 王国维. 王国维文集（第三卷）[M]. 北京：中国文史出版社，1997：57.
[④] 王国维. 论教育之宗旨[J]. 教育科学论坛，2001（11）：64-64.

使人达到完美的境界。蔡元培看到了美育作为情感教育的重要性："美育者，应用美学之理论于教育，以陶养感情为目的者也。"[1]认为美育可以陶养人的情感，对人的发展有重要作用。二是艺术教育说，这种观点从美育的主要内容角度，将美育构架在艺术教育之中。黑格尔认为，美是人类的本质以艺术为中介的某一属性的外化，在这一基础上的美育则成了通过学习如何鉴赏与创作艺术作品，来提高对艺术品的理解、评价与制作能力。[2]由此，将艺术教育作为实施美育的重要途径，这种观点对后续学者们的研究有深刻影响。三是审美教育说。持这种观点的学者认为，美育的本质是审美客体作用于审美主体，使主体产生情感体验、获得美感、使精神得到陶冶的过程。因此，美育具有发展人的审美能力的独特功能，美育应视为审美素质教育。[3]《中国大百科书》把美育的概念直接纳入审美教育的范畴，即美育是"审美教育或美感教育，它培养个体认识、关爱和创造美的能力"。中华美学学会副会长杜卫先生认为："美育以感性教育为其本质特征，以情感体验为过程，即个体基于知觉的对于对象和自身内心的品位、体悟等情感感受经历。"[4]美育即使人产生审美体验的情感教育。

随着历史的发展，美育的内涵也凸显出不同的维度，反映了不同时代美育的属性和特征。2020年10月，《关于全面加强和改进新时代学校美育工作的意见》，从国家层面进一步明确了美育的含义，即美育是审美教育、情操教育、心灵教育，也是丰富想象力和培养创新意识的教育。[5]综上，美育不仅是一种情感教育，而且是一种培养想象力和创新意识的教育；不仅可以提高受教育者的审美素质，还可以提高他们的创新能力和创造力。

---

[1] 蔡元培. 蔡元培美学文选[M]. 北京：北京大学出版社，1983：174.
[2] 程远. 马克思主义美育观与当代中国美育建设[D]. 北京交通大学，2018.
[3] 冉祥华. 美育与创造力[M]. 郑州：河南人民出版社，2004：14.
[4] 杜卫. 情感体验：美的根本特征-当代中国美育基础理论问题研究之四[J]. 美术研究，2020（3）：6.
[5] 中共中央办公厅，国务院办公厅. 关于全面加强和改进新时代学校体育工作的意见、关于全面加强和改进新时代学校美育工作的意见[EB/OL].（2020-10-15）[2024-02-6]. http://www.moe.gov.cn/jyb_xxgk/moe_1777/moe_1778/201509/t20150928_211095.html.

2. 学校美育

"学校美育是指根据学校教育目的，有计划地向学生实施审美教育的活动。"[①]18世纪德国哲学家席勒在他的著作《美育书简》中首次提出了现代教育中的美育概念。他将美视为主体感性与理性的有机统一，认为美育是促进人性和谐发展的必由之路。这为现代美育理论奠定了基础。到了20世纪初，蔡元培等先行教育家将美育引入中国，并成功地将其与我国传统美育思想结合起来，正式形成了中国的现代美育理论。然而，在新中国成立之前，这些教育理念和美育思想并没有在全国范围内得到有效实施和推广，所以此时期只能被视为中国现代美育的倡导和探索时期。新中国成立后，学校美育工作逐渐得到了重视。

1951年，教育部召开了第一次全国中等教育会议，提出了德育、智育、体育、美育全面发展的培养目标，美育被明确列为学校教育的重要组成部分，"学校美育"应运而生。2015年9月15日，国务院办公厅印发《关于全面加强和改进学校美育工作的意见》[②]，这个文件是新中国成立以来国务院发布的第一个学校美育文件，为新时代学校美育改革发展做出了顶层设计和全面部署，明确了当前和今后一个时期加强和改进学校美育工作的指导思想、基本原则、总体目标和政策措施，为学校美育教育工作指明了建设与改革方向。

基于学校美育的发展历程与国家政策定位，"学校美育"是顺应新时代教育要求、根植于学校的理念文化有计划地向学生实施的审美教育，旨在提升学生的审美与人文素养，最终培养全面发展的人，成就他们的美好人生。

---

① 张国发. 学校美育的发展历程、现实困境及发展路径[J]. 大庆师范学院学报，2021，41（3）：120-128.
② 国务院办公厅. 关于全面加强和改进学校美育工作的意见[EB/OL]. （2015-09-15）[2024-02-6]. https://www.gov.cn/zhengce/content/2015-09/28/content_10196.htm?ivk_sa=1024320u.

（二）学校美育的性质

性质是事物的一个或一组规定性，表征该事物的显著特征，也是该事物区别于其他事物的明显标志。对事物性质的认识与把握，是认识该事物的重要方法或思想前提。[①]学校美育是党的教育方针所强调的重要教育内容，所面对的教育对象是学生，这决定了学校美育的特定属性。

一是学校美育的育人性。学校美育是坚持面向人人的育人机制，旨在通过增强学生审美意识、审美能力和审美体验，培养学生的审美与人文素养。坚持育人导向，将学校美育实践作为学校立德树人的重要载体，通过开展学校相关活动，围绕党和国家重大战略部署，在学校的美育实践活动中弘扬社会主义核心价值观，引导学生树立正确的审美意识，提升学生的审美与人文素养，促进学生的全面发展。

二是学校美育的差异性。新时代美育强调面向全体学生，但是也需要尊重不同学生的个性化和差异化，尤其是不同地区具有不同特长的学生，学校要进行不同的课程设计，不能简单地把传统通识课程、校园社团和文艺活动直接等同于美育，而要高度重视地域和学校的自然条件与人文历史资源，将生态美、非遗美、艺术美和人文美融合到特色的美育课程当中。

三是学校美育的课程综合性。学校美育既可以与德育、智育、体育、劳育"五育并举"，也可视作为一种强调教育审美理念与方法贯穿于全部育人活动中。学校美育有别于传统素质教育与通识教育，其载体更为广泛，结合客观事物和主观感受，从品德美、社会美、科学美、艺术美、勤劳美、自然美等方面对学生的审美素养与审美能力进行全面渗透与提升。

（三）学校美育的定位

基于学校美育的性质，学校美育是对学生"美的感受、欣赏、创造"的培养。学校美育必须适应新时代经济社会发展形势，培养肩负振兴国家

---

① 石中英. 关于现阶段普通高中教育性质的再认识[J]. 教育研究，2014，35(10)：18-25.

重任的新生力量。为此，学校美育必须以国家政策与需求为现实基础。①

一是培养学生的审美感知，奠定审美素养的基础。发展学生的审美素养是新时代学校美育的基本目标之一。审美感知的培育，有助于学生发现美感知美、丰富审美体验、提升审美情趣。②一种素养往往掌握一种特定的话语范式，因为它涉及一种特殊的感受、想象和领悟方式。审美素养也是如此，蕴含一种从客观化的审美对象或情境向主观化的审美感受的转化过程，即审美体验的过程。审美体验过程是审美活动的开端，以人的知觉能力和感官系统为生理机制，以个体的审美经验为心理基础，通过对审美对象的感觉、直觉、选择、分析与判断达成对美的接受和理解。③学生在审美情境的刺激下，去认识、理解、体验美的事物，察觉蕴含在其中的美，体验美带来的愉悦感、满足感、成就感，奠定生成审美素养的基础。

二是以美启智，培养学生关于实践层次的审美素养。学校美育除了承担培养学生的审美感知，奠定审美素养基础的任务外，还具有现实意义的追求——培养实践层次的审美素养，也就是说，帮助学生应对社会生存的审美需要，解决日常生活中的审美问题。实践层次的审美素养以学生的审美感知为基础，以真实、充分的审美体验为依据，结合各学科的知识、技能等理性经验，通过对各项审美力、审美体验、审美方法的有机结合，帮助学生熟练、灵活地应对和解决学习、工作和生活等情境中的真实审美问题。

三是培养完满的人，增强学生的审美创造。审美是审美主体对"美"的开放的领悟过程，是植根于审美主体即人的生命活动的独特性质。审美创造是基于审美体验与审美实践的创造性活动，是通过有意识地创造美好

---

① 何茜，余雁君. 新时代中小学艺术教育的时代使命与价值重构[J]. 课程. 教材. 教法，2023，43（2）：136-141.
② 中华人民共和国教育部. 义务教育艺术课程标准（2022年版）[S]. 北京：北京师范大学出版社，2022：5.
③ 王鑫，鞠玉翠. 审美素养：从素朴审美力到生活艺术家[J]. 教育研究，2022，43（7）：31-41.

事物使学生能表达思想情感和体现自由精神。席勒认为，一个"完全的人"只能是"审美的人"和"自由的人"。人通过审美活动克服人性分裂，把感性与理性完美结合，成为完整、自由的人。①由此，在完满人性的意义上理解人的审美素养，可以使学生达到感性与理性和谐发展的完满状态，增强学生的审美创造是学校美育的使命。

二、学校美育的发展过程

学校美育应是以促进学生身心和谐发展为目标的艺术教育与教育艺术有机整合的大美育。②联合国教科文组织国际发展委员会在一份报告中指出："今天的教育家面临着一件使人着迷的任务——发现如何在理性训练与感性奔放之间求得和谐平衡。"③学校美育是陶养学生情感、提升审美与人文素养、促进学生感性与理性和谐发展的完满状态的重要途径，我国各界对于学校美育工作的重要性已经取得共识。

（一）艺术课程与学校美育起始阶段

学校美育形成于学校开设的艺术课程。艺术课程开设门类，则由具体的教育政策和法规决定。④1904年颁布实施的《奏定学堂章程》，是中国近代第一个以教育法令公布并在全国实行的学制章程，明确规定了在中小学堂开设图画、手工等美术课程，对学校艺术课程设置进行了说明和安排。然而，由于清政府追求"师夷长技以制夷"的功利目标以及对艺术教育的狭隘理解，法令中的艺术课程设置要么不完善，要么得不到重视。民国初年，蔡元培任教育总长，在其推动下，民国教育部于1912年9月正式颁布

---

① 席勒弗里德里希. 审美教育书简[M]. 冯至，范大灿，译. 上海：上海人民出版社，2022：31.
② 粟高燕. 论学校美育体系的创新[J]. 教育探索，2002（10）：14-15.
③ 联合国教科文组织丛书. 学会生存—教育世界的今天和明天[M]. 上海：上海译文出版社，1979：130.
④ 汪宏，赵伶俐. 政策视域下中国学校美育百年嬗变[J]. 西南大学学报（社会科学版），2022，48（1）：161-170.

了"注重道德教育，以实利教育、军国民教育辅之，更以美感教育完成其道德"的教育宗旨。受此影响，1912年颁布的《小学校令》《中学校令》《师范教育令》和《大学令》确定了艺术课程在学校教育中的地位。诸如图画、唱歌、手工、乐歌等被称为美育的"专科"或"专属课程"，且均被列为必修课。①除了以法条的形式确立艺术课程在学校中的地位外，民国政府还对艺术课程的具体内容、具体目标以及授课时数做了规定。这样，自民国新学制颁行到1949年，学校艺术课程的形式基本固定下来，其间经历了数次修改，但主要是对课程名称做了些许调整。

（二）新中国学校美育探索阶段

中华人民共和国成立后，学校教育开始正规化、常态化。苏联凯洛夫的《教育学》作为第一本社会主义国家的教育学著作成为中国学校教育重要指导理论，对学校美育产生了两个重要影响：一是提出了"1智育、2综合工科教育、3德育、4体育、5美育"的个性全面发展观点②，把美育纳入共产主义的全面发展观；二是明确了"美的"艺术教育对美育的重要性③，强化了艺术教育等同美育的倾向。凯洛夫以智育和美育分别为首尾的全面发展观对中国"全面发展教育"提法有较大影响。1951年召开的第一次全国中等教育会议提出了"要使青年一代在智育、德育、体育、美育等方面获得全面发展，成为新民主主义社会自觉的积极的成员"④的教育宗旨和目标。周恩来后来在1954年的政务会议上也强调："我们向社会主义，共产主义前进，每个人要在德、智、体、美等方面全面发展。"⑤这

---

① 章咸，张援.中国近现代艺术教育法规汇编[M].北京：教育科学出版社，2011：70.
② 凯洛夫.教育学：上册[M].北京：人民教育出版社，1950：60-61.
③ 凯洛夫.教育学：下册[M].北京：人民教育出版社，1951：169-189.
④ 何东昌.中华人民共和国重要教育文献(1949-1975)[G].海口：海南出版社，1998：87.
⑤ 刘英杰.中国教育大事典[M].杭州：浙江教育出版社，1993：3.

样,与"学生全面发展"相适应的"全面发展教育"就被正式提了出来。①1952年颁布的《幼儿园暂行规程》《小学暂行规程》和《中学暂行规程》分别对美育目标做了具体规定:"培养幼儿爱美的观念和兴趣,增进其想象力和创造力""使儿童具有爱美的观念和欣赏艺术的初步能力"以及"陶冶学生的审美观念,并启发其艺术的创造能力"。这些目标表述很明显有凯洛夫《教育学》"美育"的影子。

(三)学校美育体系形成阶段

1978年党的十一届三中全会冲破了长期"左"的错误的严重束缚,开启了改革开放和社会主义现代化建设的伟大征程。艺术教育和美育问题重新得到重视,各界纷纷发表恢复美育的倡议,提请高层重视美育问题。1986年,第六届全国人大第四次会议《关于第七个五年计划的报告》指出:"各级各类学校要认真贯彻执行德育、智育、体育、美育全面发展的方针。"这是近三十年后,美育重新回归全面发展教育方针的第一次政策性表述。与此同时,艺术教育逐步走入正轨,学校恢复了艺术课程"音乐课"和"美术课"的称谓,经过几次调整,中小学艺术课程的课时设置稳中有升,扩展了中小学音乐教学和美术教学的内容。②不过,此时美育观念滞后和美育实施弱化的问题仍然存在,狭隘的艺术教育观和工具取向的艺术教育实践问题还较为普遍。除了硬件设施和师资问题外,对艺术教育的认识还没有真正到位,表现为:把艺术教育当作"小三门",对审美教育和技能教育、普及与提高、校内与校外的关系处理不当。③1993年,中共中央、国务院印发了《中国教育改革和发展纲要》,明确规定"美育对于培养学

---

① 教育部体卫艺司,教育部艺术教育委员会.学校艺术教育60年[M].长沙:湖南师范大学出版社,2009:55.
② 教育部体卫艺司,教育部艺术教育委员会.学校艺术教育60年[M].长沙:湖南师范大学出版社,2009:130-132.
③ 杨瑞敏.我国学校艺术教育现状及亟待解决的问题[J].中国美术教育,1995(6):2-5.

生健康的审美观念和审美能力，陶冶高尚的道德情操，培养全面发展的人才具有重要作用。"这是政府层面首次在教育法规中专条论述美育在学校教育中的作用，对理解美育内涵、加强美育地位提供了重要的政策支持。随后，1998 年颁布的《中共中央 国务院关于深化教育改革全面推进素质教育的决定》将美育纳入素质教育范畴，把社会美育大环境纳入学校美育的范畴，并对农村美育提出了要求。这一方面扩展了美育的内涵，另一方面为学校美育的全面实施提供了政策保障。

（四）新时代学校美育全方位推进阶段

2012 年，党的十八大召开，开启了中国特色社会主义新时代。党的十八大报告延续了党的十六大以来"培养德智体美全面发展的社会主义建设者和接班人"的教育方针，并谋划了建设"美好家园""美丽中国"的远景。审美自此成为国家政策的主旋律，美育开始迎来百年难得的发展机遇。2013 年，党的十八届三中全会明确提出"改进美育教学，提高学生审美和人文素养"，对学校美育目标的界定进一步拓展了学校美育的内涵，奠定了美育在学校整个教育体系中的基础性地位。2014 年 10 月 15 日，文艺工作座谈会在北京召开，习近平总书记主持并发表重要讲话。为落实文艺工作座谈会精神和党的十八届三中全会对全面改进美育教学作出重要部署。2015 年 9 月，国务院办公厅印发《关于全面加强和改进学校美育工作的意见》。① 2019 年教育部出台《关于切实加强新时代高等学校美育工作的意见》，提出了高校美育工作的十四项举措，清晰地规划出美育建设的时间表，进一步强化了高校美育工作的重点及改革举措。2020 年，中共中央办公厅和国务院办公厅又联合印发了《关于全面加强和改进新时代学校美育工作的意见》并提出，美育是审美教育、情操教育、心灵教育，是丰富想

---

① 国务院办公厅. 关于全面加强和改进学校美育工作的意见[EB/OL]. （2015-09-15）[2024-02-6]. https://www.gov.cn/zhengce/content/2015-09-28/content_10196.htm?ivk_sa=1024320u.

象力和培养创新意识的教育，能提升审美素养、陶冶情操、温润心灵、激发创新创造活力，进一步提升了美育在学校教育中的基础性地位，是对学校美育系统性、一体化、一贯式的全方位改革方案。2023年出台的《教育部关于全面实施学校美育浸润行动的通知》进一步强调要加强学校美育工作，强化学校美育的育人功能。

党的二十大召开后，学校美育在国家政策的推动下，进入发展的黄金时期。学校是美育教育实施落地的主要阵地，在新时代教育高质量发展的要求下培养具有审美素养与人文素养兼具的时代新人，是当今学校美育的重要使命。

三、学校美育发展的重庆市沙坪坝区儿童艺术学校实践

重庆市沙坪坝区儿童艺术学校是重庆市唯一的一所以艺术命名的公办小学。学校坚定地选择美育特色发展战略，虽然历任校长在变，但"以美育人"的理念矢志不渝。经过30余年的美育探索，学校立足校情，形成了"以课程为核心，以文化为纽带，以美育特色引领学生全面充分发展"的办学思路，围绕学校美育、学科整合、美育实践等主题，开展了深入的研究与实践。

（一）底蕴深厚，营造区域美育文化氛围

重庆市沙坪坝儿童艺术学校（简称儿童艺术学校）将育人贯穿学校教育教学过程，让每个学生在校都能获得积极的审美情感体验，并将其作用于学习过程，最终实现个人知识与能力品质的全面发展。学校美育实践源自自身深厚的美育底蕴和各界的社会力量支持。

1. 学校历经30余年发展，美育底蕴深厚

学校坚持美育教育已经有30余年历史，以"每一天，美一天"为校园文化理念。践行"求真 崇善 爱美"的校训，在办学理念"艺术立校 以美

育人"的引领下,以"审美为核心的课程文化"为抓手,打造"盎然生机"的环境文化、"尔雅举止"的行为文化、"真 活 美"的课堂文化、"优雅睿智"的教师文化,以愉悦适切的方式,培养有艺术特长、全面充分发展的人。

2. 创造美的校园环境,美育保障体系完备

学校有科技与美育相融合的"数字美育馆"。数字美育馆的建设定位不同于数字艺术馆,更不同于数字美术馆,数字美育馆的功能更强调育人,利用数字平台实现人与机器的互补,实现以美育人。我校数字美育馆除了提供丰富的学习资源,以数字技术赋能学校美育,还依托国家智慧教育公共服务平台和地方平台创新实践。一是资源创新。开发教育教学、展演展示、互动体验等优质美育数字教育资源,持续更新上线美育精品课程和教学成果。二是传承创新。促进数字技术与中华优秀传统文化的融合,运用云展览、数字文博、虚拟演出等促进中华文明的传承创新。三是方式创新。探索利用传感技术、大数据、人工智能、虚拟现实等活化教学内容、创新教学方式、丰富艺术体验、改进评价过程。

学校有劳动教育、科学教育与美育相结合的"蝶艺美育馆"。蝶艺美育馆是一个综合性教育馆,通过创新教育模式,将劳动实践、科学创造与艺术教育相融合,让学生在亲身参与的过程中,培养劳动技能、掌握科学养殖蝴蝶方法、增强团队合作精神和创新意识,同时提升审美素养和人文素养。在蝶艺美育馆内,学生不仅有机会参与多样化的劳动技能活动,如养殖蝴蝶、种植植物、制作蝴蝶和昆虫标本、蝶翅画工艺制作等,体验劳动、科普的乐趣和价值,还为师生提供艺术创作空间和美学教育资源,让学生在创造美、欣赏美的过程中,提高审美素养和审美能力。

此外,学校形成了"每一天,美一天"的校园文化。学校不仅有像花园一样的美景,还注重内涵的打造,三步一个微型图书馆,五步一个美育展示空间。学校每层楼大大小小共有微型图书馆15个、美术展示台7个。学校以这样的方式培养学生良好的阅读习惯,充分打造生机盎然的环境文化。

3. 学校形成了教师审美育人能力提升机制，美育师资雄厚

学校探索出"五位一体"的教师审美育人能力提升机制，促进教师向素养发展型转变。"五位一体"指艺术教师素质结构标准、发展课程、必修/选修/自主研修的课程学习模式、课程实践模式以及评价模式"五位一体"全面推进，促进艺术教师专业化成长。通过教师专业发展机制的建构不断提高教师的审美与人文素养，促进教师实现从求专求能型到素养发展型的角色转变，丰富教师的"以美育人"知识体系，改善艺术教师专业化发展受限的现状。通过挖掘社会资源，与高校联动合作，借助重庆优秀团体的辐射作用等方式，不断提升教师审美育人能力。目前学校对教师进行梯队式建设，从全国优秀教师、市级骨干教师、区级骨干教师到校级骨干教师，以团队模式培养，让多位教师在国家级和市级赛课中获一等奖，并在全国刊物上发表成果。艺术课程校本开发模式向其他学科推进，各科教师也开发编制校本资源包，极大提高了教师的审美育人能力。

（二）学校逐步健全审美课程体系，勾勒审美化育人图景

为真正落实培育"全面发展的人"的教育初衷，学校基于30余年的美育实践，分四个阶段探索学校美育发展的历程。

1. 儿童艺术学校美育实践发展历程

第一个 10 年（1991—2000 年）为第一阶段，即战略选择与调整适应阶段。在这一阶段，学校探索艺术特色学校发展道路，集中力量做大做强艺术教育获得了成功。学校的精品创作舞蹈节目《小花的梦》一举获得全国群星奖金奖，学校获得教育部全国艺术教育先进单位。

第二个 10 年（2001—2010 年）为第二阶段，即课程重构与优势突破阶段。这一阶段的核心任务是从培养艺术专业人才转为培养全体学生艺术特长，从重视精品创作转向人人普及，儿童艺术学校梳理形成学校文化理念，正式确定了"艺术立校，以美育人"的办学理念，以艺术课程校本开发为突破口，落实以美育人。这一阶段的核心任务是进行学校课程的整体重构，实现优势突破。

第三个 10 年（2011—2020 年）为第三阶段，即课程深化与审美文化建构阶段。我们深知，孩子到学校来，并不只为艺术而来，尤其是基础教育阶段，学校应该为孩子们提供完整、无短板的教育，为他们的终身幸福奠定基础。学校的育人目标是艺术领先、全面发展，这就要求我们从艺术领先走向全面优质。我们的思路是抓住艺术课程中的审美因素，从艺术课程走向多学科审美教育，形成整体性的美育文化。这一阶段的核心任务是从艺术领先走向全面优质，我们采取的主要策略是以科研为抓手，以研促教，整体提升学校文化品位。

第四阶段是从 2021 年至今的审美教育与学科整合全面育人阶段。学校坚持以课程为核心，以文化为纽带，以美育特色引领学生全面充分发展为实施战略，在实践摸索中构建以美育为核心的审美课程体系，形成了以审美文化为核心的课程理念框架、各美其美的课程结构内容、以审美为核心的课程实施图景，推进学校的审美课程体系建设，为全学科育人的建构提供可能。

2. 立足本土，开发以审美为核心的课程体系

儿童艺术学校立足本体，构建了以审美为核心的课程体系图，由审美课程—艺术课程—学科课程—综合课程四个圈层组成（见图1-1）。

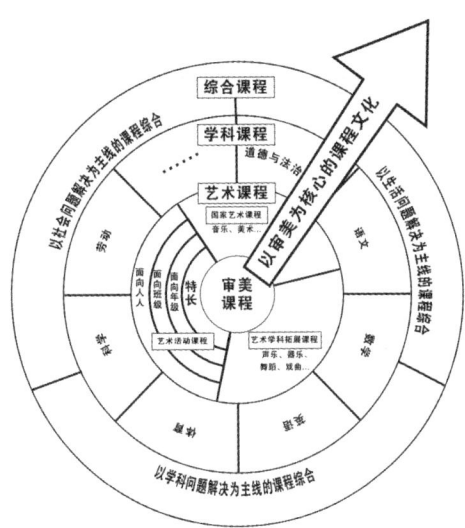

图 1-1 以审美为核心的课程体系图

图 1-1 中最中心的是第一个层面即审美课程，是向学生传授美的知识的一门校本课程。我们借鉴了赵伶俐教授主编的《小学生美育操作活动 110 例》，教学生发现美、感受美、欣赏美、创造美，用美的眼光看世界，促进学生素质全面发展，从而形成鲜明的学校美育特色。

第二个层面是艺术课程，艺术课程是学校美育实施的主渠道。学校将艺术课程分为国家艺术课程、艺术学科拓展课程、艺术活动课程三类（见表 1-1）。

表 1-1 艺术课程

课程属性	课程种类		教学模式
国家艺术课程	音乐课程　美术课程……		普适
艺术学科拓展课程	美术	绘画、线描、版画、水粉、素描、手工、漫画	普适
		特色项目　非遗：磨漆画	

续表

课程属性	课程种类			教学模式
声乐	声乐	合唱、独唱、表演唱、盘子、鼓板		普适
	器乐	琵琶、竹笛、扬琴、古筝、二胡、大提琴、低音提琴、笙、中阮、唢呐	
	特色项目	非遗：四川清音；曲目原创；器乐考级	
舞蹈	艺术体操	女子艺术体操、绳操、图操、球操、棒操、带操、徒手操		普适
	舞蹈	基础：底板动作、扶把动作、中间活动	
		技巧：廊桥、后桥、点翻身、转圈、跳	
		民族民间舞	
	特色项目	舞蹈考级、原创舞蹈节目	
艺术活动课程	面向人人	期末汇报演出校园艺术节校园集体舞		普适
	面向年级	班级合唱新年音乐会课堂乐器展校园艺术节民乐合奏		普适
	面向特长	国际交流国家级比赛		特长

国家艺术课程在小学阶段主要是音乐、美术等艺术课，我们要通过打造"真、活、美"的课堂，追求高效课堂。"真"即情感真实、勇于求真；"活"即方法灵活、思维活跃，方法灵活是前提，只有老师针对学生的情况采取不同的方法，学生才能有活跃的思维。"美"即体验美、表现美、创造美。在落实国家课程基础上，我们还利用延时服务开设了声乐、舞蹈、美术、民乐等门类的艺术学科拓展课程，多达54门类，覆盖学校的每一名学生，做到1000个学生就有1000张不同的课表。每学期期末人人上台汇

报展示，也邀请全校家长一起参与，共同分享美育成果。艺术活动课程旨在引导把技能、体验综合创造表达出来，是学生表现美的课程。学校实施策略分为面向人人、面向班级、面向年级、面向特长四个层面，开展序列化的、丰富多彩的艺术活动课程，实现了"班班有团队，月月有活动，期期有展示"。

学校艺术课程的三大类型与"普适+特长"的教学模式落地实施，使每名学生都具备良好的审美情趣，扩宽了学生的审美视野，提升了学生的审美与人文素养。

第三个层面是学科课程，学校艺术课程校本开发模式推行至学科课程。学科课程在小学主要是指道德与法治、语文、数学、英语、科学、体育等非艺术学科。学科课程美育渗透，主要是指以学科核心素养为导向，以学科基础知识、基本技能为主要载体，以学科课程作为美育的辅助性手段和方式，将美育渗透到各个学科的教学中，使学生在学习知识的同时获得审美体验和感悟，从而促进学生的全面发展。通过在学科中渗透语言美、逻辑美、简洁美、文化美等美育因素，以课堂教学为主要途径，实施教学评一体化课程构建，达到学科课程美育渗透，实现教育高质量发展。

第四个层面是综合课程。综合课程是指运用多个学科的知识和方法探索一个主题的课程。儿童艺术学校综合课程包括三种类型：以学科问题解决为主线的课程综合、以生活问题解决为主线的课程综合、以社会问题解决为主线的课程综合。三类综合课程仍以审美为核心，以活动为载体，以问题解决为主线，开展探究、调查、走访等，密切学生与自然、生活、社会的联系，使得学生在真实情境中获得直接经验，在学以致用中提高解决问题的能力，带给学生美的精神感受与身心体验。

学校正在通过探究审美教育与学科整合的方式，找到一条以审美课程为核心，以审美文化为纽带、全面育人的道路。

（三）多方助力，形成审美化办学特色

儿童艺术学校以美立校、以美施教、以美育人，在实践探索中形成了鲜明的审美化办学特色，为其他学校更好地推进学校美育提供了借鉴。

1. 学校审美化办学特色鲜明，美育品牌国际国内影响广泛

学校是重庆市唯一以"艺术学校"命名的公办小学，坚持"艺术立校，以美育人"的办学理念。学校在国家课程（音乐、美术）基础上增加了舞蹈、民族器乐等艺术学科拓展课程，琵琶与扬琴等民乐课程深受学生和家长的喜爱。学校创作的13个精品节目，荣获文化部、教育部金奖；先后获得首批"重庆市艺术教育示范学校""重庆市学校艺术教育工作先进单位"、首批"沙坪坝区特色学校"等多项荣誉称号。2015—2021年艺术成果获得国家级奖项7项、市级奖项27项。在实践探究中，逐步形成《儿童艺术学校学科类审美化教学设计成果册》等一系列美育物化成果。此外，学校蝉联教育部全国艺术教育先进单位、教育部首批中华优秀文化艺术传承学校、重庆市美育特色学校等10多个市级以上荣誉称号，荣获西南大学"伶俐美育基金"。

学校学生参加多次交流演出，如英国爱丁堡国际艺术节、迎冬奥倒计时200天展演、迎杭州亚运会倒计时200天等展演，承办重庆市关工委建党100周年活动、重庆市少儿曲艺大赛等。校长代表学校多次在全国高规格教育研讨会上作大会交流。《中国教育报》等杂志对学校进行了宣传报道。台湾、北京、上海、天津、浙江、广东等地，以及美国等国家的100多个教育考察团来学校考察，学校美育品牌在国际国内产生了广泛影响。

2. 学校挖掘校外美育资源，构筑家校社馆全域美育新局面

学校着力与家庭、社会、馆院联合，打破学校壁垒，拓宽学校美育场域，突破学科边界，延伸美育课堂，实现全域协同美育。每学期都开展家长开放周活动，成立"家长学校"；老师每月家访，构建了良好的家校合力。师生一起走进社区，开展丰富多彩的实践类课程，同时带学生拜访非

遗文化传承人,将美育与中华优秀文化传承融合为一体。学校与重庆市科技馆、重庆市自然博物馆、重庆市规划馆等达成合作,在这些地方建立固定的校外实践基地,作为学校课堂的补充。学校还走进高校、社会劳动实践基地,积极挖掘校外美育资源,让学生参与体验社会实践。此外,学校积极储备美育专家、教师资源库,邀请西南大学教育学部副部长、国家级人才称号获得者,教育部基础教育教学委员会综合实践活动指导专委会委员罗生全每学期到校进行教师培训,知名美育专家赵伶俐教授、邓翠菊教授以及汪宏教授亲临学校指导美育工作。充分利用市区级名师资源,邀请李光树老师、董晓宇老师、王小毅老师、邓达友老师、王乙旭老师等对学校美育专著、多省市美育活动开展进行持续性指导。

儿童艺术学校30余年坚持不懈地走美育特色发展道路,在探索中推动学科整合美育实践,形成以艺术课程为主要载体和渠道、以学科课程为辅助性手段和方式,综合课程为转化渠道和策略的三大类课程实施美育整合范式。将知识、技能和情感态度价值观转化为学生的真实性素养,促进学生全面发展,让学生获得美好人生。

第二节 新时代学校美育发展的新命题

学校美育的定位和实施一直以来深受时代变化与教育政策影响。新时代学校美育以党的十八届三中全会提出的"改进学校美育,提高学生审美与人文素养"为转折点,之后数年有关政策不断推出,提出了"面向人人"的"新时代学校美育"以及"立德树人,以美育人"的美育概念和内涵,强化了美育与中华优秀传统文化和社会主义核心价值观的融合,与信息化、智能化结合,增强了国家、民族和公民文化自信,为推动创建中国特色社会主义现代化学校美育指明了方向。梳理新时代学校美育政策,有助于在新的发展阶段明确学校美育在人的全面发展方面的价值,探讨学校美育在促进人的全面发展方面价值实现的创新方式。

学科整合的美育范式和创新实践

儿童艺术学校立足新时代美育政策精神，基于目前不少学校美育课程实施依赖于艺术课程，对其他学科的美育渗透或者融入明显不足的现实困境，通过在学校构建美育课程，以美育课程为核心逐步发展艺术课程，将艺术课程分为"国家艺术课程""艺术学科拓展课程""艺术活动课程"，通过"普适+特长"的实施方式促使学校美育的全面渗透，并使学生从学科内的综合学习，关联到跨学科主题的综合学习，最后到系统性解决问题，即以审美和人文素养为核心的大综合学习，提升学生的审美与人文素养，培养完整的人。

一、新时代学校美育政策概览

2018年9月10日习近平总书记在出席全国教育大会时说："我们的教育要培养德智体美劳全面发展的社会主义建设者和接班人。要全面加强和改进学校美育，坚持以美育人、以文化人，提高学生审美和人文素养。"[①]近年来，美育在我国越来越受重视，学校美育工作也被寄予厚望，国家采取一系列措施，出台了相关的文件，使新时代学校美育工作有据可依、有规可循。

（一）着力发展学生的审美与人文素养

新中国成立70多年来，在站起来、富起来到强起来的历史发展进程中，国家的教育政策亦随时代社会的变迁而调整变化。[②]应当说，教育政策作为一种"与物质前提相联系的物质生活过程的必然升华物"[③]，其内涵是

---

① 中华人民共和国教育部. 习近平在全国教育大会上强调坚持中国特色社会主义教育发展道路培养德智体美劳全面发展的社会主义建设者和接班人[EB/OL].（2018-09-10）[2024-02-06]. http://www.moe.gov.cn/jyb_xwfb/s6052/moe_838/201809/t20180910_348145.html.
② 李瑞奇. 新中国成立70年来美育在教育政策中的嬗变研究[J]. 湖北社会科学，2019（5）：155-161.
③ 马克思，恩格斯. 马克思恩格斯文集：第1卷[M]. 北京：人民出版社，2009：525.

第一章 学科整合美育范式的提出与理论基础

随着社会发展而不断被定义的。中华民族历来把美作为生活的一项重要内容，把美的教育作为民族发展的里程碑。在当今社会背景下，对美育的最新认识应顺应当代中国经济、社会、文化发展的大背景。所以，在今天传承和弘扬中华传统美育精神，一定要有当代视野、当代目的。

为了更加准确地落实中央的美育精神，2015年，国务院办公厅印发了《关于全面加强和改进学校美育工作的意见》，对学校美育工作的总体目标和具体内容作了全面、明确的要求。文件指明了学校美育"以美育人、以文化人"的美育与文化融合的原则，规定了各级各类学校开齐开足美育课程的具体时限，同时对构建科学的美育课程体系、大力改进美育教育教学进行了详细的安排。①这是中国教育史上首次在国家层面出台美育专门文件，具有里程碑式的意义。

在新时代，教育体现在生活的方方面面，人们的审美体验也有了丰富的外延，所以学校的美育工作是基于新时代这个大环境来提高学生的审美与人文素养。由此，学校美育应基于国家美育政策，践行社会主义核心价值观，根植中华优秀传统文化，引领学生树立正确的审美观念，陶冶高尚的道德品质，坚定文化自信，培养深厚的民族自豪感，激发学生的创新意识，实现中华民族的伟大复兴。

（二）强化学校美育课程建设

学校美育是素质教育的重要一环，是落实教育培养全面发展的人的重要方面，在立德树人的根本任务中起着至关重要的作用。2020年，中共中央办公厅、国务院办公厅印发的《关于全面加强和改进新时代学校美育工作的意见》，围绕新时代美育的总体要求、课程建设、教学改革、办学条件和组织保障五个方面对全面加强和改进新时代学校美育工作作出指示，

---

① 国务院办公厅. 关于全面加强和改进学校美育工作的意见[EB/OL].（2015-09-15）[2024-02-6]. https://www.gov.cn/zhengce/content/2015-09/28/content_10196.htm?ivk_sa=1024320u.

将"开齐开足上好美育课"作为"全面深化教学改革"的工作要点。①美育政策明确提出当前小学美育发展需要构建科学的美育课程体系，实施的美育活动也需要体系化、课程化。将美育渗透到学校的课程建设中，才能真正使学校美育工作切实落地。

当前，学校美育的课程实施大多依赖于学校的艺术课程，对于其他学科，美育的渗透或者融入明显不足，所以学校美育的实施方式比较单一。因此，要真正落实学校美育，必须健全学校美育课程体系，在课程中全面加强美育意识的渗透，实行美育课程化管理，来保证学校美育的地位，实现美育的育人价值，提高学生的审美与人文素养，推动学生全面发展。

西南大学教育学部赵伶俐教授提出了"综合美育课程"的概念，综合美育课程最大的特征就是广泛性与融合性，遵循学生发展的身心规律和美学理论，利用各种美育资源对学生进行审美教育。重庆市沙坪坝区儿童艺术学校通过在学校构建美育课程，以美育课程为核心逐步发展艺术课程，将艺术课程分为"国家艺术课程""艺术学科拓展课程""艺术活动课程"，通过"普适+特长"的实施方式促使学校美育的全面渗透。随着美育工作的不断深入，儿童艺术学校逐渐把美育从艺术课程延伸到所有的学科课程当中，如在语文、数学、英语等全部课程中融合实施，开展审美化教学，落实学科核心素养。在此基础上，为推动培育全面发展的人，为他们的终身幸福奠基并成长为中华栋梁，儿童艺术学校继续将美育延伸到综合课程当中，形成以学科、生活、社会等问题解决为主线的课程综合。综上，强化学校美育课程建设是以培养学生的审美与人文素养、创新能力、推动学生全面发展为目标，以审美课程为核心，艺术课程、学科课程、综合课程为载体的学校美育课程实施方式。

---

① 中共中央办公厅，国务院办公厅.关于全面加强和改进新时代学校体育工作的意见、关于全面加强和改进新时代学校美育工作的意见[EB/OL].（2020-10-15）[2024-02-6]. http：//www.moe.gov.cn/jyb_xxgk/moe_1777/moe_1778/201509/t20150928_211095.html.

（三）建设高质量美育教师队伍

美育要落地，必须依靠一批具有审美素养、能胜任美育教学乃至学校美育工作的教师。[①]学校美育已经进入新的阶段，美育工作展示出很好的发展势头。美育工作要全面大力地发展，其中重要的一个环节便是美育师资的培养与队伍建设。

习近平总书记指出："要全面加强和改进学校美育，配齐配好美育教师，坚持以美育人、以文化人，提高学生审美和人文素养。"[②]在建设高质量教师队伍的过程中，如何保障美育教师的数量与质量是一个关键问题。因为美育区别于一般的专业教育，学校基于实际情况，无法培养出大量的专职美育教师。所以，在落实学校美育的过程中，应该倡导人人都是美育工作者的师资队伍建设理念。

配齐配好美育教师，加强师德师风建设。美育是在教学或活动中潜移默化地育人，教师是美育工作者，是学生美育授课的起点，具有高尚的品质、较高的审美与人文素养。

强化各学科教师的美育意识和美育素养要基于学科的核心素养，对学科知识的横向把握与纵向探究，在完成教学任务过程中融会贯通地将美育融入自己的学科教学当中，能精准、高效、美感地完成教学任务，将理性的知识与丰富的情感结合起来，促进学生的全面发展。[③]

提高教师的教学基本功。建立健全学校的教师培养机制，创新教师评价方式，激发美育教师工作积极性，促进教师教学能力的提高。

建设一支高质量的教师队伍是一条漫漫长路。美育教育工作者身上肩负着重要的使命与责任。美育教师要善于在实践中总结经验，多角度多方

[①] 赵伶俐. 让教师学会发现美、感知美、体验美、表达和创造美[J]. 人民教育，2017（Z3）：29-32.

[②] 张超，尹爱青. 新时代美育教师的培养路径[J]. 学校党建与思想教育，2023（6）：45-47.

[③] 教育部. 关于全面实施学校美育浸润行动的通知[EB/OL].（2023-12-22）[2024-02-6]. http://m.moe.gov.cn/srcsite/A17/moe_794/moe_628/202401/t20240102_1097467.html.

式探索学校美育发展的道路。这样，学校美育之路才会越走越宽。

（四）强调美育在全面发展中的重要价值

"改进美育教学，提高学生审美和人文素养"①，是十八届三中全会《中共中央关于全面深化改革若干重大问题的决定》提出的总体要求，是对学校美育发展方向和工作重心的进一步明确，指出了全面提升学校美育质量的奋斗目标，标志着我国学校美育发展也迈入了新时代。

2014年，教育部颁布的《关于推进学校艺术教育发展的若干意见》指出，教育部将对中小学校和中等职业学校学生进行艺术素质测评，并将测评结果记入学生成长档案，作为综合评价学生发展状况的内容之一，以及学生中考和高考录取的参考依据。②进一步明确与规范了艺术教育的实施，提高了学校艺术教育的地位，并为学生的综合发展提供了更全面的评价体系。同时，通过明确课程设置的要求，促进学校在艺术教育领域深入探索和发展，为学生提供更广阔的艺术学习机会，培养他们的创造力和审美能力，推动学校美育的发展。

2015年9月，国务院办公厅印发我国第一个国家层面的具有里程碑意义的专门美育文件——《关于全面加强和改进学校美育工作的意见》。文件指出：到2020年，初步形成大中小幼美育相互衔接、课堂教学和课外活动相互结合、普及教育与专业教育相互促进、学校美育和社会家庭美育相互联系的具有中国特色的现代化美育体系。③这份文件的出台标志着我国对学校美育工作的高度重视，旨在推动全国范围内的学校美育工作迈上新

---

① 新华社.中共中央关于全面深化改革若干重大问题的决定[EB/OL].（2013-11-15）[2024-02-6]. https://ww w. gov. cn/zhengce/2013-11/15/content_5407874. htm.

② 教育部.关于推进学校艺术教育发展的若干意见[EB/OL].（2014-01-14）[2024-02-6]. http: //www. moe. gov. cn/srcsite/A17/moe_794/moe_795/201401/t20140114_163173. html.

③ 国务院办公厅.关于全面加强和改进学校美育工作的意见[EB/OL].（2015-09-15）[2024-02-6]. https://www. g ov. cn/zhengce/content/2015-09/28/content_10196. htm?ivk_sa=1024320u.

的台阶。这一系列措施和目标，引导各级各类学校充分认识美育工作的重要性，推动学校美育工作全面发展，促进学生素质的全面提升，推动中国现代化美育体系的建设。

2018年8月30日和2020年10月23日，习近平总书记分别给中央美术学院老教授、中国戏曲学院师生回信，专门就学校美育工作作出重要指示。2018年9月10日，习近平总书记在全国教育大会上对学校美育工作提出明确要求："要全面加强和改进学校美育，坚持以美育人、以文化人，提高学生审美和人文素养。"我国学校美育迎来了备受全社会关注的高光时刻。

中共中央办公厅、国务院办公厅2020年10月印发《关于全面加强和改进新时代学校美育工作的意见》，提出了培植爱党爱国情感、陶冶高尚情操、坚定文化自信、塑造美好心灵，为实现中华民族伟大复兴而艰苦不懈奋斗等要求，把美育纳入新时代各级各类学校人才培养的全过程。① 这份文件的出台旨在引导学校在教育教学中重视美育工作，推动学生全面发展，促进教育事业的繁荣与进步。

2023年12月，《教育部关于全面实施学校美育浸润行动的通知》进一步要求加强学校美育工作，强化学校美育的育人功能。以美育浸润学生，全面提升学生文化理解、审美感知、艺术表现、创意实践等核心素养，丰富学生的精神文化生活，让学生身心更加愉悦，活力更加彰显，人格更加健全。文件强调以美育浸润教师，发挥教师职业的美育功能，提升全员美育意识和美育素养，塑造人格魅力，涵养美育情怀。以美育浸润学校，建设昂扬向上、文明高雅、充满活力的校园文化，建设时时、处处、人人的

---

① 中共中央办公厅，国务院办公厅.关于全面加强和改进新时代学校体育工作的意见、关于全面加强和改进新时代学校美育工作的意见[EB/OL].（2020-10-15）[2024-02-6]. http://www.moe.gov.cn/jyb_xxgk/moe_1777/moe_1778/201509/t20150928_211095.html.

美育育人环境。①这份通知的出台旨在推动学校美育工作向更加深入、全面的方向发展，促进学生和教师的全面发展，推动学校文化建设，为培育德智体美劳全面发展的社会主义建设者和接班人作出积极贡献。

美育是审美教育、情操教育、心灵教育，也是丰富想象力和培养创新意识的教育，为个体提供了一个全面发展和实现自我价值的平台，推动了个体素质的提升和人类社会的进步。学校美育不仅有助于提高学生的审美水平，还有助于引导学生形成正确的审美价值理念，确保学生能够拥有健康完整的人格。学校美育在构建"五育协同育人"体系时，一方面要把握"美的发展规律"，不断提高学生的审美水平；另一方面要充分展现出美育的审美价值，确保学生能够在"立德树人"的任务中充分发挥积极的作用，促进学生的全面发展。

二、学校美育对人的全面发展的价值

随着社会的不断发展，学校美育进入大众的视野并成为学校教育体系中不可忽视的重要组成部分。2015 年，国务院办公厅《关于全面加强和改进学校美育工作的意见》明确提出，美育是审美教育，也是情操教育与心灵教育。正如习近平总书记所指出的："创新是一个民族进步的灵魂，是一个国家兴旺发达的不竭动力，也是中华民族最深沉的民族禀赋。在激烈的国际竞争中，惟创新者进，惟创新者强，惟创新者胜。"②提高审美素养，陶冶情操，润泽心灵，激发创新，创造活力，是新时代学校美育的价值表征。

---

① 教育部. 关于全面实施学校美育浸润行动的通知[EB/OL]. （2023-12-22）[2024-02-6]. http：//m. moe. gov. cn/ srcsite/A17/moe_794/moe_628/202401/t20240102_1097467. html.

② 中国共产党新闻网. 大力推进创新文化建设[EB/OL]. （2018-03-21）[2024-02-6]. http：//m. moe. gov. cn/ srcsite/A17/moe_794/moe_628/202401/t20240102_1097467. html.

(一)促进"人格"的塑造

学科课程旨在培养学生的核心素养,学校美育作为培养全面发展的人的教育体系中一个重要的组成部分,对人的成长与发展起着至关重要的作用。"对美的追求,既是人的本性,也是社会文明进步的象征,是人类长期进化和社会不断进步的综合产物,是人的主观和客观的综合产物"。[①]一个全面发展的人,必然是有美的追求、具有审美素养和完美人格的人。

实际上,学校教育存在的根本意义是开发学生潜能,使学生的人格得到全面和谐发展。国家的教育方针是要培养德智体美劳全面发展的人,培养的人如果缺乏"审美素质",就不是"全面发展",属于残缺人格;培养的人即便具有各种素养,但缺乏蔡元培所说的"神经系",各部分相互脱离或相互矛盾,就是分裂人格。[②]一个人的身体可能没有任何残疾,而感性失灵、理性肤浅、情感麻木、道德沦丧、意志薄弱、百无聊赖等这些隐蔽在人格深处的疾患,对人自身和社会形成的负面影响难以估量。

(二)促进价值观的培养

进行美育教育,可以增强学生的审美意识,帮助学生树立正确的价值观,形成良好的意志品质。美育一个重要目标就是提高学生的人文素养。人文素养具有两个方面的含义:一是与人文学科相关的知识素养;二是学生对于社会生活的态度以及在日常生活中体现出来的内在品质等。[③]拥有不同价值观的人对美的感受是不相同的,如看到同一片云彩,诗人看到的是"大漠孤烟直,长河落日圆"的孤壮,摄影师看到的是瑰丽的色彩与灿烂的辉煌,但气象学家看到的又是"晚霞行千里"的好天气,审美的差异可能导致价值观的不同。

[①] 温家宝. 文学艺术与真善美[N]. 人民日报,2006-11-29(1).
[②] 赵伶俐. 美育:使人格完美和谐的教育[J]. 人民教育, 2014(21):4.
[③] 陈平. 美育为什么重要——基础教育中美育的价值和实现途径[J]. 课程. 教材. 教法,2017(2):7.

学校美育包含自然美、社会美、科学美、艺术美。这四个维度又涉及其他"四育",即德育、智育、体育、劳育,将美育与"四育"相融合,才能塑造正确、科学的价值观。

自然美作为美育的一部分,也属于美育与劳育相结合的部分。自然美根源于实践,而人类的生产实践是在劳动中产生的。正是因为劳动,人们逐渐利用自然和改造自然,慢慢地赋予自然以社会性。社会美在学校美育的体现就是对学生进行情感教育,这是与学校的德育相结合的教育,让学生在纷繁复杂的社会中能感受到英雄的大无畏、革命先辈的牺牲奉献、爱情的至死不渝、亲情的温暖包容……让学生从各种各样的情感中感受到社会的美好,培养学生自身的良好品质,从而发展为一个全面的人。而这里的全面就包含技能与情感的全面。而科学美与艺术美是学校美育与学校智育的结合。科学是建立在可检验可解释和对客观事物的形式、组织等进行预测的有序的知识系统,是系统化和公式化了的知识。学校美育所追求的科学美主要体现在"精准高效"上。对于学校美育的科学性,最重要的标准一定是精准,在严谨中发现科学的规律,从而感受科技带给生活的便利。艺术美是在科学美的基础上进行想象润色,是科学美与社会美的结合。在教育过程中,既要引导学生关注科学性,又要充分激发学生的社会情感,发挥想象力,在感受美的基础上能够创造美,这就是艺术美的最终表现形态。

(三)促进"创新力"生成

在新时代,创新型人才是社会发展的主要推力。基础教育阶段是培养创新思维、创造能力的重要阶段。美国学者伯尼·特里林等在《21世纪的技能——为我们所生存的时代而学习》一书中提出21世纪三个核心技能,分别是学习与创新技能、数字化素养技能、职业和生活技能。他把人的学习与创新技能放在首位,认为"21世纪的全球经济要求人们有更高水平的想象力、创造力和革新力,以便为全世界市场不断发明新的更好的服务和产品"①。虽然创造和革新能力在21世纪需要的能力中排在前列,但遗憾的是,在大多数情况下"我们并没有越长大越懂得创新,而是越长大越不善于创新,或者确切地说,我们所接受的教育就在远离创新"②。个性的多样性、自主性和首创精神,都是进行创造和革新的保证,而美育可以很好地让孩子们的创造性思维火花"光芒四射"。学校美育旨在培养学生欣赏美、感受美和创造美,欣赏美与感受美是学校教育的基础,而创造美是学校教育的拓展与升华,是知识的运用。学校美育不仅培养学生具有高尚的情操,具有丰富的知识,还能激发学生的学习活力,促进智力的开发,培养学生的创新能力。个人只有具有强烈的追求美、探求真知的欲望,才能感受到生活的乐趣和追求的激情,感受过程和结果的美。

三、学校美育促进人的全面发展价值实现方式创新

进入新时代,我国高度重视美育工作,将美育摆在突出位置,出台了系列政策和文件,强调新时代开展美育的价值与作用,强力推进美育工作。2015年修订的《中华人民共和国教育法》确定了美育是党的教育方针重要组成部分的法律地位。2021年修订的《中华人民共和国教育法》明确指出:"教育必须为社会主义现代化建设服务、为人民服务,必须与生产劳动和社会实践相结合,培养德、智、体、美、劳全面发展的社会主义建设者和接班人。"③以法律的形式明确了我国的教育宗旨。2020年,中共中央、国务院联合印发的《关于全面加强和改进新时代学校美育工作的意见》指出:"全面深化学校美育综合改革,坚持德智体美劳五育并举""加强美

---

① 伯尼·特里林,查尔斯·菲德尔. 21世纪的技能[M]. 洪友,译. 天津:天津社会科学院出版社,2011:61.
② 伯尼·特里林,查尔斯·菲德尔. 21世纪的技能[M]. 洪友,译. 天津:天津社会科学院出版社,2011:62.
③ 国务院法制办公室. 中华人民共和国教育法典-注释法典(第4版)[M]. 北京:中国法制出版社,2018:7.

育与德育、智育、体育、劳动教育相融合"。①由此可见，美育已成为我国"五育并举"教育体系不可或缺的重要一环。"五育融合"理念应是新时代学校贯彻落实党的教育方针、深化学校美育综合改革的实践遵循。如何全面深刻理解新时代学校美育的内涵与价值，如何高质量开展新时代学校美育工作，值得深入思考和研究。

儿童艺术学校基于新时代美育精神，从"每一天，美一天"的理念文化、"盎然生机"的环境文化、"尔雅举止"的行为文化、"真、活、美"的课堂文化、"优雅睿智"的教师文化五个方面塑造浸润身心的学校美育文化；以艺术课程作为审美与人文素养培养的基础载体，在其他各育中全面渗透审美与人文素养，建立与社会生活相联系的审美与人文素养活动体系，实现审美与人文素养的五育融通；最后通过厘清学科整合美育范式的三个层次，探索学科整合美育范式的形成阶段，健全学科整合美育范式的实现条件，初步构建学科整合美育范式。

（一）浸润身心的学校美育文化塑造

在倡导"文化自觉""文化自信"的时代背景下，当代学校美育要从技艺化、功利化倾向中走出来，回归文化的观照和浸润，确立文化立场的学校美育教学。②儿童艺术学校基于学生的全面发展，塑造了浸润身心的学校美育文化。

1. "每一天，美一天"的文化理念

30余年来，儿童艺术学校在实践中倡导"艺术立校，以美育人"的办学理念，认为美育与"五育"不应割裂开，只有互融互生才能达到育人效

---

① 中共中央办公厅，国务院办公厅.关于全面加强和改进新时代学校体育工作的意见、关于全面加强和改进新时代学校美育工作的意见[EB/OL].（2020-10-15）[2024-02-6]. http://www.moe.gov.cn/jyb_xxgk/moe_1777/moe_1778/202010/t20201015_494794.html?eqid=f426a5840002dd8e000000036435fde5.

② 舒丹.走向文化立场：当代学校美育的价值选择[J].中小学管理，2019(6)：38-40.

果的最大化,以美育为支点高举素质教育的大旗,以鲜明的艺术特色书写学校美育历程,多样化的艺术课程丰富了学校美育载体,多层次的艺术实践提升了学校美育实效,多门类的艺术教师铸就了学校美育支柱。学校坚持以教师发展为首任,以课程建设为核心,以文化为纽带,以美育特色引领学生的全面发展,成就了雅的师生、美的教育。

文化育人是根本,对学生影响最深的就是学校文化。美是主观的,也是客观的。美的主观性如康德所言:美只产生于人愉快的情感;美的客观性如苏格拉底所言:美就是合适,美就是有用。儿童艺术学校将教育的美诠释为5个字:"愉悦而适切",教育者与受教育者身心愉悦体现美的主观性,教育要用贴切的方法体现美的客观性。

学校以"每一天 美一天"为教育哲学。"每一天"包含两层含义:一是让我们不只关注儿童未来,更要关注儿童的当下;二是我们不是只关注升学那一天、考试那一天,还要关注过程。"每一天"是对功利性教育的一种纠正。"美一天"的含义更深远,学校追求让孩子的每一天都遇见美好、感受美好、创造美好!

2. "盎然生机"的环境文化

1997年,中国关心下一代工作委员会副主任朱琳同志亲临学校,留下"师生素质高,学校像花园,孩子如花朵"的高度评价。学校环境的营造包含硬件与软件,在教育哲学"每一天,美一天"的引领下,学校打造"盎然生机"的环境文化。

环境浸润心灵,文化滋养成长。自学校更名以来,一直以"绿化、美化、雅化"校园环境为目标,按照"校园建设营造整体美、绿色植物营造环境美""文化建设营造整体美"的整体思路,全方位打造绿树成荫、鸟语花香、环境幽雅、健康和谐的校园环境。

学校由四栋楼组成,分别是"尔雅楼""溢美楼""童真楼""小善楼"。

"尔雅楼"是教学楼。《尔雅》是儒家的经典之一，是我国最早解释词义的专著。"尔"为近之意；"雅"，正也。我们希望儿童艺术学校学生温文尔雅。"溢美楼"是艺术功能教室，"溢美"一词出自汉代王充《论衡 齐世》一书，指十分美好。"溢"，表达了儿童艺术学校学生对艺术的学习不仅单指艺术技能，还将美由内而外展示出来，充满自信。"童真楼"，是学生寝室，代表童真的生活。"小善楼"，是综合教室，有积小善而成大德的教育意义。这四栋楼名第一个字就是"儿、童、艺、校"四个字的谐音，第二个字就将儿童艺术学校校训中关键字"真、善、美"融入其中。

3. "尔雅举止"的行为文化

学生文化是指学生在特定空间中形成的价值观、思维方式和行为方式，其核心是价值观。学生的行为文化作为一种师生共有价值认同与行走方式，是学校文化的一种表达。正如我们命名教学楼为"尔雅楼"一样，我们希望儿童艺术学校的学生温文尔雅。所以"尔雅举止"是学校的行为文化。

"尔雅"的行为文化是学校文化建设的动态呈现。如果把精神文化作为学校文化的核心，那么行为文化就是学校文化的外在呈现，是传递与表达学校文化核心的灵魂载体，只有通过这个载体，学校的校园文化理念才能真正生根落地，并且在学生的言行举止中可见可感。

学生的行为是学校美育的名片，尔雅举止是学生被美育浸润后最真实的体现，优雅的体态是学舞蹈的学生最质朴的展现，悦耳的声音是学声乐的学生将音乐之美融入骨血的表达，儒雅的举止是学民族器乐的学生经历历史优秀文化浸润后的习惯。

4. "真 活 美"的课堂文化

课堂文化在实现以文化人、发展学生核心素养的过程中起着至关重要的作用。课堂教学是主阵地，重在基础知识、审美体验、审美情感的培养，实现有效互动，提高效能，形成"真、活、美"的儿童艺校课堂教学模式。"真"即情感真实、勇于求真；"活"即方法灵活、思维活跃；"美"即体验美、表现美、创造美。

《义务教育课程方案（2022年版）》的培养目标明确提出，义务教育要在坚定理想信念、厚植爱国主义情怀、加强品德修养、增长知识见识、培养奋斗精神、增强综合素质上下功夫，使学生有理想、有本领、有担当，培养德智体美劳全面发展的社会主义建设者和接班人。可见，核心素养以"德智体美劳全面发展的人"为根本出发点和最终归宿，是新时代教育的育人目标。为落实培养目标，既要"聚焦核心素养，面向未来"，又要"变革育人方式，突出实践""突出学科思想方法和探究方式的学习，加强知行合一、学思结合，倡导'做中学''用中学''创中学'"。落实育人目标，深化教学改革，落脚点在课堂。课堂教学改革的核心与终极目标是重建课堂文化。在学校发展美育的大环境下，课堂文化的重构为课堂教学提质增效带来了生机与活力，是学校文化发展的核心和灵魂，在实现文化育人、培养学生发展核心素养过程中发挥着举足轻重的作用。深度学习是我国全面深化课程改革、落实核心素养的重要途径。"真、活、美"是儿童艺术学校一直倡导的育人文化，是对美育最直接的呈现。"真、活、美"的课堂文化是我们深化课改、落实美育课堂的重要实施路径，也是为实现教育现代化的发展目标所做的校本化探索。

5. "优雅睿智"的教师文化

教育为立国之本，教师乃国之重器。习近平总书记高度重视教师队伍的建设，他指出："国家繁荣、民族振兴、教育发展，需要我们大力培养造就一支师德高尚、业务精湛、结构合理、充满活力的高素质专业化教师队伍。"[①]

教师是学校核心竞争力的要素之一。"优雅""睿智"是对学校教师

---

① 中华人民共和国教育部. 习近平总书记关于师德师风的重要论述摘编[EB/OL].（2021-05-11）[2024-02-6]. http://www.moe.gov.cn/jyb_xwfb/moe_2082/2021/2021_zl37/2021shideshifenglunsu/202105/t20210511_530825.html?ivk_sa=1021577g&wd=&eqid=f2ee4d7e00053ee30000000664525ae0.

行为与学识的双向要求，学高为师乃"睿智"，身正为范乃"优雅"。办一所家长满意、社会认可的高品质学校，教师文化的建设至关重要。儿童艺术学校从激发动力、唤醒教师的再成长意识，形成合力、打造专业发展共同体、聚焦能力、提升教师的专业化水平几个方面，打造"优雅睿智"的教师文化，有效提升了学校核心竞争力，促进了学校快速发展。

学校从"为人、做事、育人"三方面对优雅睿智的教师做了全面的解读。在"为人"方面，教师应该：少一些评头论足，多一些埋头实干；少一些言行不一，多一些以诚相待；少一些自以为是，多一些虚怀若谷。在"做事"方面，教师应该：少一些斤斤计较，多一些宽容奉献；少想一些挑三拣四，多扛一些责任担当；少谈一些困难理由，多找一些方法途径；少图一些舒适享乐，多钻一些教学科研。在"育人"方面，教师不要讽刺挖苦、打击侮辱，要关爱激励、鼓舞唤醒；不要凶吼吵嚷、推搡体罚，要循循善诱、启发引导；不要歧视漠视、心理伤害，要尊重差异、目光长远。

优雅、睿智是对教师的要求，也是老师不断努力的方向。作为一名教师，作为一名美育工作者，教师应具备为人处世、教书育人的能力，应更具智慧与美感，让教育充满艺术，让育人充满温度。

（二）审美与人文素养的"五育"全面融通

培养学生的审美与人文素养是美育的主要目的。胡经之先生在《文艺美学》中谈道："审美，就是其现实性而言，是主客体所建立的审美关系中审美主体的能动活动。"① "现实性"指的是在美育过程中审美活动不断变化。培养学生全面发展，在学习过程中就要将各学科中的审美素养与人文素养相融合。

要培养学生的审美与人文素养，就要搞清审美素养的内涵是什么。审美素养包含三个方面：审美意识、审美能力、审美体验。第一，审美意识，

---

① 张炜. 审美素养在"五育并举"中的理论建构作用[J]. 大学，2023（13）：189-192.

培养学生发现美的能力。所谓发现美的能力，就是有自己的审美观念、审美态度与审美判断。第二，审美能力，培养学生感受美的能力。所谓感受美，就是培养学生对美育知识、美育媒介、美育技能的掌控能力。第三，审美体验，培养学生创造美的能力，基于学生已有的审美意识与审美能力，对于美进行内化与再创造。把知识、技能、情感态度价值观加以有机转换，使之成为自身的真实素养。

"五育"融通既是新时代中国基础教育变革与发展的新趋势，也是落实立德树人根本任务的内在要求。"五育"既统一，又有独特的教育作用。美育是实现育人价值重要的途径之一，其以精神的力量助推各育的发展。培养学生的审美与人文素养是美育的主要目的，审美与人文素养如何与"五育"融通，是当代学校美育正在探究的重要问题之一。

德、智、体、美、劳在全面教育中并不是割裂的、独立的，而是构成一个相互影响和支撑的有机整体。审美素养包含审美意识、审美能力、审美体验三个方面，属于"五育"融通的底层根基，以审美意识、审美能力、审美体验为基础，构建出以审美素养为重要支柱的美育。应以美育为中心，进行"五育"融通，推动学生的全面发展。

1. 艺术课程是审美与人文素养培养的基础载体

近年来，中国教育改革持续纵深。2019 年 4 月 2 日，教育部发布《关于切实加强新时代高等学校美育工作的意见》。《意见》指出，学校美育是培根铸魂工作，提高学生的审美和人文素养、全面加强和改进美育，是高等教育当前和今后一个时期的重要任务。①新时代艺术类课程美育发展的路径是按照党和国家对教育事业提出的新要求进行的。《义务教育艺术课程标准》（2022 年版）的颁发意味着艺术课程改革的新一轮推进，其中

---

① 中华人民共和国教育部. 教育部关于切实加强新时代高等学校美育工作的意见[EB/OL]. （2019-04-02）[2024-02-06]. http://www.moe.gov.cn/srcsite/A17/moe_794/moe_624/201904/t20190411_377523.html.

关于艺术课程的新提法、新思路、新举措对于艺术课程的发展都具有非常强的指导意义。

随着艺术新课程标准的深入学习与研究,不少人提出,在艺术老师落实艺术课程的过程中,音乐课注重的是音乐知识的传授,美术老师更注重的美术技能的教育,即便是部分学校开设了舞蹈、戏曲、影视这样的艺术学科,也是各自为政,泾渭分明。但结合国家的政策与意图,课程标准变化在于将以前的音乐、美术、艺术整合为现在的艺术课程标准,说明国家强调的不再是学科的本位意识,而是激发老师们注重学科的综合意识。艺术学科作为与美育联系最为紧密的课程,更应充分开发出艺术课程中审美与核心素养的实施策略。

艺术是一门实践性很强的学科,艺术课程作为审美与人文素养的基本载体,需要完善以艺术课程为核心、其他课程为支撑、实践活动为依托、学生自我评价和相互评价相结合的教学评价模式。艺术课程教学不仅是学校课程体系中重要的组成部分,而且是德育工作中不可或缺的重要内容。因此,学校要紧紧围绕立德树人根本任务,以学生全面发展为核心定位艺术课程教学目标和教学内容,着力培养学生健全人格、科学思维、审美能力、创新精神和实践能力等综合素质。除此之外,学校还需要与当地中小学、企事业单位沟通联系,通过校内外合作共建等方式建设一批艺术实践教学基地或合作共建实践教学平台。

艺术课程作为美育的一个重要组成部分,是落实立德树人根本任务的重要举措,要站在"把握传统文化的精神内核,使中国传统文化艺术得以延伸和发展"的角度,实现"以美化人、以美育人"的具体目标。因此,艺术课程建设必须立足于学校美育一体化的要求,在理念、内容、方法、评价等方面进行整体设计,充分发挥艺术课程育人功能,以适应新时代教育发展新要求,创新人才培养模式,将培养学生审美能力、塑造学生健全人格、促进学生全面发展作为重要任务,培养出更多优秀的师资,为实现"立德树人"根本任务奠定基础。

2. 在其他各育中全面渗透审美与人文素养

第一，美育与德育。因美启善，以善求美，善美相宜。爱美本身就是德育的一种外在的体现。在德育中渗透审美意识，让学生内心充盈，具备正确的审美观念、审美态度与审美判断，进而形成发现美的能力；在德育中渗透审美能力，激发学生的道德情感，使学生形成道德自律；在德育中渗透审美体验，是对学生已有的素养进行升华，促进学生审美与人文素养的提升。

第二，美育与智育。以美求真，以真维美，真美相和。智育是培养学生的思维模式，在学科知识中追求智慧与真理。学科知识与美育存在紧密联系，数学中的"对称""和谐"闪耀着逻辑与智慧，语文中的"表达""语言"彰显着优雅与智慧。在智育中，学校培养学生的多种思维模式，如用立体图培养学生的抽象思维，对文学作品的欣赏培养学生的逻辑思维，用美术作品培养学生的抽象思维，对影视、戏剧作品的欣赏培养学生的融合思维。

第三，美育与体育。以美健体，以体塑美，体美相乐。美育一般来说是心灵教育，体育是对身体健康、形体塑造等方面的追求，我们把体育追求的美定义为"健美"。这是一种以人体为对象的美，这样的美也是对学生审美与人文素养的外在表达。"健美"的外表彰显的是体育坚持不懈、拼搏刚毅的精神品格，也是体育融合审美与人文素养的体现。

第四，美育与劳育。以美促劳，以劳创美，劳美相成。审美活动是人类历史实践的重要活动之一，而艺术的创作、表演甚至欣赏都是以美为尺度来进行的一种感性的劳动实践活动，劳动从古至今都是塑造人的内心、提高人的能力、丰富人的内涵的实践活动，在劳育中能培养学生的正确劳动价值观和劳动态度，培养劳动技能，养成劳动习惯。

综上所述，美育是以审美与人文素养为核心的教育，以审美意识、审美能力、审美体验为核心的审美与人文素养。学校应以审美为核心，在其他各育中全面渗透审美与人文素养。

3. 建立与社会生活相联系的审美与人文素养活动体系

《义务教育艺术课程标准（2022年版）》明确提出要把美育渗透到各级各类学校中。随着教育质量与发展要求的不断提高，美育现在已经上升到了一个新的层次，培养学生的审美与人文素养已经是国家对育人的一种基本要求，而这不仅是学校教育的责任，而且全社会都应该为达到此目标而共同努力。

近年来，科普场馆的教育功能日益凸显，博物馆、科技馆、美术馆等场馆为学生提供了丰富、真实可见的教育资源和情境式、体验式的学习场景。2020年10月，教育部、国家文物局联合印发《关于利用博物馆资源开展中小学教育教学的意见》，提出进一步健全馆校合作机制，促进场馆资源融入教育体系。这一文件加速推进了馆校共建进程。

（三）学科整合美育范式初步构建

学科整合美育范式不是凭空想象的，也不是"平地起高楼"，而是有其自身的逻辑。具体而言，是以艺术课程为主要载体和渠道、学科课程为辅助性手段和方式、综合课程为转化渠道和策略三个循序渐进的课程实施美育整合范式。将知识、技能和情感态度价值观转化为学生的真实性素养，促进学生全面发展，让儿童获得美好人生。

1. 学科整合美育范式的三个层次

教育的宗旨在于使人成为"完全之人物"，欲达"完人"之境界，德智体美劳五育缺一不可。美育有独特的育人优势，蕴含铸魂、育智、养德等价值，能够促进学生将对美的感知进一步转化为对善的追求，引导学生崇真尚美，成为德才兼备的时代新人。[1]学校美育是通过有计划、有目标的课程与活动教会学生感受美、欣赏美、创造美，以达到促进学生全面发展的目标。学校美育是面向全体学生，具有育人性、差异性与课程综合性，

---

[1] 殷英，柯朝晖. 高校美育的价值意蕴、生成逻辑和实践路径[J]. 湖南师范大学教育科学学报，2022，21（4）：68-75.

在课程中如何充分落实美育成为关键问题，由此"学科整合"也成了新时代学校美育探究的热点与重点。为了在学校的课程体系中充分做到培养学生的审美与人文素养，最终达到让学生全面发展的目的，儿童艺术学校基于国内外现有研究基础与学校30余年美育发展历程，提出了"学科整合美育范式"的构建三个层次。

第一个层次：艺术课程。它是美育的主要载体和渠道。国务院办公厅印发的《关于全面加强和改进新时代学校美育工作的意见》指出："学校美育课程以艺术课程为主体，主要包括音乐、美术、书法、舞蹈、戏剧、戏曲、影视等课程。"①可见，艺术课程是实施美育的主要载体，也是与美育联系最为紧密的学科，是使美育走向学校美育的入口。美育与艺术课程都是基于对美的理解与实践，二者之间有天然的联系。一方面，美育是以美为逻辑起点，着重在于激发学生的审美意识，从美的角度提高学生的人文素养，激发他们的情感，培养他们的审美意识以及提高他们的审美能力。另一方面，艺术课程是以艺术为核心，着重通过各种艺术学科的课程学习与艺术活动来丰富学生的精神生活，培养他们的艺术修养，提高他们的审美能力。美育向学生传达美的概念和审美标准的同时，为艺术课程提供了理论指引。艺术课程为美育提供了一种实现形式，给学生提供了一个可以得到审美享受和收获的空间，并通过艺术表达来表达自我，所以二者是相辅相成的。

第二个层次：学科课程。它是实施美育的辅助性手段和方式。《关于全面加强和改进新时代学校美育工作的意见》指出："加强美育与德育、智育、体育、劳动教育相融合，充分挖掘和运用各学科蕴含的体现中华美育精神与民族审美特质的心灵美、礼乐美、语言美、行为美、科学美、秩

---

① 中共中央办公厅，国务院办公厅.关于全面加强和改进新时代学校体育工作的意见、关于全面加强和改进新时代学校美育工作的意见[EB/OL].（2020-10-15）[2024-02-6]. http：//www.moe.gov.cn/jyb_xxgk/moe_1777/moe_1778/201509/t20150928_211095.html.

序美、健康美、勤劳美、艺术美等丰富美育资源。"①美育作为人文教育的一个方面,既是学生接受全面教育的需要,也是实现自我发展和探索创新的重要途径。美育和德育、智育、体育、劳育一样,目的都在于提高学生的素质,使他们成为身心健康、人格完善的人。

蔡元培先生认为:"数学中数与数带有巧合之关系。几何学上各种形式,为图案之基础。物理、化学上能力之转移,光色之变化;地质学的矿物学上结晶之匀净,闪光之变幻;植物学上活色生香之花叶;动物学上逐渐进化之形体,极端改饰之毛羽,各别擅长之鸣声;天文学上诸星之轨道与光度;地文学上云霞之色彩与变动;地理学上各方之名胜;历史学上各时代伟大与都雅之人物与事迹;以及其他社会科学上各种大同小异之结构,与左右逢源之理论;无不于智育作用之中,含有美育之元素;一经教师之提醒,则学者自感有无穷之兴趣。"②这已对美育与各学科课程的渗透关系分析得很透彻了③,可见各门学科的知识内容中有很多的审美因素。在语文教学中,可以让学生认识语言表达的美,感受、欣赏文字作品的美,并且积极地培养学生用自己的语言创造美;在体育学科中,可以让学生认识人体的运动美、力量美、姿态美,在自由、舒展的运动中表现美、体验美;在数学学科中,可以让学生认识数学科学的结构美、匀称美、秩序美、和谐美,很多美的事物都是符合数学中的黄金比例分割这一和谐美妙的比例。在各个学科当中,都能发现与美相融合的闪光点,引导学生进入对学科美的鉴赏与领悟中,激发学生极大的学习热情与兴趣。

第三个层次:综合课程。它是美育实施的转化渠道和策略。《义务教育艺术课程标准(2022版)》指出:"要突出课程综合,以各艺术学科为

---

① 中共中央办公厅,国务院办公厅.关于全面加强和改进新时代学校体育工作的意见、关于全面加强和改进新时代学校美育工作的意见[EB/OL].(2020-10-15)[2024-02-6]. http://www.moe.gov.cn/jyb_xxgk/moe_1777/moe_1778/201509/t20150928_211095.html.
② 高平叔.蔡元培全集(第4卷)[M].北京.中华书局,1984:214.
③ 王国健.论将美育融入学校教育全过程[J].教育研究,2001(8):30-33.

主体，加强与其他艺术的融合。"①作为"跨学科实践性课程"，综合实践活动以"培养学生的综合素质，促进学生全面发展"为导向，具有立足生活、注重实践、评价多元等特点，在促进学生德智体美劳全面发展方面发挥着不可替代的作用。

小学综合实践活动兼具综合性、实践性等特点，在课程价值取向方面和美育目标相统一，都是将学生体验作为核心。为了提高小学生核心素养，培养学生的人文底蕴、审美情趣，综合实践活动课要整合筛选美育要素，充分挖掘对小学生素质发展可能产生影响的美育资源，根据课程目标制定教育标准，丰富课程内容。具体而言，教师要充分融合审美感性、审美理性等目标，在"以美育人"理念下组织综合实践活动课，提高学生的审美感性能力。同时，活动课能帮助学生获得直观经验，若学生能在参与审美活动阶段受到审美感染，加上教师的指导，就能将这种感染变为直观体验，对其审美价值观、判断力产生影响。从社会心理学的角度看，价值观既是个体的选择倾向，又是个体态度、观念的深层结构，主宰着个体对外在世界感知和反应，因此具有重要的个体社会心理过程和特征。与此同时，价值观还是群体认同的重要根据——共享的符号系统，因此又是重要的群体社会心理现象。②审美观是人生价值观的分支，受人生价值观支配与引领。在生活中，美的事物随处可见，审美价值观具备泛化特点。教育者要注重综合实践活动课程本身具备的审美观念，秉承"以美育人"教育理念，将学生价值观培养融入其中，依据上述目标组织活动课，让学生形成健全人格。

2. 学科整合美育范式的形成阶段

学科整合美育范式的形成经历了感美阶段、立美阶段和创美阶段。感美阶段是从审美感知到审美判断的初级阶段，推动审美天性向审美悟性发

---

① 中华人民共和国教育部. 义务教育艺术课程标准（2022年版）[S]. 北京：北京师范大学出版社，2022：2.
② 杨宜音. 社会心理领域的价值观研究述要[J]. 中国社会科学，1998(2)：82-93.

展。立美阶段是对审美内容的认知、体验和向往，实现审美体验向审美向往的转变。创美阶段是指从审美实践到审美创造的阶段，学生掌握审美规律并进行创新表达，个体实现自我完善，充分展现创造力。

（1）感美阶段：从审美感知到审美判断。感美阶段是审美的初级阶段，是一种从"审美感知"到"审美判断"的预演过程，也是推动审美天性到审美悟性发展的过程。①审美感知是指审美主体对审美客体与自身的价值关系及相互作用情境的概念性表征与符号性体验。②审美判断是指审美主体对审美客体与自我之价值关系及相互作用效果的情感评价与概念判断。在预演过程中，审美主体的审美心境会逐渐形成，审美意识会逐步觉醒，审美意向会逐渐明朗，格式塔的"审美原型"③会慢慢介入，多元融合的审美心理场会逐步构建。④这是一个由局部到整体、由外部到内部、由形式到价值，人脑自下而上加工与自上而下加工协同运作的过程。

（2）立美阶段：从审美体验到审美向往。立美阶段是审美的中级阶段，是对审美内容进一步认知、内化及体验的阶段，是美的能力表达的阶段，还是推动"审美体验"走向"审美向往"的阶段。立美阶段的活动是审美主体以个体储藏的审美经验为内因，着眼审美对象的内容所进行的体验活动。⑤首先，审美主体向审美客体投射其主体性价值，与审美客体的内容和形式进行整体性交流互动、融会贯通，走向"视界融合"⑥；然后，审美主体通过"内模仿机制"实现主体客体化，从而使审美主体现实性的不完满逐步再造为理想化的完满；最后，通过具身体验，也即借助"外脑理论"之"身—脑—环境"合一机制将"理念状态—意象时空"的理想性自

---

① 程岭. 感美、立美、创美：教学审美化的理路与实现[J]. 中国教育学刊，2022（3）：8-13.
② 丁峻，崔宁. 当代神经美学研究[M]. 北京：科学出版社，2018：101.
③ 张玉能. 深层审美心理学[M]. 武汉：华中师范大学出版社，2018：290.
④ 蔡正非. 美育心理学[M]. 北京：中国社会科学出版社，1999：9.
⑤ 李天道. 美育与美育心理[M]. 北京：中国书籍出版社，2019：158.
⑥ 张玉能. 深层审美心理学[M]. 武汉：华中师范大学出版社，2018：381.

我转化为"感性形态—体象时空"的理想性自我[①]，从而在体会妙悟中实现完满自我的现实性生成——达到主客契通、物我合一。经过这个阶段的锻炼，主体的审美态度会更加积极，审美心灵会更加丰富，审美经验会更加灵活调动。在此过程中，审美主体心灵与审美对象内容的"视界融合"的契合度决定着立美的效果。个体的审美经验和情感性影响着契合度。其审美经验既包括在感美阶段所积累的表象性信息，也包括本阶段所形成的意向性信息——主体对所见所闻所产生的分析、思索和情感。这些意向性信息会逐渐形成个体惯性的情感反应模式，这种情感反应模式既影响之后主体对审美对象的内容意蕴的辨析与探求，又影响主体美感发展的方向与成效。由此，主体的审美无意识会更容易转变为审美潜意识，再转变为审美显意识。

（3）创美阶段：从审美实践到审美创造。创美阶段是审美的高级阶段，是推动个体从审美实践到审美创造的阶段，也是从掌握审美规律到审美写意表达的阶段。审美创造基于审美想象来实现，审美想象是在感性经验、具身体验的基础上拓展出新的意蕴、构筑出新的意象[②]，最终目的在于创造出富有个性化、创新性的审美意象。审美想象由审美主体的审美心理结构决定，换言之，审美心理结构为审美想象的开展提供心理图式、确定意向方向、拓展新的意蕴、构筑新的意象。从拓展新的意蕴层面来看，主体拓展的是审美对象的情思与品格，也即激活了对象的灵魂，使其形象意趣盎然，展现出勃勃生机。主体对意蕴的拓展，需要主体具有强烈的求知欲、敏锐的感知力、丰富的想象力、积极的内驱力以及灵活的求异思维能力。从构筑新的意象层面来看，一方面需要通过直接感知，汲取对象那些能够显示其内在本质的形象特征，取精去粗，扬弃偶然的形象细节；另一方面需要调动主体的记忆经验，借助联想为创造性想象输送个体所积累的记忆表象，也即对联想所唤起的经验进行改造，型构出带有审美主体个体气质

---

① 丁峻，崔宁. 当代神经美学研究[M]. 北京：科学出版社，2018：113.
② 范蔚，赵伶俐. 审美化教学论[M]. 北京：北京师范大学出版社，2016：7.

学科整合的美育范式和创新实践

的意象形态。意象创造会使审美主体自由自觉的本质力量得到充分展现，所构筑的意象也成了审美者对象化的自我。审美想象的产生需要经历多姿多彩的现实生活，也离不开激情的情境推动以及现实际遇的触发，因为它们整体上创建了催发创造力的系统。经过审美想象，人的灵感、智慧会不断"涌现"，在此基础上获得高峰体验。经过创美洗礼，主体对事物的审美理解会更加深入，审美人格会更加解放，审美理想会更加高远，创造性自我会更加彰显。

3. 学科整合美育范式的实现条件

一是建立完备的学校教学制度。近年来，学校认真贯彻党的二十大精神，认真贯彻落实中共中央办公厅、国务院办公厅印发《关于全面加强和改进新时代学校美育工作的意见》，教育部印发的《关于全面实施学校美育浸润行动的通知》等文件精神，树立正确的教育政绩观，坚持立德树人的根本任务，着力构建思想、课程、社团、实践、环境、制度六大育人体系，切实改进美育教学，丰富主题实践，健全长效机制，整体推进德智体美劳共育，全面提高全校学生的审美和人文素养。

（1）构建科学优质的美育课程体系，将美育教育的主阵地、主渠道放在教学课堂，开设内容丰富的美育课程。

（2）组建形式多样的艺术类学生社团，培养学生的兴趣爱好，提升学生感受美、欣赏美的能力，提高全体学生的审美和人文素养。

（3）搭建丰富多彩的美育展演平台，将美育的普及与提高相结合、课堂教学与课外活动相结合，充分展示学生的艺术才华。

（4）树立"三全育人"理念，构建普及教育与专业教育相互促进，学校美育与社会、家庭美育相互联系的美育教育体系。

（5）共建幸福的师生精神家园，陶冶学生道德情操，厚植民族情感，促进师德师风建设。

（6）建立美育课程的网络平台，共享优质的美育资源，探索学校"互联网+美育"教育模式以及学生艺术素养评价机制。

二是教师五育并举的意识与融合育人的能力。教师队伍建设永远是学校发展的第一要务。将美育落实到学校工作的方方面面，就要贯彻落实人人都是美育工作者的理念。美既是主观的，也是客观的。作为美育工作者，教师在实施学校美育的过程中应主动结合美的主观性与客观性，用愉悦适切的方式实施教学，让学生不仅在学校中、在课堂中能感受到美的情感，还能用适切的方式，精准、高效、美感地完成学习任务。

三是构建家校社协同育人机制。学校着力与家庭、社会、馆院联合，打破学校的壁垒，拓宽学校美育场域，突破学科边界，延伸美育课堂，实现全域协同美育。积极挖掘校外美育实践基地、联系博物馆等开展馆校联动、家校社合力育美。学校每学期走进重庆市科技馆、自然博物馆、重庆市规划馆，建立固定的校外实践基地，作为学校课堂的补充，走进高校、社会劳动实践基地、社区等，与家长、社区工作人员一起对社会实践过程进行充分探究。

新时代学校美育的发展面临巨大的机遇，学校是一个美育实施的重要载体，从课程体系、学校文化、教师培养等全方位实施美育，以美育浸润学生，全面提升学生文化理解、审美感知、艺术表现、创意实践等核心素养，丰富学生的精神文化生活，让学生身心更加愉悦，活力更加彰显，人格更加健全。以美育浸润教师，发挥教师职业的美育功能，提升全员美育意识和美育素养，塑造人格魅力，涵养美育情怀。以美育浸润学校，打造昂扬向上、文明高雅、充满活力的校园文化，建设时时、处处、人人的美育育人环境。

第三节 学科整合美育范式的思想基础

学科整合美育范式作为艺术课程、学科课程与综合课程与美育的系统整合，其构建与落地需要科学适切的思想加以指引，审美教育、生命美学、系统论等思想的核心理念与学科整合美育范式的形成思路"感美—立美—创美"在内涵上存在适切性与互通性，可作为学科整合美育范式的思想基础，进一步推动学科整合美育范式在实践中落地。

一、审美教育及其美育启示

审美教育观念源远流长，在国内外教育发展历程中受到广泛重视。它主张使人拥有追求美、欣赏美、表达美、创造美的感知能力与审美情趣，致力于实现个体的自由与全面发展。我国陆续出台的《关于深化教育改革全面推进素质教育的决定》《关于全面加强和改进新时代学校美育工作的意见》《关于全面实施学校美育浸润行动的通知》等学校美育工作的相关指导文件，也是在进一步强调审美教育对于学校美育工作的重要性。基于审美教育的国内外发展历程，探析其核心理念，挖掘其对学校美育工作的启示，可进一步丰富学科整合美育范式的内涵。

（一）审美教育的发展历程

自人类社会伊始，审美活动便已产生。而提出"审美教育"这一理念，并将其作为一门学科进行系统研究则起始于18世末期。德国启蒙时代的著名思想家弗里德里希·席勒于1795年出版《审美教育书简》，第一次将审美教育作为一门独立发展的学科，由此正式开启了人类审美教育的研究之路。

1. 审美教育的国内发展历程

早在远古时期的，我国便已创建较为系统的礼乐体系。中国音乐学家王光祈曾道："《周礼》所述黄帝、尧、舜等乐舞，虽不必尽信；但吾国舞乐起源甚早，则可以断言。"① "先王之乐"的传说流传至今，也在一定程度上说明我国的礼乐文明与审美文化的起源之早。据现存所考材料看，

---

① 王光祈. 中国音乐史[M]. 桂林：广西师范大学出版社，2005：174.

汉末魏初著名的"建安七子"之一徐干首次提出"美育"一词。①徐干在其所著《中论》一书的第七篇《艺纪》篇中写道："艺者，所以事成德者也；德者，以道率身者也。艺者，德之枝叶也；德者，人之根干也……美育群材，其犹人之于艺乎？"②强调了君子当艺德兼备、德艺双馨的观点，继承发扬了儒家的审美教育观。中国的六艺之教起源于西周时期，而后孔子作为儒家学派的代表人物，提倡克己复礼、以成人之美，推广六艺之教，进一步奠定了"志于道，据于德，依于仁，游于艺"的君子美学思想和"兴于诗，立于礼，成于乐"的政治美学思想。③而道家和佛家作为中国传统审美教育思想的重要组成部分，也分别提出了"道法自然""四大皆空"的审美教育思想。

20世纪初，王国维、蔡元培、梁启超等有志之士成为中国审美教育的先行者。王国维作为中国现代美学的奠基人之一，第一次将美育从教育学的角度进行阐释，并提出美育对于社会改造的重要性，认为智育即智力的教育；德育即意志的教育，也称"意育"；美育即情感的教育，也称"情育"。④而蔡元培从理论和实践两个层面明确将美育推到了国民教育的地位。1912年，蔡元培时任临时政府教育总长，首次将"美育"一词引入中国，强调"以美育代宗教"，并在中国现代教育史上第一次把美育确立为国家教育方针，提出"世界观与美育主义"之宗旨。⑤梁启超在其《趣味教育与教育趣味》提出只有以"趣味"或"美"为目的，才是抓住了趣味

---

① 谭好哲. 中国现代美育的历史进程与目标取向[J]. 山东社会科学, 2007 (1): 22-32.
② 祁海文, 朱军利. 论徐干《中论》的美育思想[J]. 人文杂志, 2016 (11): 73-78.
③ 王凌皓, 高英彤. 孔子广义美育思想理论探究[J]. 中国地质大学学报（社会科学版）, 2008 (3): 51-55.
④ 姚文放. 王国维的美育四解及其学术意义[J]. 文艺理论研究, 2010 (6): 116-124.
⑤ 聂振斌. 蔡元培的美育思想及其历史贡献[J]. 艺术百家, 2013, 29 (5): 150-158.

教育即美育的本质，要把情感教育放在第一位。①此后，朱光潜、宗白华、李泽厚、蔡仪等人开始对审美教育进行深入研究，进一步丰富了我国的审美教育思想。

2. 审美教育的国外发展历程

早在古希腊时期西方便有了审美教育的雏形，出现了"缪斯教育"即以掌管科学和艺术的女神缪斯命名的教育。柏拉图在其著作《理想国》中提出"理想人"②的概念，并将"美"提升至理论高度。而后，其学生亚里士多德提出"政治人"③的概念，阐述了以审美教育陶冶人的德行，进而以德治政的观点。在文艺复兴与启蒙运动时期，审美活动大为普及。直至18世纪末，康德出版《判断力批判》，首次界定了美学的概念及审美的性质。④随后，席勒以《审美教育书简》一书正式开始了全世界对于审美教育的深入研究，他深刻地提出了人性的和谐、完善的重要性，并把审美教育的作用提升到完善人格、拯救社会的高度。⑤此后，马克思在其《1844年经济学哲学手稿》阐述其美学思想，并指出人的审美需要是他追求发现美、欣赏美、创造美的欲望和要求，这种需要是一种高层次的精神需求。⑥

（二）审美教育的核心理念

审美教育需实现审美与教育的有机融合，在推进美育的过程中，既不能让审美吞没教育，把美育变成了娱乐活动，也不能把美育单一理解为情感教育或艺术教育。只有把审美和教育有机系统地结合起来，才能把握美

---

① 王旭晓. 梁启超"趣味教育"思想对当代美育的启示[J]. 杭州师范大学学报（社会科学版），2008（5）：97-100、105.
② 柏拉图. 理想国[M]. 郭斌和、张竹明译. 北京：商务印书馆，1986：108.
③ 亚里士多德. 政治学[M]. 吴寿彭译. 北京：商务印书馆，1965.
④ 康德. 判断力批判[M]. 宗白华译. 北京：商务印书馆，1964.
⑤ 许冰. 审美教育在生命和谐发展中的意义及其实施研究[D]. 华南师范大学，2004.
⑥ 张香丽. 论审美教育在人的全面发展中的意义[D]. 山东师范大学，2010.

育的独特内涵①。实际上，现代审美教育是一种强调感性、隐匿理性，又不排斥理性的感性和理性有机结合的教育活动。通过偏重感性，又不忽视理性的途径，最终的效果是既化解理性对感性的压抑，又化解感性对理性的排斥，使两者达到和谐统一。②

从前人对于审美教育的深入研究可知，审美教育的核心理念在于通过丰富的艺术形式将理性与感性的方式相融共生，以情感为中介引发共鸣，使人拥有追求美、欣赏美、表达美、创造美的感知能力与审美情趣，建立丰盈且强大的精神世界，具备自我超越与追逐理想的意志勇气，进而实现个体的自由与全面发展。

在审美教育过程中，主体在理性与感性交融的艺术形式中还会从被动的欣赏中生发主动的自觉。具体而言，主体不仅为外物和艺术所感动进而产生情感共鸣，同时也在这种共鸣当中发挥主体的能动性和创造性，在精神世界形成对艺术的个体理解，并生发对审美活动的自觉追求。

（三）审美教育对美育的启示

1999年6月13日，中共中央、国务院下发《关于深化教育改革全面推进素质教育的决定》，强调"必须把德育、智育、体育、美育等有机地统一在教育活动的各个环节中"③。2020年10月，中共中央办公厅和国务院办公厅共同印发并出台《关于全面加强和改进新时代学校美育工作的意见》，强调"以提高学生审美和人文素养为目标，弘扬中华美育精神，以美育人、以美化人、以美培元"④。2023年12月22日，教育部下发《关

---

① 李继. 高校审美教育：内涵、价值及实践路径研究[J]. 江苏高教，2022（6）：116-120.
② 张香丽. 论审美教育在人的全面发展中的意义[D]. 山东师范大学，2010.
③ 中共中央 国务院关于深化教育改革全面推进素质教育的决定. 中华人民共和国国务院公报（21），1999：868-878.
④ 中华人民共和国教育部. 中共中央办公厅、国务院办公厅印发《关于全面加强和改进新时代学校美育工作的意见》.[EB/OL].（2020-10-15）[2024-02-09]. http://www.moe.gov.cn/jyb_xxgk/moe_1777/moe_1778/202010/t20201015_494794.html.

学科整合的美育范式和创新实践

于全面实施学校美育浸润行动的通知》，以"推动形成全覆盖、多样化、高质量的具有中国特色的现代化学校美育体系"①为行动目标。党和政府高度重视学校的美育工作，习近平总书记在全国教育大会和其他场合均就加强学校美育工作多次发表重要指示。②坚持立德树人根本任务，结合时代生活、遵循美育特点的美育工作，不仅是对中华美育精神的弘扬，而且能让祖国青年一代身心都健康成长。

教师作为国家美育政策的执行者，需学习文件精神，切实领悟审美教育的核心要义。审美教育是一种生命教育和情感教育，其方法就不能等同于一般的知识教育。审美教育应是诉诸人的整个感性生命存在的，而不能仅仅诉诸理性。也就是说，审美教育的方法从根本上说应是既非纯感性的，也非纯理性的，而是二者的融合。这就要求教育者本人具有高度的审美修养和艺术水平，能够随时随地"点化"他的教授对象，使之产生审美感悟与体验，从而达到陶冶其心灵的目的。因此，学校美育工作是否能够实现审美教育的价值追求，贯彻审美教育的核心理念，重在教师美学素养的提升。审美教育作为一种生命教育和情感教育，不同于普通的知识教育，需要教师在美育工作中尊重学生的主体感受，以丰盈学生的精神世界、提升学生的审美能力为追求。具体而言，教师需强化"以美育人"意识、丰富"以美育人"知识、提升"以美育人"能力。③教师唯有达到对审美教育在知情意行上的有机统一，才能更好地保障国家美育政策的有效落地与学校美育工作的高效开展。

---

① 中华人民共和国中央人民政府、教育部关于全面实施学校美育浸润行动的通知. [EB/OL].（2023-12-20）[2024-02-09]. https://www.gov.cn/zhengce/zhengceku/202401/content_6924205.htm.
② 新华网：习近平给中央美术学院老教授的回信. [EB/OL].（2018-08-30）[2024-02-08]. http://www.xinhuanet.com/2018-08/30/c_1123355797.htm.
③ 顾霁昀. "以美育人"的时代价值与实践路径——基于教师美育素养的视角[J]. 教师教育研究，2021，33（2）：72-75、123.

二、生命美学及其美育启示

生命美学的崛起意味着人们开始把目光转向生命个体及其自由意识，摆脱了知识论的框架束缚，真正走向了"自由地实现自由"，将审美活动作为生命个体的内在需求，关注主体的生命自觉。基于生命美学的具体发展历程，探析其核心理念，挖掘生命美学对于学校美育工作启发之处，可引导学校美育工作重视生命主体的体验与实践，实现学生生命与审美的相融相生。

（一）生命美学的发展历程

生命美学的诞生起源于中国现代美学史上一次经典的美学话语冲突，以国内现代生命美学首倡者潘知常发表于1985年第1期《美与当代人》的美学札记《美学何处去》作为中国现代生命美学孕生的信号。[1]1991年，潘知常出版《生命美学》，并在书中详细阐释了自己的生命美学观点，此书的出版标志着生命美学的正式诞生。

而生命美学产生的理论基础是西方19世纪上半期产生的人本主义现代哲学思潮，主要包括叔本华的唯意志论哲学、萨特的存在主义、尼采的文化哲学、弗洛伊德的心理分析学和柏格森反理性的直觉主义等哲学理论。[2]随后在20世纪70年代，这些西方人本主义现代哲学思潮被引入中国，并在美学界产生广泛影响。生命美学代表人物在此理论基础与时代背景下，开始对当时处于主流地位的实践美学展开对话，并一步步发展完善。

20世纪90年代，随着生命美学代表人物的发声愈发强烈，生命美学与实践美学之间的激烈论战一触即发。生命美学以其迅猛之势打破了实践美学独霸天下的格局，在21世纪前后掀起了现代美学界的巨大浪潮。这场举世瞩目的美学争论见证了中国美学界由一元化局面到多元化发展的时代转变。而实践美学之所以受到生命美学的质疑，在于其产生的时代背景。

---

[1] 林早. 20世纪80年代以来的生命美学研究[J]. 学术月刊，2014，46（9）：13-17.
[2] 李苗. 生命美学与中国当代审美文化的建构[D]. 西安电子科技大学，2007.

实践美学的诞生起源于20世纪50年代后期的第一次美学大讨论，由于时代背景的限制，任何活动都需与政治活动配合，实践美学不得不带有政治化的倾向。随后，在20世纪80年代思想解放与改革开放的稳步推进，第二次美学大讨论推动了实践美学的成熟。当时实践美学以马克思主义实践原则为理论基础，但当时国内对于马克思主义的把握与认识还存在一定局限性，实践美学在践行马克思主义实践原则的过程中存在一定的缺陷，所以生命美学提出质疑并发表自己的思想观点。

虽然后来实践美学又对自身的理论进行了多方面的发展和探讨，形成了"美在创造中""美是自由的感性显现""美是辩证发展的和谐"等卓有建树的观点，并使实践美学成为中国美学理论的大潮，完善了实践美学初期的理论偏颇，但实践美学还是不能完美地解释所有的美学现象，而且时代的发展也给出了新的美学话题，产生了新的美学话语和语境，这些都是实践美学所没有解决的。[①]生命美学就是在对实践美学的这些薄弱环节进行关注的基础上产生的。

（二）生命美学的核心理念

作为中国生命美学的首倡者，潘知常在其《美学何处去》札记中提到："真正的美学应该是光明正大的人的美学、生命的美学。美学应该爆发一场真正的'哥白尼式的革命'，应该进行一场彻底的'人本学还原'，应该向人的生命活动还原，向感性还原，从而赋予美学以人类学的意义。"[②]

潘知常提出的生命美学始终致力于探寻人的生命存在与超越。生命是什么？以生命美学的视角，生命往往特指人的生命。人的生命源于自然又高于自然，属于自然的部分便是自然生命，高于自然的部分便是自由生命。真实的生命是在二者的逻辑演进中协调并进，经由文化的浸润，主动创构

[①] 王丽. 生命美学的理论价值和局限[D]. 山东大学，2005.
[②] 潘知常. 生命美学论稿：在阐释中理解当代生命美学[M]. 郑州：郑州大学出版社，2002.

一个非我的世界以展示和证明自我美好、独立、丰盛的精神。人的生命一开始便是基于文化的土壤，生命的发展演化就是人的文化性不断同化生物性的协同进化过程。不同于其他生命，人的生命受到自然过程和文化过程的双重影响，其独有的自由生命不再局限于有限的存在，而体现为开放性、无限性、超越性、能动性、创造性和文化性。正因为有了自由生命，人才成为人。在生命美学看来，生命即审美，生命活动与审美活动是一体两面，审美活动是生命活动的最高存在，审美存在就是生命的理想存在。

（三）生命美学对美育的启示

生命美学以生命作为美学的逻辑起点，倡导在美育过程中关注主体的生命自觉，充分彰显其能动性、精神性、超功利性，强调生命主体的体验与实践，对于审美主体超越自我、实现审美自由与境界升华具有重要意义。

基于生命美学所提倡的核心观念，美育开展应当注意以下几点。

第一，聚焦学生生命主体，培养学生审美情感。在教学过程中尊重学生的个体差异，了解其兴趣、爱好及行为方式，创造情感共鸣的课堂氛围，通过分享故事、情感体验建立学生对艺术作品的情感连接，促进他们对于美的主观体验与情感表达。同时，鼓励学生通过绘画、歌曲、舞蹈等各种艺术形式表达自己对美的理解与感悟，提供自由表达的空间与平台，通过师生间的反思与对话促进审美情感与审美意识的生成与提升。

第二，开发生命美育资源，打造学校美育场域。其一，提升教师人力资源，为教师提供相关的美育培训和专业发展机会，提升其美育教学水平和艺术素养，推动学校美育工作的持续发展和提升。其二，开发课程艺术资源，收集和整合丰富多样的艺术资源，包括绘画、雕塑、音乐、舞蹈、戏剧等，以及相关的文学作品和历史文化资料。建立学校的艺术资源库，为学生提供广泛的学习和创作材料。其三，实现跨学科融合美育，将美育融入学校各个学科中，打破学科壁垒，促进跨学科整合，使审美教育真正融入学生生命之中。

第三，营造生命审美体验，丰富学生生命美学观。学校应提供多样化的体验式学习机会，让学生亲身参与、观察和感知艺术作品，深入体验审美活动中的美与情感，让学生全身心地融入生命审美的体验中。利用自然环境和生命体验来培养学生的生命美学观，组织户外探索活动、自然观察、植物养护等，让学生与自然亲近，感受生命的美好和奇妙，从而拓展其对生命美的理解和感悟。邀请艺术家、作家、摄影师等专业人士到校园举办讲座和展览，与学生分享他们对生命美的理解和表达方式。通过与艺术家的互动交流，激发学生对生命美学的兴趣和探索欲望。

三、系统论及其美育启示

系统论所强调的整合思维对于学校美育工作具有重要意义。基于系统论的发展历程，探析系统论的核心理念，挖掘系统论对于学校美育工作的启发之处。具体而言，一是基于系统论开展"五育"融合育人，实现教学实践与五育动态有机融合；二是基于系统论开展学校美育工作，使美育工作各环节的有序推进；三是基于系统论优化整合学科系统，实现跨学科美育资源的融合教育。

（一）系统论的发展历程

系统论起源于 20 世纪 40 年代，美籍奥地利人、理论生物学家 L. V. 贝塔朗菲于 1945 年公开发表《关于一般系统论》。1968 年，贝塔朗菲出版的专著《一般系统理论基础、发展和应用》，确立了系统论的学术地位，被公认为系统论学科的代表作。

在文艺复兴之后的数百年的时间里，人们一直把简单性思想即还原论作为主导思想，努力探究的是物质构成的简单性、运动规律的简单性和科学方法的简单性，并且在实践中取得了惊人的成就。[1]一般系统论作为第

---

[1] 黄欣荣. 贝塔朗菲与复杂性范式的兴起[J]. 科学技术与辩证法，2004（4）：11-14+57.

第一章　学科整合美育范式的提出与理论基础

一个全面反对还原论的理论，创造了一套科学的学术话语体系，开辟了用"整体""系统"的观点解释复杂世界的先河。

贝塔朗菲指出："我们提出一门新的学科称之为一般系统论，它的主题是阐述和推导一般地适用于'系统'的各种原理。"①一般即适用性广泛的意思。系统论的发展共经历两个发展阶段：经典系统论阶段与现代系统论阶段②。经典系统论是一般系统论的前身，而现代系统论是基于经典系统的发展成果进一步提出的概念。

经典系统论是作为近代还原论的对立物出现的，是对近代以分析为特征的还原论思维方式的一种否定，同唯物辩证法一样，也是对"整理材料科学"③。其在阐述具体事物时，往往采用单一分析的方法，关注要素的量而非质，缺少系统综合的角度。现代系统论则是 20 世纪以来科学的分化与综合两种趋势相结合的产物。其表现形式就是科学的认识对象空前复杂化，其更注重对系统发展变化的总体机制和规律的探讨，认为系统的发展变化的总体机制是：最终通过整体的发展变化表现出来，而整体的发展变化则是要素、层次、结构、功能以及环境因素共同作用的结果；任何系统发展都呈现出上升和下降两个阶段：在系统发展的上升阶段，通常构成要素的质量会不断提高，数量也会不断增加，层次亦会逐渐增多，结构则会日趋稳固和优化，功能则会不断增多和变强，与环境的关联性则会日益紧密；在系统发展的下降阶段则又会呈现相反的变化，即构成要素的质量和数量会不断降低和减少，层次和结构也会不断消解和劣化，功能也会日渐丢失或减弱，与环境的关联性则会日益变差或消失。而当所有这些因素的变化达到或超过临界点时，原系统也就在总体上崩溃了，直至为新系统所取代。这就是系统的生命周期过程，也是系统发展的总规律。

---

① 贝塔朗菲. 一般系统理论基础、发展和应用[M]. 林康义, 魏宏森, 等, 译. 北京：清华大学出版社, 1987: 30.
② 常绍舜. 从经典系统论到现代系统论[J]. 系统科学学报, 2011, 19（3）: 1-4.
③ 马克思, 恩格斯. 马克思恩格斯选集（第 4 卷）[M]. 人民出版社, 1995: 245.

（二）系统论的核心理念

系统论运用完整性、集中性、等级结构、终极性、逻辑同构等概念，研究适用于一切综合系统或子系统的模式、原则和规律，并力图对其结构和功能进行数学描述。系统强调整体与局部、局部与局部、整体与外部环境之间的有机联系，具有整体性、动态性和目的性三大基本特征。作为一种指导思想，系统论要求把事物当作一个整体或系统来考察，符合马克思主义关于物质世界普遍联系的哲学原理①。

系统论的核心理念强调整体思维。贝塔朗菲认为，任何系统都是一个有机的整体，不是各个部分的机械组合或简单相加，系统的整体功能是各要素在孤立状态下所没有的性质，并引用亚里士多德的名言"整体大于部分之和"来说明系统的整体性，以此来反驳以局部说明整体的机械论观点。系统论认为，系统内部各要素有机统一，相辅相成，相互关联，进而构成不可分割的整体。

（三）系统论对美育的启示

2018年9月10日，习近平总书记在全国教育大会上首次提出："培养德智体美劳全面发展的社会主义建设者和接班人，加快推进教育现代化、建设教育强国、办好人民满意的教育。"②从此，我国教育事业为党育人、为国育才的实践蓝图开创了"德智体美劳"五育并举、融合育人的崭新征程。学校应深刻把握系统论的思想内涵，深入了解"五育"并举的价值旨归，将系统论的理论观点落实到学校美育工作当中。

第一，基于系统论开展"五育"融合育人，实现教学实践与"五育"

---

① 顾新华，顾朝林，陈岩. 简述"新三论"与"老三论"的关系[J]. 经济理论与经济管理，1987（2）：71-74.

② 中华人民共和国教育部. 培养德智体美劳全面发展的社会主义建设者和接班人.[EB/OL].（2020-10-15）[2024-02-09]. http：//www.moe.gov.cn/jyb_xwfb/xw_zt/moe_357/jyzt_2018n/2018_zt19/zt1819_gd/mtpl/201809/t20180919_349377.html.

动态有机融合。系统论中的整合思想启发学校教育应实现德智体美劳全面发展，德育、智育、体育、美育和劳动技术教育构成一个有机整体，教师应以全面、系统的眼光看待"五育"，应坚持系统论的哲学思维方式，从系统论的整体观、结构观和开放观来把握"五育"、思考融合，形成德智体美劳"五育融合"的育人合力。①而美育作为"五育"当中不可替代的组成部分，关系学生的审美素养与精神品质，更应严格秉持系统论观点高质量开展美育工作。

第二，基于系统论开展学校美育工作，使美育工作各环节有序推进。学校美育教育是一项系统工程，以系统论的视角审视新时代学校美育具有重要的理论与实践意义。新时代学校美育具有鲜明的系统性，涵盖了教育主题、建设主线、基本要求、总体布局等系统要素，并具有整体性、层次性、动态性、开放性的理论特质。随着学校美育的深入推进，将系统思维运用到学校美育实践中，明确学校美育教育的目标引导性、促进学校美育的过程贯通性、增强学校美育的要素耦合性、提升学校美育教育的成效聚合性，已成为增强新时代学校美育教育针对性和实效性的迫切需要。②

第三，基于系统论优化整合学科系统，实现跨学科美育资源的融合教育。依据系统论的思想，在学科整合美育实践过程中要充分了解各个学科的基本内容与学科美育的相通之处，将各学科课程的美育作为一个完整的资源系统，分析其学科系统的结构和功能，并对整个学科系统进行优化和整合，从而搭建学科整合美育资源库，实现美育活动的完整性、丰富性与多元化。

---

① 张政文，王维国. 新时代高校德智体美劳五育融合的哲学智慧[J]. 中国社会科学院大学学报，2022，42（2）：20-40、144-145.
② 胡华. 系统论视域下新时代爱国主义教育的多维分析[J]. 思想理论教育，2021（2）：55-60.

第二章 PART TWO

学科整合美育范式的基本理念

学科整合美育范式的基本理念具体涵盖学科整合美育的范式理念、育人理念及其课程重组结构，同时需进一步厘清学科整合美育的基本范式。本章从四个方面阐述：一是学科整合美育的范式理念，即美育范式的形成过程、内涵特征、育人价值、学科整合美育范式的形成与思路；二是学科整合美育范式的育人理念，即儿童立场、美化人生、美德化众；三是学科整合美育范式课程重组与结构，即学校课程设计思路、学校课程设置原则、课程结构；四是学科整合美育的基本范式，即艺术课程美育增值范式、学科课程美育渗透范式、综合课程美育效应范式。全方位、系统化地梳理学科整合美育范式的基本理念，为后续学科整合美育的三大范式构建、教学设计开发、教学案例研究、评价体系搭建奠定坚实基础。

第一节 学科整合美育的范式理念

美育范式的形成起源于18世纪德国哲学家康德对审美教育进行的深入研究，随后德国哲学家席勒进一步探索审美教育的内涵，促进了美育范式的形成。美育范式是一种以审美教育为主要内容的理论框架和方法论体系，其基本内涵及特征包括以下几个方面：以审美教育为主要内容，以实现人的全面发展为目标，以多种方法为手段，以开放性和动态性为特征，以培养创新精神为核心目标，以跨文化交流为重要手段，以教育者的专业素养为支撑，以评价体系为保障。基于学科整合的美育范式能够有效实现艺术课程、学科课程与综合课程的融合育人,是国家实施"五育并举"的战略指向。

一、美育范式的形成

基于研究性、发展性、方法性的特征,"范式"具有方法论意义,而美育范式的形成和发展是美学研究与教育实践相结合的产物。它所具备的共性特征、方法论特征、历史性特征、开放性特征,能够有效为学科整合美育范式的构建提供思路。

(一)范式概念的内涵及特征

1. 范式概念的形成过程

在我国古籍中确早已有"范式"("范"亦通"範")一词。"范"在古汉语中意为"模器""模型"(《荀子·强国》:"刑范正,金锡美,工冶巧,火齐得。")、"榜样"(扬雄《太玄经·莹》:"矩范之动,成败之效也。")、"规范"(《后汉书·张衡传》:"耻一物之不知,有事之无范。");"式"则有"规格""榜样"之义(《尚书·微子之名》:"世世享德,万邦作势。"《后汉书·马援传》:"援好骑,善别名马,于交趾得骆越铜鼓,乃铸为马式。")在《辞源》中,"范式"作为词语仅有"模范"一个释义,如刘勰《文心雕龙·事类》:"至于崔班张蔡,遂捃摭经史,华实地瀁,因书立功,皆后人之范式也。"[1]

在中国文论中最早使用"范式"概念的,一般被认为是南郭先生。他认为范式乃是理论,由此设立探讨目标、解决方式以及断定其价值的依据。[2]而真正使"范式"概念及其理论方法受到文学研究界广泛关注、产生重要影响的被认为是金元浦先生。他明确界定了"范式"的内涵:"文学范

---

[1] 商务印书馆编辑部. 辞源(合订本)[M]. 北京:商务印书馆,1997:561、1284、1427.

[2] 南帆. 选择的进步[J]. 读书,1986(4):118-125.

式是一定时期一定范围内从事文学创作和研究的文学共同体一致遵循的一般理论原则、方法论规定、话语模型和应用范例。"①

美国科学家托马斯·库恩在其经典著作《科学革命的结构》中提出范式概念并产生较大影响,库恩指出:"范式无须可发现的规则的介入就能够确定常规科学""科学家从不抽象地学习概念、定律和理论,也不从它们自身中学习。相反,这些思想工具从一开始,就是在无论是从历史的观点还是从教学的观点看都具有优先性的单元中被教授的。"②所谓"具有优先性的单元",就是作为"范例"的"范式"。因此,在库恩那里,即使"范式"包含"规则",这规则也是"范式"的接受者从"范式"中抽象(实际上是体悟)出来的。"除了抽象的规则外,范式还通过直接模仿以指导研究""范式是一个由科学研究工作组成的典范,它可以在某个专业化的科学活动领域内部创造一种研究传统",它可以为"人们如何在某个领域进行科学研究提供行之有效的模型,可以为人们提供有关实验方法、实验装备以及理论解释的指导"。并且,"为了尽力从自然界中得出各种结果,人们可以发展范式的各种变体,并且进行仔细推敲。"③

库恩认为,我们可以把"常规科学"理解为在既有的"科学成就"的基础上所展开的研究。在某一特定的时间段内,这些"科学成就"成为科学家共同体公认的展开进一步实践的基础。库恩认为,这些"科学成就"既吸引了"一批坚定的拥护者",又为后来者"留下有待解决的种种问题"④。库恩强调,具有这两个特征的科学成就,就可以称为"范式"。⑤他指出:"对某一时期某一专业做仔细的历史研究,就能发现一组反复出现而类标

---

① 金元浦. 当代文艺学范式的转换与话语重建[J]. 思想战线,1994(4):29-32.
② 库恩著,金吾伦、胡新和译. 科学革命的结构[M]. 北京:北京大学出版社,2003:38-39.
③ 布鲁尔著,霍桂恒译. 知识和社会意象[M]. 北京:中国人民大学出版社,2014:72.
④ 库恩著,金吾伦、胡新和译. 科学革命的结构[M]. 北京:北京大学出版社,2003:8-9.
⑤ 曾令华,尹馨宇. "范式"的意义——库恩《科学革命的结构》文本研究[J]. 武汉理工大学学报:社会科学版,2019,32(6):6.

准式的实例，体现各种理论在其概念的、观察的和仪器的应用中。这些实例就是共同体的范式，它们存在于教科书、课堂讲演和实验室的实验中。研究它们并用它们去实践，相应的共同体成员就能学会他们的专业。"①

2. 范式的内涵

"范式"代表一个特定共同体成员共有的信念、价值、精神要素，是科学革命发生的外部环境和内在行为共同作用的结果；"范式"在本质上是一种知识生产方式和知识存在方式，是科学共同体的世界观和方法论，为科学共同体提供研究方向、依据、标准和操作方法。它是科学研究中一些共性问题的抽象和概括，是科学研究中一种共同信仰和学术研究。

3. 范式的特征

第一，范式具有研究性。在某一特定领域，范式是科学研究中一种共同信仰和学术传统，规定了科学家观察世界和提出问题的基本方式和角度。不同的研究领域有不同的范式。"范式"是科学共同体的世界观基础。在《科学革命的结构》中，库恩写道："在革命之后，科学家们所面对的是一个不同的世界。"不同的"范式"之间不可通约，不同"范式"指引下的科学工作者对知识本体的基本观念和信念也是不同的。"范式"不仅为科学工作者提供交流的平台，还在知识生产实践中表现为共同的价值方向和实践根据。

第二，范式具有发展性。范式不是一成不变的，随着历史的发展和科学研究的进步不断演变和更新。旧的范式可能逐渐被新的范式所取代，或者被整合到更广泛、更全面的范式体系中。"范式"是动态发展的，随着科学的不断发展，旧"范式"终将被新"范式"所取代。"范式"为科学工作者提供主体决策的认知方向、判断标准和价值依据。当科学家对选题持怀疑态度时，"范式"的价值观功能将起着重要的实践指导作用。这不

---

① 库恩.科学革命的结构[M].金吾伦,胡新和,译.北京：北京大学出版社,2003：36.

仅提高了科学研究的目的性，而且在一定程度上保证了科学研究活动的高效率。

第三，范式具有方法性。范式是科学研究中一种方法论体系，为科学研究提供了基本的思路和框架，指导科学家进行观察、实验和理论构建。范式规定了科学家应如何设定假设、设计实验和研究方案，以及如何分析和解释实验结果。"范式"是科学研究的方法和模式，是科学实践的根据。[①]"范式"作为一种观察、分析和规则的手段，为科研活动提供模式、步骤，确定重要事实、理论与事实相一致、阐明理论。这是几乎所有科学工作者都在解决问题时通常离不开的三个步骤。"范式"具有方法论的意义，在结果上承载着知识生产和科学实践过程及产品的形式和内容，表现为特定的科学实践方式和知识话语体系。

（二）美育范式的形成过程

美育范式的形成是美学发展中的一个重要阶段，也是社会文化进步的体现。美育范式的形成可以追溯到 18 世纪，德国哲学家康德对审美教育进行了深入研究，他认为审美教育可以培养人们的审美判断力和审美情感，进而提高人们的精神境界和文化素养。康德的思想对于美育范式的形成和发展产生了深远的影响。18 世纪末至 19 世纪初的欧洲，当时欧洲各国开始重视审美教育，认为审美教育可以培养人们的审美能力和审美情趣，进而提高人们的生活质量和文化素养。在这个时期，一些哲学家、教育家和艺术家开始探索审美教育的方法和途径，提出了许多新的思想和理念。德国哲学家席勒是其中最具代表性的人物之一。他在《审美教育书简》一书中提出了"审美自由"的概念，他认为："事物的被我们称为美的那种特性与自由在现象上是同一的。"[②] "在美的直观中，心灵是处于规律与需

[①] 曾令华，尹馨宇. "范式"的意义——库恩《科学革命的结构》文本研究[J]. 武汉理工大学学报：社会科学版，2019，32（6）：6.

[②] 卡西尔. 人论[M]. 甘阳，译. 上海：上海译文出版社，1985：190.

要之间恰到好处的中点。"①所以，席勒经常提到的自由"不是那种必然适应于作为智力的人的自由，它既不能给予人也不能由人取得，而是那种以人的本性为基础的"②。他认为审美教育可以使人们摆脱现实的束缚和限制，达到一种自由、和谐的状态。同时，他还提出了"审美文化"的概念，认为审美文化可以促进人们的个性和社会的发展。席勒的思想和理念为后来美育范式的形成奠定了基础。随着时间的推移，美育范式的理论和实践逐渐得到完善和发展。到了20世纪中期，随着教育观念的更新和教育改革的推进，美育范式的理论和实践得到了更广泛的关注和应用。许多国家和地区开始将审美教育纳入教育体系，开展了大量的美育实践活动和理论研究，形成了多种不同的美育范式和方法。

（三）美育范式的基本内涵及特征

美育范式是美学研究深入教育领域的结果，是一种以审美教育为主要内容的理论框架和方法论体系。美育范式的基本内涵及特征包括以下几个方面。

一是以审美教育为主要内容。美育范式关注的是如何通过审美教育来培养人们的审美能力和审美情趣，提高人们的生活质量和文化素养。审美教育的主要内容包括艺术教育、文化教育、情感教育等多个方面，旨在通过欣赏艺术作品、参与艺术活动、了解文化传统等方式来培养人们的审美判断力、审美情感和审美创造力。

二是以实现人的全面发展为目标。美育范式认为审美教育不仅可以培养人们的审美能力和审美情趣，还可以促进人们的个性和社会的发展，实现人的全面发展。通过审美教育，人们可以更好地认识自己、发展自己，提高自己的精神境界和文化素养；同时还可以促进社会文化的传承和发展，推动社会的进步与和谐。

---

① 卡西尔. 人论[M]. 甘阳, 译. 上海：上海译文出版社, 1985: 4.
② 卡西尔. 人论[M]. 甘阳, 译. 上海：上海译文出版社, 1985: 187.

三是以多种方法为手段。美育范式认为审美教育应该采用多种方法，包括艺术教育、文化教育、情感教育等，以多种手段来达到审美教育的目的。这些方法相互补充、相互融合，形成多样化的美育教学方式和方法体系。

四是以开放性和动态性为特征。美育范式不是封闭的，随着时代的发展而不断演变和更新，同时也具有开放性和动态性的特征，鼓励人们在审美教育中探索和创新。美育范式的开放性特征使得它可以容纳各种新的思想理念和方法技术。动态性特征则反映了美育范式在实践中不断更新和完善的过程。

五是以培养创新精神为核心。美育范式强调培养人们的创新精神和实践能力，鼓励人们通过审美实践和艺术创作来表达自己的思想情感和独特见解。这种创新精神的培养不仅有助于个体的发展和自我实现，也有助于推动社会文化的进步和创新。通过审美教育，人们可以拓宽自己的思维视野，激发自己的创造力和想象力，从而为社会的文化、科技、经济等领域注入新的活力和动力。

六是以跨文化交流为重要手段。美育范式认为审美教育应该具有跨文化的视野和交流，通过学习和欣赏不同文化背景下的艺术作品和文化遗产，增进对不同文化的理解和尊重。这种跨文化交流不仅可以拓宽人们的审美视野和文化认知，也有助于增进国际的文化交流和理解，推动世界文化的多样性和共同发展。

七是以教育者的专业素养为支撑。美育范式的实施需要教育者具备相应的专业素养和教育理念，他们应该具备对美的敏感度和判断力，对艺术作品的深入理解和分析能力，以及对教育方法和技术的熟练掌握和运用能力。只有具备这些专业素养的教育者，才能有效地传递审美教育的理念和内容，引导学生积极参与审美实践和艺术创作。

八是以评价体系为保障。美育范式的实施需要建立完善的评价体系，对学生的审美实践和艺术创作进行客观、全面地评价，并提供有针对性地指导和反馈。这种评价体系不仅可以激励学生积极参与审美教育，而且有助于教育者了解学生的学习情况和需求，及时调整教学方法和内容，提高教学质量和效果。

美育范式的形成和发展是美学研究与教育实践相结合的产物，旨在通过审美教育来培养人们的审美能力和审美情趣，提高人们的生活质量和文化素养。美育范式具有共性特征、方法论特征、历史性特征、开放性特征等多个方面的内涵和特征，其实施需要教育者具备相应的专业素养和教育理念，建立完善的评价体系，并鼓励人们在审美教育中探索和创新。

二、美育范式的育人价值

美育范式育人价值具体包括本体、生活与社会三个层面。本体层面的育人价值即培养完美儿童，培养儿童的审美感知能力、审美情感、审美创造力；生活层面的育人价值即塑造美好的人生，提高生活质量，促进身心健康，增强社会交往能力；社会层面的育人价值即争做人民的创造者，推动文化创新和发展，培养人们的文化自信和民族自豪感。

（一）本体层面的育人价值：培养完美儿童

美育范式在培养完美儿童方面具有重要的本体价值。在当今社会，人们往往过于注重儿童的智力和德育发展，忽视了对他们审美能力的培养。然而，审美能力作为人类综合素养的重要组成部分，对于儿童的全面发展具有不可替代的作用。

第一，培养儿童的审美感知能力。审美感知是儿童接触和理解艺术作品的基础。美育范式通过引导儿童观察艺术作品的细节、聆听音乐旋律的变化和品味文学作品的情感内涵，帮助他们建立对美的敏感度和领悟力。这种能力的培养有助于丰富儿童的内心世界，激发他们的好奇心和求知欲。

第二，培养儿童的审美情感。审美情感是儿童在欣赏艺术作品时所获得的独特感受和情感体验。美育范式通过引导儿童深入观察艺术作品的主题、色彩和形式，让他们学会在艺术作品中寻找共鸣和启发，从而培养他们积极的情感态度和价值观。这种情感的培养有助于儿童形成健康的人格和良好的心理品质，如自尊、自信、自律和同情心等。

第三，培养儿童的审美创造力。审美创造力是儿童在艺术创作中所表现出的想象力和创新能力。美育范式通过鼓励儿童发挥自己的创造力和创新精神，让他们学会用艺术的方式表达自己的思想和情感。这种创造力的培养有助于激发儿童的创造性和创新精神，为他们的未来发展打下坚实的基础。同时，这种创造力也能够在其他领域中迁移和应用，促进儿童全面发展。

（二）生活层面的育人价值：塑造美好的人生

第一，提高生活质量。审美活动能够带给人们美的享受和感动，让人们在忙碌的生活中找到宁静与愉悦。美育范式通过引导人们欣赏美丽的风景、品味优美的音乐、阅读经典的文学作品以及参与艺术活动等审美活动，让人们更加关注生活中的美好事物，使自己的生活更加丰富多彩。这种积极的生活态度有助于提高人们的生活质量，增强幸福感和满足感。

第二，促进身心健康。审美活动能够调节人们的情绪和心理状态，使人们更加健康、愉悦地生活。美育范式通过引导人们参与审美活动，让他们学会在审美活动中放松身心、缓解压力、调节情绪。这种调节情绪和心理状态的能力对于个人的身心健康至关重要，有助于人们在面对困难和挑战时保持乐观和坚强，促进身心健康发展。

第三，增强社会交往能力。审美活动能够促进人们之间的交流和沟通，增强社会交往能力。美育范式通过引导人们欣赏他人的艺术作品和表演，让他们学会与他人分享自己的审美体验和感受。这种分享和交流有助于增进彼此之间的了解和友谊，培养人们的社交能力和公共意识。这种社交能力的培养对于个人的成长和发展以及社会的和谐与进步都至关重要，可以帮助人们更好地融入社会，促进人际关系和谐发展。

（三）社会层面的育人价值：争做人民的创造者

第一，推动文化创新和发展。审美活动是文化创新和发展的重要源泉之一。美育范式通过引导人们参与艺术创作和文化传承活动，让他们学会在艺术创作中探索新的表现形式和内容，推动文化的创新和发展。同时，审美活动也能够促进不同文化之间的交流和理解，为文化多样性和共同发展作出贡献。这种创新精神和实践能力的培养对于社会的文化发展和科技进步都至关重要，有助于推动社会不断创新和发展，提升国家的文化软实力和国际竞争力。

第二，培养人们的文化自信和民族自豪感。美育范式通过引导人们了解和学习自己民族的文化传统和艺术特色，培养人们的文化自信和民族自豪感。这种情感的激发有助于人们在自己的工作和生活中更加积极地传承和发扬本民族的文化传统，为社会的进步和发展作贡献。同时，这种文化自信和民族自豪感也有助于增强社会的凝聚力和向心力，推动社会的和谐与进步，可以帮助人们更好地认识和认同自己的文化背景，激发对国家和民族的热爱之情。

美育范式的育人价值体现在多个层面，从本体层面的培养完美儿童到生活层面的塑造美好人生再到社会层面的争做人民的创造者，都发挥着重要的作用。通过实施美育范式，我们能够培养出更多具有审美感知、审美情感、审美创造力和文化自信的优秀人才，为社会的进步和发展作出贡献。

三、学科整合美育范式的形成及思路

学科整合美育范式的形成得益于教育理念的演变。传统的学科教育强调专业分工和知识的分类，而现代教育越来越注重培养学生的综合素质和跨学科能力，这种转变使得学科整合成为必然。

（一）美育范式的学科整合新思潮

随着社会的进步和教育理念的发展，美育的重要性得到了越来越多的关注。美育不再局限于传统的艺术教育领域，而是逐渐向其他学科领域渗透，形成了学科整合美育的新思潮。这一思潮的兴起，是当代教育改革的重要体现。它以培养学生的审美素养和综合素质为目标，推动了美育与学科教育的深度融合，进一步拓展了教育领域，丰富了教育内容。

学科整合，又称学科综合或学科渗透。其主要含义为"由系统的整体性及其在系统核心的统摄、凝聚作用而导致若干相关部分或因素合成为一个新的统一整体的建构、序化过程"①。美育学科整合有三种体现方式：其一为以艺术课程为载体的美育整合。具体而言是以艺术课程为实施美育的主要载体，联系《义务教育艺术课程标准（2022版）》中提出的音乐、美术、舞蹈、戏剧（含戏曲）、影视（含数字媒体艺术）5个艺术学科中美的相关知识，有机整合美育学习内容，引导学生从相关知识的融合中更好地理解和掌握美的相关知识，提升审美与人文素养，最终实现全面发展。

其二为分科式的整合。分科式的美育课程整合虽然以设置分科课程为整合的实现方式，但仍可在课程目标的设计、课程结构和内容的设计以及课程的评价等几方面来体现其美育学科整合的理念。如在分科课程中设立综合化的美育学习目标，尽量体现人文与科学、课程与生活、课程与社会的相互作用；课程内容和结构在本学科内进行整合的编排，同时注意与其他学科的联系和衔接；课程的评价尽量侧重于多种相关知识的运用而非几个知识点的落实等。②由此充分挖掘学科知识中的美育元素，在掌握学科知识与技能的基础上充实学生的审美知识，提升审美与人文素养。

其三为综合课程。综合课程是"将具有内在逻辑或价值观的原有分科课程内容以及其他形式的课程内容统整在一起，旨在消除各类知识之间的界限，使学生形成整体性认识和全息观念，并养成深刻理解和灵活运用知

---

① 黄宏伟. 整合概念及其哲学意蕴[J]. 学术月刊，1995（9）：6.
② 郑金洲. 基于新课程的课堂教学改革[M]. 福州，福建教育出版社，2003：76.

识综合解决现实问题能力的一种课程模式"①。《关于全面加强和改进新时代学校美育工作的意见》指出："有机整合相关学科的美育内容，推进课程教学、社会实践和校园文化建设深度融合，大力开展以美育为主题的跨学科教育教学和课外校外实践活动。"②因此，学科整合美育范式下的综合课程既有学科知识，还有学生获得的审美体验，在这种范式下依据课程内容之间的内在逻辑联系，打破学科界限，使学生形成关于世界事物的美的整体认识，理解和运用审美知识解决现实中的审美问题。

美育范式的学科整合新思潮体现了当代教育对于学生全面发展的追求。它强调学生的主体性、探究性和创新性，注重培养学生的审美感知、审美情感和审美创造力。同时，这一思潮还提倡跨学科的学习方式，让学生在学习过程中能够跨越学科界限，拓宽知识视野，提高综合素质。这种教育方式有助于培养学生的创新思维和实践能力，为他们的未来发展打下坚实的基础。

（二）学科整合美育范式的形成

学科整合美育范式的形成经历了漫长的历史过程。古希腊时期，哲学家和教育家就开始探讨音乐、绘画、文学等艺术形式对人的发展的影响。随着教育改革的深入和教育理论的发展，人们开始意识到艺术与其他学科之间的联系，并逐渐将这种联系融入教育实践中。

在早期，一些教育家和哲学家主张将艺术教育纳入学校教育体系中，认为艺术是一种能够培养学生全面发展的重要手段。例如，德国教育家威廉·冯·洪堡特（Wilhelm von Humboldt）主张把教学机构与科学院、艺术院、图书馆、天文台、植物园、博物馆等结合成一个统一体，在保持各自独立

---

① 有宝华. 综合课程论[M]. 上海，上海教育出版社，2002：25.
② 中共中央办公厅，国务院办公厅. 关于全面加强和改进新时代学校体育工作的意见、关于全面加强和改进新时代学校美育工作的意见[EB/OL].（2020-10-15）[2024-02-6]. http://www.moe.gov.cn/jyb_xxgk/moe_1777/moe_1778/201509/t20150928_211095.html.

性的基础上共同为社会为人类服务。①在他看来，艺术应该与科学、人文等学科并重，共同构成完整的教育体系。这种思想为后来的学科整合美育范式的形成奠定了基础。

进入20世纪后，越来越多的教育工作者开始探讨如何将美育与学科教育相结合。美国教育家约翰·杜威（John Dewey）强调艺术和文明的密切关系，在《艺术即经验》的最后提出了一个浪漫而抒情的概念——"艺术是文明的美容院"，并指出"艺术的繁盛是文化性质的最后尺度"，未来应使艺术从文明的美容院变成文明本身，变成我们的生活方式，"艺术的产品应为所有的人所接受"②，艺术要回到人民之中，回到大众之中。③可见，杜威认为艺术教育应该渗透到日常生活中，将艺术变成日常生活，并提倡在学校教育中融入跨学科的美育内容，以培养学生的综合素质。这种思想逐渐影响了人们对于教育的认识和理解。

美国哈佛大学心理学家加德纳（H. Gardner）提出了多元智力理论（multiple intelligences theory），他认为："人的智力是多元的，这些智力包括：言语/语言智力，逻辑/数理智力，视觉/空间关系智力，音乐/节奏智力，肢体/运动智力，人际交往智力，自我反省智力，自然观察智力，生存智力。"④加德纳所提出的这些智力都和艺术有直接或间接的联系。视觉/空间关系智力是人对形状、色彩、空间位置的感受、把握和表达，和美术有直接的关系；音乐/节奏智力是人感受、辨别、记忆、表达音乐的能力，表现为对节奏、音调、音色、旋律的敏感度和对演唱演奏作曲等的能力，和音乐有直接的关系；身体/运动智力是人身体的协调、平衡、运动的能力，以运动表达情感和思想的能力，与舞蹈等表现艺术有直接的联系；言语/语言智力

---

① 威廉·冯·洪堡特. 论人类语言结构的差异及其对人类精神发展的影响[M]. 姚小平. 译, 北京, 商务印书馆：2002：18.
② 杜威, 高建平. 艺术即经验[M]. 北京, 商务印书馆, 2005：397-399.
③ 高建平. 杜威中国之行及其艺术经验论的理论创新[J]. 艺术学研究, 2024(1)：5-13.
④ 孙乃树. 高中艺术新课程理念与实施[M]. 海口, 海南出版社, 2004：35-36.

是人的两种基本智力之一,与生活中的描述事物、表达思想、与人交流联系,在某种程度上与戏剧表演艺术有直接的联系。①可见,人的全面发展离不开艺术与其他学科的互动整合,这种跨学科的整合不仅可以激发学生的创造力和想象力,而且还能促进他们更好地理解和应用所学知识,培养出更具综合素养和综合能力的学生,为其未来的成长和发展打下坚实的基础。

美育向综合方向发展亦是国际上教育发展的趋势,20世纪末21世纪初,学科综合成为基础教育各门类艺术课程改革与发展的热点问题。目前国际上在艺术教育方面,实施学科综合主要有三种方式:一是设置艺术学科群,制定融各门艺术学科(音乐、舞蹈、戏剧、视觉艺术)为一体的艺术教育目标,在具体实施教学时,每一门艺术学科仍然相对独立,如美国、新西兰等,而荷兰的艺术课程架构则包括视听教育、美术与设计、舞蹈、戏剧和音乐。二是设置艺术学习领域,综合数门艺术学科的内容进行教学,如德国小学把音乐、美术两科结合在一起进行综合教学,韩国小学低年级把音乐、美术、体育三科综合,作为"快乐生活"课程。三是依然采取分科的方法,以音乐和美术学科的概念或体系为中心,在部分单元中加入一门或数门其他学科的内容进行综合性教学。另外,在美国、澳大利亚等国的部分地方,在教学时有分也有合,一般是在每周的最后一次艺术课中进行四个艺术门类的综合教学。②我国著名美学家滕守尧教授则站在生态学的角度,提出了"生态式艺术教育"理念,这也就是我们所说的综合式艺术教育。

由此可见,学科整合美育范式是一种趋势,但最终的结果并不一定就是各艺术门类组合成一门课程。作为一种基本范式,它普遍适用于音乐美术等艺术课程与数学语文等学科课程。

---

① 陈其芳. 基础教育阶段艺术课程整合与学生综合艺术能力培养的研究[D]. 湖南师范大学, 2006.
② 陈其芳. 基础教育阶段艺术课程整合与学生综合艺术能力培养的研究[D]. 湖南师范大学, 2006.

学科整合的美育范式和创新实践

随着教育改革的深入和教育理论的发展,重庆沙坪坝儿童艺术学校经过30余年的探索,在学校美育工作实践中逐渐形成了学科整合美育范式。这一范式不仅强调艺术课程在实施美育的重要价值,而且挖掘学科独特的美育育人价值,还强调不同学科之间的交叉和融合,通过整合各学科的美育资源来培养学生的审美素养和综合素质。在这一过程中,美育与其他学科教育的关系不再是孤立的,而是相互渗透、相互促进的。这种范式的形成是教育领域的一次重大变革,打破了传统美育实施方式的局限,促进了学校美育工作的多元化发展。

（三）学科整合美育范式的发展思路

我们从宏观层面提出三种类型来推动学科整合美育的发展,包括平行、交叉、统合。平行是将美育与其他学科教育视为平行的,教育领域相互之间保持一定的独立性。具体而言,就是以艺术课程作为实施美育的主要载体和渠道。交叉主要是强调不同学科之间的联系和融合,以学科课程为实施美育的辅助性手段和方式,是跨学科主题的综合学习。统合则是将美育与其他学科教育有机地统一起来形成一种综合性的教育体系,包括三个层次：一是学科内以问题解决为主线的课程综合；二是以解决生活问题为主的生活综合；三是以社会议题为逻辑主线的综合。这三种类型各具特点,可以根据不同情况选择合适的方式实施。

分层分类进行,建立多层次的美育体系。在分层分类进行方面,我们可以建立多层次的美育体系来满足不同年龄段、不同领域的教育需求。针对不同年龄段的学生可以分别设置课程,针对不同领域的美育需求可以开设不同层次的美术、音乐、舞蹈、戏剧、影视等课程。这样可以确保学生在不同阶段都能接受到适合的美育教育,从而促进他们的全面发展。同时,还需要针对不同学生的特点进行个性化教学,根据学生的兴趣爱好和发展方向制订合适的教学方案,以满足不同学生的需求。这种分层分类进行的方式可以更好地满足学生的需求提高他们的学习效果,满足其个性化发展需求。

分学科与跨学科融合，主要强调加强跨学科合作与交流，落实学科核心素养，提升学生的审美与人文素养。主要是通过分学科进行并且加强跨学科的合作与交流推动不同学科之间的交叉和融合，并在这个过程中充分挖掘学科的美育元素，进行美育渗透。例如，可以将文学、历史、哲学等人文领域的知识与艺术教育相结合，形成一种综合性的人文艺术教育，也可以将科学知识融入艺术教育中，培养学生的科学素养和创新精神。通过这种跨学科的合作与交流，可以充分发挥各学科的优势和特点，促进美育实施的多元化发展，为教育改革和创新提供更多的可能性。

第二节 学科整合美育范式的育人理念

育人理念是教育工作的灵魂和指南，明确了教育的目标、方向和方法。学科整合美育范式的育人理念，旨在通过跨学科的知识整合与美育实践，培养具有全面素质、创新精神和审美情趣的现代公民。教育不仅仅是知识的传授，更是人格的塑造和生命的点亮。教育不是冷硬的知识灌输，而是温暖的灵魂触摸。营造一个充满爱与尊重的教育环境，让学生在这里感受到关怀与支持，学会关爱他人，形成健全的人格和良好的品德。学科整合美育范式的育人理念包括儿童立场、美化人生、美德化众等。

一、儿童立场：在审美交互中提升审美情趣与表达

儿童立场指的是教育者应站在儿童的立场上，尊重儿童的身心发展规律、兴趣、经验和情感需求，真正认识儿童，发现和引领儿童。从儿童出发，尊重儿童的经验，满足儿童的兴趣和需求，激发儿童的主动性和创造性，培养儿童的自主性和社会性。学科整合美育范式的儿童立场包括个性化的审美经验、现实态的审美化空间、审美交互中的创造性表达。

（一）个性化的审美经验

儿童立场的首要内容是个性化的审美经验，其是指根据每个儿童的兴趣、喜好和天赋，提供个性化的审美体验，以培养他们的审美素养和创造力。尊重儿童的个性差异和多元化审美需求，通过因材施教、多元化审美体验和自我表达等方式，促进儿童的全面发展。

第一，个性化的审美经验需要关注每个儿童的兴趣和喜好。每个儿童都有自己独特的兴趣和喜好，这些兴趣和喜好直接影响他们的学习效果。因此，在审美教育中，教师应关注每个儿童的兴趣和喜好，并根据学生兴趣和喜好提供个性化的审美体验。例如，有些儿童可能对绘画感兴趣，而另一些儿童可能对音乐更感兴趣。教师应该根据儿童的喜好提供相应的审美体验，以更好地激发他们的创造力和想象力。

第二，个性化的审美经验需要满足儿童的多元化审美需求。不同的儿童有不同的审美偏好和需求，因此，在审美教育中应该尽可能地满足他们的多元化需求。例如，可以通过组织不同类型的艺术活动，如绘画、音乐、舞蹈、戏剧等，让儿童自由选择自己感兴趣的艺术形式进行体验和学习。这种多元化的审美体验有助于培养儿童的多元化审美素养，提高他们的审美判断力和创造力。

第三，个性化的审美经验需要注重儿童的自我表达和自我实现。每个儿童都有自己的独特思想和感受，应该鼓励他们在审美体验中进行自我表达。例如，可以通过创作个人作品、分享个人感受等方式，让儿童在审美教育中充分展示自己的个性。这种自我表达和自我实现有助于培养儿童的自信心和独立性，促进他们全面发展。同时，通过自我表达和自我实现，儿童也可以更好地理解自己和他人，培养他们的社会适应能力和人际交往能力。

（二）现实态的审美化空间

现实态的审美化空间是儿童立场的重要组成部分。儿童作为社会的未来和希望，成长环境和空间对其身心发展有至关重要的影响。在学科整合美育范式的育人理念中，现实态的审美化空间是儿童立场中一个独特的教育理念，为儿童创造一个充满审美元素、符合其身心发展需求的生活和学习环境。

第一，空间的设计应充分考虑到儿童的身心发展特点。儿童的感知、认知、语言和社会性等方面都在快速发展，因此，空间的设计应具有直观性、趣味性和启发性。例如，在色彩选择上，可以使用明亮、温馨的色调，激发儿童的视觉感知；在空间布局上，可以设置多功能区域，满足儿童游戏、学习和探索的需求；在材料选择上，应选择环保、安全的材料，保障儿童的身体健康。

第二，空间应具有互动性和开放性。儿童天生好奇、好动，他们喜欢探索和尝试新事物。因此，现实态的审美化空间应设计成开放、自由、可变的形式，让儿童可以自由地参与其中，如通过触摸、观察、操作等方式与空间互动。这可以培养儿童的感知能力和创造力，让他们在探索中学习、成长。例如，可以设置可变形的家具，让儿童根据自己的需求调整空间；设置互动墙面，让儿童自由涂鸦、绘画，发挥他们的创造力。

第三，空间应具有艺术性和文化性。儿童对美的感受是直观的、感性的，他们通过感知来认识世界。因此，现实态的审美化空间应融入各种艺术和文化元素，如绘画、音乐、文学、民间艺术等，让儿童在日常生活中感受到美的熏陶和文化的传承。例如，可以在空间中展示儿童的艺术作品，让他们感受到自己的创造力和价值；设置文化角，提供各种文化书籍和资料，让儿童了解多元文化；举办艺术和文化活动，让儿童参与其中，提高他们的审美素养和文化修养。

第四，空间应注重安全性。由于儿童的身体发育尚未完全成熟，因此在实际创设空间时，要特别注意消除潜在的安全隐患。例如，家具的边角应做圆滑处理，避免磕碰；电源插座应设在儿童触及不到的地方，以防触电；在儿童玩耍区域应铺设防摔地垫等。

学科整合的美育范式和创新实践

第五，空间应注重自然性。在顺势而为的美育空间中展开自然而然的审美教育，从布局到功能场馆设置，从色彩搭配到与自然环境融合，从材料选取到造型设计，从总体风格到小景打造，都可融入师生家长的参与创造。学生不仅能学习到各种美术、建筑、自然科学、社会科学、传统文化知识，还能在寒来暑往中强身健体，锻炼劳动技能，感受"劳动最美丽"，在与劳动者的接触中受到最质朴的价值观、人生观的熏陶。①

第六，空间应注重家庭和社会的共同参与。儿童的成长不仅仅是学校的责任，家庭和社会同样扮演着重要的角色。因此，现实态的审美化空间应鼓励家庭和社会的参与，共同为儿童创造一个良好的成长环境。例如，可以邀请家长参与空间的布置和活动策划，增进亲子关系，邀请社会志愿者来学校进行艺术和文化的讲座和演示活动等。

现实态的审美化空间是一个综合性的教育理念，为儿童创造一个充满审美元素、符合其身心发展需求、具有互动性和开放性、具有艺术性和文化性、注重安全性和自然性、家庭社会共同参与的现实生活和学习环境。空间的创设有助于培养儿童的审美素养和创造力，促进儿童的全面发展。

（三）审美交互中的创造性表达

审美交互中的创造性表达是儿童立场的重要表现。审美交互不仅仅是观看或参与艺术活动，还是一个动态的过程，涉及儿童与环境、与他人、与自己内心世界的互动。这种交互是多元的，包括感官的触动、思想的碰撞和情感的交流。在审美交互中，儿童可以接触到各种艺术形式和表达方式，如绘画、音乐、舞蹈、戏剧等。通过丰富多彩的艺术作品，感受不同的艺术风格和表现手法。多元化的审美体验有助于拓宽儿童的视野，培养他们的艺术鉴赏能力和文化敏感度。

第一，审美交互不是儿童被动地接受，而是在审美交互中能够主动参

---

① 秦波，李婷婷. 以美为经·五育融合：构建学校美育新格局[J]. 中小学管理，2021（12）：51-53.

与和表达。他们可以自由地创作自己的艺术作品，通过绘画、手工制作、舞蹈等方式来表达自己的思想和感受。这种表达方式是独特的，因为每个儿童都有自己独特的个性和创造力。在创造性表达的过程中，儿童可以发挥自己的想象力，探索不同的创作方式和技巧。可以尝试用不同的颜色、线条、动作来表达自己的情感和想法。这种探索和尝试的过程有助于培养儿童的创造力和创新思维。

第二，创造性表达还有助于培养儿童的自信心和独立性。通过创作自己的艺术作品，儿童可以展示自己的才华和能力，从而获得成就感和自豪感。这种自信心的建立有助于他们在其他领域也能够勇敢地表达自己，追求自己的梦想。

第三，创造性表达还有助于儿童建立与他人和社会的联系。他们可以与其他儿童或艺术家进行交流和合作，分享彼此的创作经验和想法。这种互动和合作有助于培养儿童的社会适应能力和合作精神。为了更好地促进儿童在审美交互中的创造性表达，教育者需要提供适当的支持和引导。他们可以为儿童提供丰富的审美体验和创作材料，鼓励他们尝试不同的艺术形式和表达方式。同时，教育者还可以通过提问、引导思考等方式来激发儿童的创造性思维，帮助他们发现自己的创造力和想象力。

审美交互中的创造性表达强调尊重儿童的个性差异和多元化审美，鼓励他们在审美交互中自由表达自己的思想和感受。通过培养儿童的创造力和创新思维，促进儿童的全面发展，并为他们未来的成长奠定坚实的基础。

二、美化人生：在审美体验中塑造美好人生与个性

美化人生是学科整合美育范式的基本理念之一。通过美的教育，学生能够发现生活中的美好，培养审美的眼光和情感，以及创造美的能力和精神，从而提高生活质量，塑造美好的人生。实现自我价值，提升幸福感。美好人生包括具身认知与身体体验、形象管理与个人魅力、完美心灵与个

性弘扬。

（一）具身认知与身体体验

具身认知与身体体验是美化人生的重要体现，是指认知过程和认知结果与个体的身体紧密相关，身体的状态和动作会影响认知的过程和结果。具身认知强调身体在认知中的作用，认为身体不仅仅是认知的客体，还是认知的主体之一。

具身认知在学科整合美育范式中强调身体在认知中的重要作用，通过身体感知、动作和状态的调整，培养学生的审美能力和创造力，加深学生对美的认知和理解，有助于学生更好地发现生活中的美好，塑造美好的人生，实现自我价值获得幸福感。

认知是身体的认知，身体是认知的身体。思维、情感和记忆都与身体紧密相连。这意味着，身体体验不仅影响我们的思考，也影响情感和行为。例如，当感到愉快时，会不自觉地微笑；当感到紧张时，会感到心跳加速。这些都是身体体验对认知和情感的直接影响。

在美化人生的过程中，具身认知与身体体验的影响不容忽视。首先，身体体验可以帮助人们更好地理解自己和他人的情感。当与美好的事物接触时，可能会感到兴奋、愉悦或平静。这些身体体验可以更好地理解自己的情感状态，并进一步影响思维和行为。

身体体验在创造美好的人生方面也起着关键作用。当参与某些活动或体验某些情境时，可能会产生积极的身体反应，如放松、兴奋或满足。这些积极的身体体验可以更好地应对生活中的挑战，提高心理韧性，并促进身心健康。

具身认知和身体体验也为我们提供了新的视角来看待美化和人生的关系。一般都认为美化人生主要是通过外在的改变来实现的，然而，具身认知和身体体验的研究表明，内在的改变同样重要。通过培养积极的身体体验和情感状态，可以更好地美化自己的人生。

具身认知与身体体验在美化人生方面具有重要意义。通过关注身体体验和情感状态，更好地理解自己和他人的情感，并进一步影响思维和行为。这不仅有助于创造美好的人生，也有助于更好地应对生活压力的挑战。

（二）形象管理与个人魅力

形象管理与个人魅力是美好人生的重要组成部分。它们不仅是外在的修饰和展现，还是内在品质和价值观的体现。通过有效的形象管理和个人魅力的提升，人们能够更好地展现自己的内在品质和外在风采，赢得他人的尊重和信任，为自己创造更多的机会。

形象管理是一种自我塑造和提升的过程，涉及对自己的认知、定位和形象的日常维护。通过关注自己的仪表、言谈举止和形象风格，人们可以展示出自己的专业素养、审美品位和个人气质。得体的形象不仅让自己更加自信，也能赢得他人的好感和认可。

个人魅力则是一个人独特的气质和吸引力，源于内在的品质、情感态度和价值观，并通过外在的行为和表现展现出来。一个具备个人魅力的人往往具有自信、热情、真诚、善良等品质，能够吸引他人的关注和喜爱，并产生积极的互动和影响。

个人魅力的提升并不仅仅靠外表，更重要的是内在的修养。通过关注自己的内心世界，培养积极的态度和情感，提升自己的品格和价值观，人们可以展现出更加迷人的个人魅力。这种魅力是由内而外地散发的，能够深深地吸引他人，并建立长久而稳定的人际关系。

形象管理和个人魅力之间是相互关联的。一个具有良好形象的人往往能够更好地展现自己的个人魅力，而个人魅力的提升也会进一步增强形象的力量。因此，在追求美好人生的过程中，需要关注这两个方面，努力提升自己的形象管理和个人魅力，为自己创造更加美好的未来。

形象管理与个人魅力是美好人生不可或缺的组成部分。通过不断自我提升和完善，人们可以展现出更加优秀的外在形象和内在品质，为自己和周围的人带来幸福和成功。

(三) 完美心灵与个性弘扬

完美心灵是指个体内心深处的善良、美好和纯洁。在美化人生的理念中，完美心灵是实现美好人生的基础。只有具备完美心灵的人，才能真正地欣赏和创造美，实现自我价值和人生目标。个性弘扬是指个体在追求自我实现的过程中，充分发挥自己的独特个性和创造力。在美化人生的理念中，个性弘扬是实现个性化发展的关键。每个人都有自己独特的天赋和潜力，只有充分地发挥和展现自己的个性，才能真正地实现自我价值。

完美心灵和个性弘扬是相辅相成的。具备完美心灵的人会更加关注自己的内在修养和道德品质，从而更好地发挥自己的个性。而个性弘扬能够让个体更加自信、积极和创造性地展现自己的内心世界，进一步提升自己的心灵品质。

我们要注重培养学生的完美心灵和个性弘扬。关注学生的内心世界，引导学生树立正确的价值观和人生观，培养其良好的道德品质和人文素养。尊重学生的个性差异，鼓励发挥自己的特长和优势，培养其创造力和独立思考能力。

怀特海说："学生是鲜活的生命体，教育的目的是激发和促进他们的自我成长与自我学习。"①美好人生能让学生更好地认识自己、发现自己的潜力和实现自我价值。完美心灵与个性弘扬是学科整合美育范式中重要的育人理念，有助于提升学生的审美素养和人文素质，促进其人格完善和全面发展。

三、美德化众：在审美追求中推动国家发展与繁荣

美德化众是学科整合美育范式的核心育人理念之一。通过美育，将个

---

① 怀特海.教育的目的[M].张亚琴,鲁非凡,译.太原：山西教育出版社,2002：英文版序言.

体的美德转化为社会的公共财富,促进社会的和谐与进步。美德化众的理念基于一个基本信念,即每个人都具有向善的内在潜力,而教育的目标应该是激发和培养这种潜力。美德不仅是个人品质的体现,更是对社会的贡献。通过培养美德,个体可以为社会创造正能量,推动社会的道德进步。美德化众包括美的化身感染他人、美的行动适应社会、美的理想奉献国家。

(一)美的化身感染他人

美的化身感染他人是美德化众的基本形式。通过美的形象和表达方式,感染和影响他人,传递美的价值观和情感,促进社会的和谐与进步。教育不仅是知识的传递,还是价值观和人生观的塑造。一个具备美德的人,不仅在个人层面上是成功的,而且能为社会创造价值。

引导学生欣赏和创造美的艺术作品,培养学生的审美素养和创造力。在德育教育中,通过榜样的力量和道德示范,培养学生的良好品德和行为习惯;在社会实践中,通过推广美的文化和社会活动,促进社会和谐与进步。

培养学生的审美素养,引导学生发现和欣赏生活中的美好,培养学生的审美感知、鉴赏和表达能力。激发学生的积极情感,关注学生的情感需求,通过积极向上的情感传递和情感教育,激发学生的积极情感体验。培养学生的社会责任感,引导学生关注社会问题,培养社会责任感,鼓励其积极参与社会公益事业。

美的化身感染他人强调美的感染力和影响力,以及个体在社会中的积极作用。通过培养学生的审美素养、积极情感和社会责任感,以及提供多元化的教育方式和手段,使学生成为美的化身。

(二)美的行动适应社会

美的行动适应社会是美德化众的重要体现,体现了美育在培养学生综合素质和社会责任感方面的重要作用。美育不仅要关注学生的审美能力和艺术素养的培养，而且要引导学生将美的价值观融入日常行为中，以美的行动去适应、服务和推动社会的发展。

通过跨学科的美育教学和实践活动，培养学生的道德情操、审美情趣和社会责任感。学生将学会以美的眼光去发现、欣赏和创造生活中的美，不仅关注个人的审美体验，而且将美的追求与社会需求相结合。美的行动不仅是一种个人表达，而且是一种社会参与方式。

关注社会热点问题，了解社会发展的趋势和需求。通过参与社会实践活动、志愿服务等，学生将亲身体验社会的多样性和复杂性，培养解决实际问题的能力和社会责任感。同时，鼓励学生发挥创造力和想象力，以美的行动去推动社会的进步和发展。这种美的行动可能表现为艺术创作、科技创新、社会公益等多种形式，旨在为社会带来积极的影响。

学生应具备跨学科的知识和技能，以适应社会的多元化需求。通过整合不同学科的美育资源，教育者将帮助学生构建全面的知识体系和技能框架，提升他们的综合素质和竞争力。学生将学会在不同领域和情境中运用美的行动去解决问题、创造价值，为社会的繁荣和进步作出贡献。

美的行动适应社会在培养学生社会责任感和创新实践能力方面的重要作用。学生将美的追求与社会需求相结合，以美的行动去适应和参与社会生活，推动社会的进步和发展。通过跨学科的美育教学和实践活动，学生将不断提升自己的道德情操、审美情趣和社会责任感，成为具有社会责任感和创新精神的时代新人。

（三）美的理想奉献国家

美的理想奉献国家是教育的崇高理想。学生将个人对美的追求和理想与国家的繁荣和发展紧密结合起来，通过自己的努力和创造，为实现国家的宏伟目标贡献自己的力量。将个人的审美情感、道德情操和创新精神转化为服务国家、推动社会进步的实际行动。鼓励学生树立远大的理想抱负，以美的标准来要求自己，不断提升自身的综合素质和能力水平。同时，学生应具备强烈的国家意识和责任感，自觉将个人的发展与国家的命运紧密联系在一起。

树立正确的价值观和人生观，明确自己的使命和责任。认识到自己作为未来国家建设者和接班人的重要角色，积极承担起推动国家繁荣和发展的历史使命。不断提升自己的审美素养和创新能力。通过广泛涉猎各种艺术形式和文化知识，培养高雅的审美情趣和丰富的艺术想象力。积极参与各种创新实践活动，锻炼自己的创新思维和实践能力。将美的理想与实际行动相结合。将审美追求和创新精神融入各种实际工作和生活中去，通过具体行动来体现对国家的热爱和奉献。

构建人类命运共同体。学科整合美育范式倡导构建人类命运共同体，让不同国家和文化之间实现相互尊重、平等合作和共同发展。通过开展国际交流活动、学习多元文化和了解不同国家和地区的社会制度和发展模式等途径，可以让学生开阔视野、拓展思维，培养全球意识和开放包容的心态。同时也可以鼓励积极参与国际事务，为促进世界和平与发展的崇高事业贡献力量。此外，学科整合美育范式还注重培养学生的跨文化交流和沟通能力。通过国际交流项目、外语学习等方式，引导学生了解不同文化背景下的思维方式和行为习惯，提高他们的跨文化交流和沟通能力。

推动全球发展与进步。学科整合美育范式鼓励学生关注全球发展问题，培养全球视野和人类意识。通过研究全球议题、参与国际合作项目等方式，可以让学生了解全球的发展动态和挑战，激发国际责任感和人类情怀。此外，学科整合美育范式还注重培养学生的可持续发展观念。通过参与环保活动、推广绿色生活方式等，让学生了解地球资源的有限性和环境问题的紧迫性，培养可持续发展观念。

美的理想奉献国家旨在引导学生将个人的审美追求、道德情操和创新精神与国家的繁荣和发展紧密结合起来，通过实际行动去践行自己的理想和抱负。这不仅有助于提升学生的综合素质和能力水平，而且有助于成为具有强烈国家意识和责任感的全面发展的高素质人才，在服务社会、建设

学科整合的美育范式和创新实践

国家和构建人类命运共同体的过程中发挥积极作用,创造美好的人生。

第三节 学科整合美育范式下的课程重组及结构

教育部印发的《义务教育课程方案和课程标准(2022年版)》指出:"要加强体育美育……反映时代特征,努力构建具有中国特色、世界水准的义务教育课程体系。"①学科整合美育范式强调跨学科的整合、美育的渗透以及全面素质的培养。随着社会的发展和科技的进步,各个学科之间的交叉点越来越多,对复合型人才的需求也越来越迫切。学科整合美育范式,旨在打破学科壁垒,培养具有综合素质的人才。本节主要讨论学校课程设计思路、设置原则以及课程结构。

一、学科整合美育范式下学校课程设计思路

学校课程设计是教育体系中的核心环节,直接关系到学生的学习成果和教育质量。《义务教育课程方案(2022年版)》明确指出义务教育课程包括国家课程、地方课程和校本课程三类。以国家课程为主体,奠定共同基础;以地方课程和校本课程为拓展补充,兼顾差异。其中校本课程由学校组织开发,立足学校办学传统和目标,发挥特色教育教学资源优势,以多种课程形态服务学生个性化学习需求。②重庆市沙坪坝区儿童艺术学校学科整合美育范式下的学校课程设计思路基于国家课程,以提升学生的审美和人文素养、实现全面发展为目标。具体而言,学科整合美育范式下学校课程设计的思路包括坚持以美育人的整体设计与分类设置、向美而行的全面供给与分层实施、立足学生全面发展的过程监督与增值评价等。

---

① 中华人民共和国教育部. 义务教育课程方案(2022年版)[S]. 北京:北京师范大学出版社,2022:1-2.
② 中华人民共和国教育部. 义务教育课程方案(2022年版)[S]. 北京:北京师范大学出版社,2022:6.

（一）坚持以美育人的整体设计与分类设置

教育部《关于加强中小学地方课程和校本课程建设与管理的意见》指出，校本课程应该遵循整体设计、协同育人的原则，同时也要面向全体学生，关注个体差异，开发丰富多样、可供选择的课程，因材施教，满足学生个性发展需求。[①]因此，学科整合美育范式下的课程设计思路，一方面应当以培养学生的审美素养与促进学生的全面发展为出发点，通过整体设计确保课程中美育渗透的系统性和完整性；另一方面要分类设置，关注学科的特性及学生的需求，做到因材施教。

在学科整合美育范式下的课程设计中，坚持以美育人为核心理念的整体设计与分类设置至关重要。美育旨在通过艺术、文化和审美教育，培养学生的审美情感、人文素养和创造力，是教育中不可或缺的一环。

整体设计首先要明确课程目标，将以美育人的课程理念贯穿其中。首先，在深入分析学生的发展需求、社会对人才的要求以及学科的本质特征的基础上，以美育人的课程理念应当被确立并与课程目标一致，以培养学生的审美情感、文化素养和创造力，促进其全面发展。其次是内容整合时应特别关注美育元素的融入。整体设计要求对课程内容进行整合，打破学科间的壁垒，寻找不同学科内容之间的内在联系，挖掘学科中的美育元素，提高学生的跨学科认知能力，激发其对艺术和文化的兴趣，促进审美能力和创造性思维的培养。再次是结构规划。应突出课程中美的逻辑性和层次性。从宏观到微观，从概念到实例，课程结构应逐步深入、层次分明，使学生能够系统地理解和感知其中的美与内涵，从而提升其审美修养和文化素养。最后，建立的评价体系，不仅要全面评估学生的智育学习成果，还要更好地评估学生在审美情感、文化素养和创造力等方面的发展情况，从而更好地指导教学实践，提高美育的质量和效果。

---

① 教育部.关于加强中小学地方课程和校本课程建设与管理的意见[EB/OL].（2023-05-17）[2024-02-6] http://www.moe.gov.cn/srcsite/A26/s8001/202305/t20230526_1061442.html.

分类设置,根据学科特性挖掘其中的美育元素,同时根据学生的个性化需求做到因材施教。这意味着不仅要关注学科知识本身,还要注重培养学生的审美情操、艺术修养和创造力,从而通过美育促进学生全面发展。具体而言,首先,在分析不同学科的特点时,除了考虑教学内容和方法外,还应该思考如何在教学中融入美育元素,激发学生的审美感受和表达能力。其次,在制定教学策略时,可以针对学科的实践性或理论性特点,考虑如何通过艺术实践或文学阅读等方式来增强学生对学科的理解和体验。此外,根据学科需求,合理配置教学资源,如教材、教具、场地等,确保教学顺利进行,为学生提供更多接触和体验艺术的机会,拓宽他们的审美视野。最后,针对有特殊艺术才能或兴趣的学生,可以提供更加个性化的支持和指导,鼓励他们在学科学习中发挥自己的艺术潜能,培养其艺术特长,并为其未来的发展奠定基础。

整体设计与分类设置并非孤立存在,而是相互依存、相辅相成的关系。只有将这两种设计思路有机结合,才能实现课程的系统性与针对性的统一,做到以美育人,促进学生的全面发展。在实际操作中,教育工作者应当坚持以美育人为核心,做到整体设计与分类设置有机结合,更好地满足学生的差异化学习需求和发展目标,激发学生的审美情感、创造力和艺术表达能力,促进其全面发展。同时,也有助于促进教师的专业成长和跨学科合作。教师可以借助美育的理念和实践,拓宽自身的教学视野,提高教学水平,并与其他学科领域的教师展开有益的合作,共同推动学生的全面发展。

(二)向美而行的全面供给与分层实施

美育作为教育体系中的重要组成部分,不仅能够促进学生的审美情感和创造力的培养,还有助于提升学生的综合素质和全面发展。习近平总书记在党的二十大报告中指出,坚持以人民为中心发展教育,加快建设高质量教育体系，发展素质教育，促进教育公平。①《义务教育课程方案（2022版）》提出要面向全体学生，因材施教，为每一位适龄儿童、少年提供适合的学习机会②，这为整合美育思想提供了契机。为此，学科整合美育范式下的课程结构与实施应是向美而行的全面供给与分层实施，在确保所有学生都能获得全面的、公平的教育供给的基础上，根据学生的个体差异和需求进行有针对性的教学。

全面供给首先强调教育的基本公平和普惠性，确保所有学生都能获得必需的审美知识、技能和素质，使学生能够"向美而行"。在制定课程目标时，应当明确规划，以确保所有学生都能够掌握基本的审美知识与技能并能体验审美情感，从而使这些目标与学生的发展需求和社会的期望一致。此外，课程内容应该具有全面性，覆盖各个学科领域，包括艺术、音乐、文学等，以培养学生的审美能力和情感体验。同时，课程内容需要及时更新，以反映时代的发展和科技的进步，使学生能够从中感受到美的力量。最后，在教学资源的保障方面，应提供充足的教学资源，包括艺术类教材、设施、专业教师等，以确保学生能够充分接触和体验艺术美，促进他们向美而行。总之，全面供给有助于将美育理念贯穿于教育全过程，确保学生在审美情感、艺术修养等方面得到全面培养，体现了对学生的全面关爱和对教育公平的追求。

分层实施是在全面供给的基础上，关注学生的个体差异和需求，实施有针对性的教学策略。首先，根据学生的学习能力、兴趣和特长等因素进行合理分层。针对不同层次的学生，制定差异化的教学策略。例如，针对基础薄弱的学生，可以提供更多基础训练和个性化的美育指导；而对于具有艺术天赋的学生，则可开设专门的才艺培养项目，激发其创造力和审美

---

① 中华人民共和国教育部. 坚持以人民为中心发展教育[EB/OL]. （2023-03-08）[2024-02-6]. http://www.moe.gov.cn/jyb_xwfb/s5147/202303/t20230308_1049781.html?eqid=d525b4710009de63000000066476a8eb.

② 中华人民共和国教育部. 义务教育课程方案（2022年版）[S]. 北京：北京师范大学出版社，2022：

学科整合的美育范式和创新实践

情感。其次，为学生提供个性化的学习支持，包括个性化的美育学习路径和资源推荐。通过在分层教学中为每个学生量身打造学习计划，激发学生的审美热情和自主性。同时，提供适时的个性化美育辅导和指导，帮助他们在不同的领域能够感受美、欣赏美、创造美，实现个人的成长和突破。最后，建立多元化的评价体系，关注学生的全面发展。评价应该涵盖知识技能、审美情感、创造力等多个方面，并采用多种评价方式，如作品展示、表现评定和自我评价等，以全面了解学生的审美素养和发展情况。

最后要做到全面与分层的有机结合。只有将两者有机结合，才能实现课程的普惠性与针对性相统一。在实际操作中，需灵活运用这两种设计思路，根据实际情况进行调整和创新，更好地满足学生的学习需求和发展目标，提高美育实施效果和资源利用效率，从而促进教育公平与质量提高，为培养具有综合素质的人才提供有力支持。

（三）立足学生全面发展的过程监督与增值评价

学生的发展具有规律性与过程性，评价是教育的指挥棒，基于学生发展的特性，《义务教育课程方案（2022版）》强调要"全面落实新时代教育评价改革要求，改进结果评价，强化过程评价，探索增值评价，健全综合评价，着力推进评价观念、方式方法改革，提升考试评价质量"[1]。因此，需要立足学生全面发展的过程监督与增值评价，科学地评估学生的学习效果，进行有效反馈，从而提高学生的审美与人文素养，促进其全面发展。

过程监督强调对学生的学习过程进行持续的关注和指导，以确保学生能够达到预期的学习目标。首先，在制定明确的学习目标时，教师应该注重培养学生的审美情感、创造力和表现力等艺术素养，以及提高学生的综合素质。这些目标应当具体、可衡量，并能够反映学生在学习过程中审美

---

[1] 中华人民共和国教育部. 义务教育课程方案（2022年版）[S]. 北京：北京师范大学出版社，2022：14.

知识、技能、素养等方面的提升与发展情况。其次要强调过程性，监督学生的学习进展。再次，教师需定期检查学生的学习进展情况，了解学生的学习状况，关注学生的审美表达和审美创造，并及时提供个性化的指导和反馈。此外，教师应该注重学生的个体差异，鼓励学生在学习中展现个性特长，以促进学生在审美、创造和表现等方面发展。最后，要创设良好的美育环境，要为学生营造积极、支持性的学习氛围，鼓励学生积极参与学习活动，激发学生的审美热情和动力。通过营造美好的环境，并在美育思想的引导下，培养学生的审美情感、创造力和综合素质。

增值评价关注学生的个体成长与进步，强调评价的过程性而非用一次性的结果来衡量学生的表现。首先，评价标准应该包括对学生审美情感和审美表现力的评价。其次，在动态评价与反馈中，鼓励学生参与艺术作品创作，并通过具体的反馈和建议来引导他们发现和表达自己的审美情感。此外，学生的自我评价应该涵盖对自己创作作品的审美认知和表现能力的反思，从而提高自主学习能力。最后，在结果分析与改进建议中，不仅要关注学生的学业表现，还应该着重分析学生在审美方面的进步，并提供相关的改进建议，帮助他们更好地理解和表达自己的审美情感。

增值评价的课程设计思路能够更好地关注学生的学习过程和个体成长，提高学生的审美素养和人文素养，促进其全面发展。这种设计思路不仅注重结果，而且关注学生在审美活动、创作表现等方面的发展过程。通过监督和指导学生的学习过程，可以发现并引导每个学生的潜力，促进其个体能力的提升。同时，激发学生学习兴趣和动力，加强自我认知，提升自主学习能力和自信心，从而将其培养为具有审美素养和自主学习能力的综合型人才。

二、学科整合美育范式下学校课程设置原则

课程设置是指学校选定的各类各种课程的设立和安排，主要包括课程

结构、课程内容和课程计划。《义务教育课程方案（2022版）》强调要："打好共同基础，关注地区、学校和学生的差异，适当增加课程选择性，提高课程适宜性，促进教育公平。"[①]课程设置原则直接影响到学生的学习成效和未来发展，也关涉教育公平。为了满足社会对人才的需求，需要重新思考和设计课程，使其更加全面、多元且有针对性。学科整合美育范式下学校课程设置以为每个儿童提供适合的美育课程、为每个有特长的儿童提供精品课程、为每个团队提供特殊美育课程、为每个课程提供广阔的实施空间等作为重要的课程设置原则，突出了个性化教育的重要性，强调每个孩子都应得到与其兴趣、需求和能力相匹配的教育机会。

（一）为每个儿童提供适合的美育课程

一是要了解每个儿童的独特性。每个儿童都是独一无二的，他们有自己的兴趣、特长和需求。因此，为每个儿童提供适合的美育课程的前提是深入了解每个儿童的特点，包括他们的审美偏好、学习风格、发展阶段等。通过观察、交流和评估等方式，更好地理解儿童，为他们提供更合适的美育教育。

二是设计多样化的美育课程。美育涵盖了艺术、音乐、舞蹈、戏剧等多个领域，这些领域都有各自的特点和价值。因此，为每个儿童提供适合的美育课程需要设计多样化的课程，以满足不同儿童的需求。同时，课程设计注重跨学科整合，将美育与其他学科相结合，以培养儿童的综合素质。

三是因材施教。在了解每个儿童的特点和需求的基础上，根据儿童的不同特点进行教学。对于有特殊才能或兴趣的儿童，可以提供更具挑战性和深度的美育课程；对于基础较弱的儿童，可以通过基础课程和辅导来帮助他们提高技能。根据儿童的反馈和表现及时调整教学策略，以确保教学

---

① 中华人民共和国教育部. 义务教育课程方案（2022年版）[S]. 北京：北京师范大学出版社，2022：4.

效果的最优化。

四是鼓励儿童自主选择。让儿童参与美育课程的选择，可以激发他们的积极性和创造性。通过提供多样化的选择，让儿童在探索中发现自己的兴趣和潜力，培养他们的审美意识和艺术素养。引导儿童正确认识自己的喜好和能力，鼓励勇敢地尝试和探索新的领域。

五是动态调整与反馈。美育课程的效果需要不断地评估和调整，以适应儿童的成长和发展变化。定期评估儿童的学习成果和进步情况，及时调整课程内容和教学策略。与儿童及其家长保持沟通，听取反馈和建议，以进一步完善美育课程。

总之，为每个儿童提供适合的美育课程是一个系统的过程，需要深入了解每个儿童的特点和需求，设计多样化的美育课程，因材施教，鼓励儿童自主选择，并不断地进行动态调整。通过这样的方式，为每个孩子提供适合他们的美育教育，促进他们的全面发展。

（二）为每个有特长的儿童提供精品课程

为每个有特长的儿童提供精品课程是学科整合美育范式下学校课程设置的重要原则，这种课程设置原则强调对儿童独特才能和兴趣的尊重与培养，通过提供专业、高质量的课程资源，促进他们在特定领域持续发展。

第一，要了解每个儿童的特长。通过观察、评估和交流，深入了解每个儿童的独特才能和兴趣。细致地观察和耐心地倾听，以发现儿童在德智体美劳等方面的潜在优势。同时，与儿童及家长的有效沟通，以便更好地理解他们的需求和发展目标。设计具有针对性的精品课程。针对每个有特长的儿童，根据其特点和需求，制订个性化的学习计划。深化特定领域的知识和技能、提供丰富的实践机会以及鼓励参加高级别的竞赛和活动等。同时，注重培养儿童的自主性和创新性，激发他们深入探索的兴趣和动力。学校与家长应保持密切联系，共同商讨儿童的学习计划和发展目标，为儿童提供更全面、连贯的学习支持，促进他们在特长领域持续发展。

学科整合的美育范式和创新实践

第二,学校要不断更新自己的专业知识和教育技能,适应儿童不断发展的需求。通过参加培训、交流经验和研究最新教育理念等方式,提高自己的教学水平和课程设计能力,为有特长的儿童提供更优质的教育服务、评估和反馈。定期评估儿童的学习成果和进步情况,并根据反馈进行调整和改进。通过有效的评估和反馈机制,更好地了解课程的效果和不足之处,从而不断完善和优化课程设计。

为每个有特长的儿童提供精品课程是一个系统性的过程,需要深入了解每个儿童的特点和需求,精心设计个性化的学习计划,与家长密切合作,不断提高自身的专业能力以及建立有效的评估和反馈机制。通过这些努力,为有特长的儿童提供高质量的教育支持,促进他们在特定领域持续发展。

(三)为每个团队提供特殊美育课程

为每个团队提供特殊美育课程是学科整合美育范式的课程设置原则,旨在立足儿童发展需求,满足团队成员的共同育人需求和目标,通过提供有针对性的美育课程,促进团队整体的发展,提高美育育人效果。

首先,了解团队的特点和需求。深入了解每个团队的特点、目标和成员在实施美育过程中的共同需求,立足儿童的发展与团队的需求制定出适合团队发展的特殊美育课程。具体而言,需要根据团队成员的兴趣、特长、发展阶段以及团队文化等,设计出具有针对性的美育课程,以满足团队成员的共同需求。

其次,实施有效的团队合作和沟通。在培养儿童的审美素养与人文素养、促进其全面发展的过程中,需要多个学科团队共同沟通,需要培养团队的协作精神和沟通能力。通过组织团队活动、任务分配和合作项目等方式,鼓励团队成员相互支持、合作和分享。同时,引导团队成员积极表达意见、倾听他人和解决问题,提高团队合作的效率,更好地提高美育育人效果。

最后,提高教师的能力和素质,强化其美育育人能力。通过参加培训、

第二章 学科整合美育范式的基本理念

交流经验和研究最新美育理念等方式，提高教师的美育教学水平和课程设计能力，持续评估和反馈。此外，需要定期评估团队的学习成果和进步情况，并根据反馈进行调整和改进。例如，每学期进行期末汇报演出，上半年人人上台，下半年创作精品。鼓励团队成员积极参与评估和反馈，促进课程的持续改进和发展。

综上，为每个团队提供特殊美育课程，需要立足儿童的发展情况，深入了解每个团队的特点和需求，精心设计有针对性的美育课程，注重团队合作和沟通能力的培养，不断提高自身的专业能力以及建立有效的评估和反馈机制。

（四）为每个课程提供广阔的实施空间

为每个课程提供广阔的实施空间是学科整合美育范式学校课程设置原则，强调为课程提供多种实施方式和机会，以满足不同学生的学习需求和风格。促进学生的个性化发展和提高教育质量，具体包括以下五个方面。

第一，实施空间的拓展需要提供多样化的教学方法。不同的学生有不同的学习方式和喜好，因此需要提供多种教学方法以满足他们的需求。例如，有的学生更喜欢通过听讲来学习，而有的学生则更喜欢动手实践。教育工作者应根据学生的特点和需求，灵活运用讲解、示范、小组讨论、实验等多种教学方法，激发学生的学习兴趣和主动性。

第二，利用现代教育技术可以进一步拓展课程的实施空间。现代科技为教育提供了许多新的工具和平台，如在线学习、虚拟现实、增强现实等。这些技术可以为学生提供更丰富的学习资源和沉浸式的学习体验，使学习更加生动和有趣。例如，利用虚拟现实技术进行实验模拟，可以让学生在安全的环境中体验真实情境，提高实验教学的效果。

第三，开展课程实践活动是拓展实施空间的另一种有效方式。通过组织实地考察、社会实践、志愿服务等活动，学生可以将所学知识应用于实际情境中，加深理解和体验。这种实践教学方式可以培养学生的问题解决能力、团队协作能力和社会责任感，有助于学生的全面发展。

第四，建立与社区和企业的合作关系也是拓展实施空间的重要途径。学校与社区或企业建立合作关系，为学生提供实习、实践或研究的机会。通过参与社区服务或企业项目，学生可以将所学知识应用于实际工作中，同时也能了解职业发展的需求和趋势。

第五，为每个课程提供广阔的实施空间还需要教育工作者具备创新意识和开放心态。需要不断探索新的教学方法和技术，关注教育前沿动态，以便将最新的教育理念和实践引入课程中。同时，还应鼓励学生积极参与课程设计和实施，激发创造性和主动性。

总之，为每个课程提供广阔的实施空间，需要教育工作者关注多样化的教学方法、现代教育技术的运用、课程实践活动、与社区和企业的合作以及创新意识和开放心态的培养。通过拓展实施空间，更好地满足学生的学习需求和发展潜力，提高教育质量，培养出更多具备创新能力和适应未来挑战的人才。

三、学科整合美育范式的课程结构

建设现代化国家的人才需求与知识迭代发展的时代特点赋予课程现代化转型全新的使命，即完善课程结构，更新、精选课程内容，控制学习内容总量，提升课程育人功效，发展学生核心素养，培养创新人才。[1]课程结构作为达成培养目标、由不同科目构成的课程整体，可以使不同类型的课程按照不同比例组织成学生在学校学习的范围与序列，让课程要素在系统中形成合力。可见，课程结构在育人过程中有无可替代的作用。此外，校本课程整合从宏观的角度来看，是指以学校教育理念和办学理念为指导，统整学校课程结构的过程。[2]所以，学科整合美育范式下的课程结构以学

---

[1] 吕立杰. 课程内容结构化：教育现代化的议题[J]. 教育研究，2023，44（04）：57-65.
[2] 熊梅，马玉宾. 校本课程整合与合作的教师文化的生成[J]. 教育研究，2005，26（10）：6.

校育人理念和办学理念为指导，统整学校课程的过程，包括学科内不同美育教学内容之间的整合和不同学科间美育的相关内容之间的整合。

（一）艺术类课程结构

艺术类课程结构以艺术学科为核心，旨在培养学生的艺术素养、创造力和审美能力，包括音乐、美术、舞蹈、戏剧等。艺术类课程结构主要有以下特点。

一是艺术类课程结构以艺术学科为主导，强调学生对艺术基础知识和技能的掌握。《义务教育艺术课程标准（2022版）》指出："要突出课程综合，以各艺术学科为主体，加强与其他艺术的融合。"①课程通常包括绘画、音乐、舞蹈、戏剧等不同艺术形式的内容，学生可以根据自己的兴趣和特长选择相应的课程。

二是强调创造力和表现力。"艺术的实践并非建构现实的对象，它不仅仅是通过具体的样式展现在人们的眼中，而且是创造非现实的心灵时空。"②艺术类课程结构通过引导学生进行创作、表演和展示，激发学生的创造力，提高他们的表现能力，培养他们的独立思考能力和创新能力。

三是注重审美体验。学生的美育体验有两重含义：一是学生作为审美主体产生的"审美体验"，二是学生作为学习主体产生的"学习中的体验"。无论是审美体验还是学习中的体验，都是主体内在的感受、发现和体悟，体现了个体生命的存在和成长。它们在美育中相互交织，实施学校美育教学必须重视这两种体验。③《义务教育艺术课程标准（2022版）》指出："重视学生在学习过程中的艺术感知及情感体验，激发学生参与艺术活动的兴趣和热情，使学生在欣赏、表现、创造、联系/融合的过程中，形成丰

---

① 中华人民共和国教育部. 义务教育艺术课程标准（2022年版）[S]. 北京：北京师范大学出版社，2022：2.
② 李茂盛，李卓. 中国式现代化视域下的美育价值[J]. 艺术教育，2024（1）：241-244.
③ 唐斌，楼冰洁，王景宣. 陶养生命的学校审美教育[J]. 当代教育科学，2016，（19）：26-29.

富、健康的审美情趣。"[1]为此，艺术类课程结构注重学生的审美体验，通过引导学生欣赏不同形式的艺术作品，培养他们的审美感知、想象和表达能力。这种体验式学习有助于学生深入理解艺术的本质和价值，提高他们的审美品位和创造力。

（二）学科类美育课程结构

学科课程中蕴含丰富的美育资源。《义务教育艺术课程标准（2022版）》指出："重视艺术与其他学科的联系，充分发挥协同育人功能；注重艺术与自然、生活、社会、科技的关联，汲取丰富的审美教育元素，传递人与自然和谐共生理念，促进学生身心健康全面发展。"[2]学科类美育课程结构是一种将学科知识与审美教育相结合的教育模式，旨在培养学生的审美素养和创造力。学科类美育课程主要包括语文、数学、英语等学科，其主要特点如下。

一是学科知识与审美教育的融合。学科类美育课程结构将学科知识与审美教育有机地结合起来，使学生能够在学习学科知识的过程中，培养审美意识、艺术素养和创造力。这种融合方式有助于激发学生的学习兴趣，提高他们的学习效果。

二是强调审美体验。美育教学是以审美体验为基础的，所以个体在教育过程中获取相应的经验是美育教学是否成功的关键，而审美经验的获得正需要学生投入美育活动。[3]各学科中蕴含丰富的美育资源，学科类美育课程结构注重学生的审美体验，通过引导学生欣赏不同形式的美，培养学生审美感知、想象和表达能力。这种体验式学习有助于学生深入理解美的本质和价值，提高他们的审美品位和创造力。

---

[1] 中华人民共和国教育部. 义务教育艺术课程标准（2022年版）[S]. 北京：北京师范大学出版社，2022：2.

[2] 中华人民共和国教育部. 义务教育艺术课程标准（2022年版）[S]. 北京：北京师范大学出版社，2022：2.

[3] 粟高燕. 论学校美育体系的创新[J]. 教育探索，2002（10）：14-15.

三是多样化的课程形式。学科类美育课程结构可以采用多种形式，这些课程形式可以满足不同学生的需求和兴趣，提供丰富的学习资源和多元化的学习方式。同时，多样化的课程形式还有助于提高学生的综合素质和创新能力。

学科类美育课程结构可以跨越多个学科领域，从而拓宽学生的知识视野，培养他们的跨学科思维能力和创造力。通过不同学科之间的交叉融合，学生可以获得更全面的知识和技能，为未来的发展打下坚实的基础。

（三）综合类美育课程结构

综合类美育课程结构是在综合课程中将审美教育元素与综合实践活动结合在一起的课程，旨在培养学生的综合素质、创造力和审美能力。综合类美育课程具备如下主要特点。

第一，强调学科核心素养的学科内综合。学科内的综合是为了解决学科内的问题，强调美育的渗透性。

第二，强调联系的跨学科主体综合。将艺术学科与人文学科与自然学科的审美教育相结合。这种整合方式有助于拓宽学生的知识视野，培养他们的跨学科思维能力和创新能力。

第三，强调系统问题解决的大综合，包括三个层次：一是以学科内问题解决为主线的课程综合；二是以解决生活问题为主的生活综合；三是以社会议题为逻辑主线的综合。综合类美育课程结构涵盖多种艺术形式。这种多样化的艺术形式可以满足不同学生的兴趣和特长，提供丰富的学习资源和多元化的学习方式。

第四，强调审美体验和实践。综合类美育课程结构注重学生的审美体验和实践，通过引导学生欣赏、创作和表演艺术作品，培养他们的审美感知、想象和表达能力。这种体验式学习有助于学生深入理解美的本质和价值，提高他们的审美品位和创造力。同时，实践环节可以让学生将所学知识应用于实际中，培养他们的实践能力和创新思维。

第五，综合性评价。综合类美育课程结构的评价方式综合了多种因素，包括学生的知识掌握程度、问题解决能力、审美意识、艺术表现力等。这种评价方式旨在全面了解学生的学习状况和发展潜力，为进一步的教学提供参考和依据。同时，这种评价方式也有助于鼓励学生全面发展，提高他们的综合素质。

第四节　学科整合美育的基本范式

美育是关于人类自身美化的科学，其根本目标在于完善人格塑造、促进身心发展、提升精神境界，其在人的全面协调发展中具有特殊的地位、作用和效果。①可见，美育不仅可以帮助个体提高审美能力和创造力，而且还能够培养个体的情感素质和社会责任感，因此，美育不仅是教育体系中不可或缺的一部分，还在实现"立德树人"的根本任务中有着独特意义。教育部关于《全面实施学校美育浸润行动的通知》指出："以浸润作为美育工作的目标和路径，将美育融入教育教学活动各环节，潜移默化地彰显育人实效，实现提升审美素养、陶冶情操、温润心灵、激发创新创造活力的功能，培养德智体美劳全面发展的社会主义建设者和接班人。"②基于此，探究学科整合美育的基本范式对于落实美育融入教育教学活动各环节、培养德智体美劳全面发展的社会主义建设者和接班人有理论和实践的双重意义。具体而言，包括艺术课程美育增值范式、学科课程美育渗透范式、综合课程美育效应范式三个类别。

---

① 朱晏. 加强美育是提高人才素质的有效途径[J]. 江苏高教，2008（03）：120-121.
② 教育部. 关于全面实施学校美育浸润行动的通知[EB/OL].（2023-12-22）[2024-02-06]. http://m.moe.gov.cn/srcsite/A17/moe_794/moe_628/202401/t20240102_1097467.html.

一、艺术课程美育增值范式

艺术课程美育增值范式是一种创新的教育理念，旨在通过艺术课程充分激发学生的审美兴趣，加强学生的审美知识与技能，从而提高审美与人文素养，实现艺术教育的增值和学生的全面发展。

（一）艺术课程美育增值范式的意义

艺术课程关涉学生生命的美好成长和核心素养的培育。《义务教育艺术课程标准（2022版）》指出："艺术课程要培养的核心素养主要包括审美感知、艺术表现、创意实践、文化理解等。"[1]艺术课程不仅是实施美育的主要渠道与载体，还是促成学生形成高尚品德，培养审美感知、艺术表现、创意实践和文化理解等核心素养，使学生具备未来公民应有的基础素养，促进社会和谐发展的重要途径。

艺术课程美育增值范式的价值意蕴，一是促进学生的全面发展。马克思曾说："有生命的个体人存在是任何人类历史的第一前提。"[2]人是教育的中心，教育作为文化、情感传递的手段，对促进人的知识丰富、情感丰盈有直接的作用。[3]艺术课程美育增值范式将艺术课程作为实施美育的主要渠道与手段，将美育渗透融入艺术课程的教学中，使学生在学习艺术知识与技能的同时获得审美体验和感悟，从而促进学生的全面发展。这种教育范式有利于培养学生的创新意识和实践能力，同时也能够提高学生的审美素养和综合素质。二是推动教育体系的改革创新。教育不仅在于传授学科知识，而且重视情感、态度、价值观等人文素养、审美素养的培养。[4]

---

[1] 中华人民共和国教育部. 义务教育艺术课程标准（2022年版）[S]. 北京：北京师范大学出版社，2022：5.

[2] 中共中央马克思恩格斯列宁斯大林著作编译局. 马克思恩格斯选集：第1卷[M]. 北京：人民出版社，1972：24.

[3] 何茜，余雁君. 新时代中小学艺术教育的时代使命与价值重构[J]. 课程.教材.教法，2023，43（2）：136-141.

[4] 何茜，余雁君. 新时代中小学艺术教育的时代使命与价值重构[J]. 课程.教材.教法，2023，43（2）：136-141.

艺术课程美育增值范式的实施可以推动教育体系的改革和创新。这种范式不仅关注传统艺术学科的教学质量，更关注艺术课程中的音乐、美术、舞蹈、戏剧（含戏曲）、影视（含数字媒体艺术）5个学科之间美育元素和资源的整合，有利于提高整个艺术课程体系的教学质量和效果，培养出更多具有创新意识和实践能力的人才。三是提升社会文化品质。艺术新课标既继承和发扬了中华优秀传统文化的精髓，也体现了时代特征和传统文化的结合，深刻且富有意义。①艺术课程美育增值范式的实施通过为学生提供多元、丰富的艺术课程，使学生获得更多的审美体验和感悟，从而促进社会文化的发展和传承。

（二）艺术课程美育增值范式的基本思路

艺术课程美育增值范式是以艺术课程作为实施美育的主要载体与手段，有机整合美育学习内容，提升艺术课程的美育价值的一种理论体系，可以为开展美育研究与实践提供基本的参照方式。《义务教育艺术课程标准（2022版）》指出："义务教育艺术课程包括音乐、美术、舞蹈、戏剧（含戏曲）、影视（含数字媒体艺术）5个学科，以艺术实践为基础，以学习任务为抓手，有机整合学习内容，构建一体化的内容体系。"②据此，艺术课程美育增值范式的基本思路应是具备综合性、体验性、情景性和创新性的一体化课程。首先是综合性，艺术课程美育增值范式注重综合性和整体性。它通过整合艺术课程中音乐、美术、舞蹈、戏剧（含戏曲）、影视（含数字媒体艺术）5个学科的美育资源，将美育贯穿于整个艺术课程体系中，形成一个完整的艺术课程体系。这种范式不仅关注学生艺术技能的培养，而且关注学生审美意识、审美感知、审美想象、审美联想等审美素养的全面发展。其次是体验性，艺术课程美育增值范式强调学生在学习

---

① 王杰. 以美育人，建设素养型艺术课程标准[J]. 课程. 教材. 教法，2023，43（2）：131-135.
② 中华人民共和国教育部. 义务教育艺术课程标准（2022年版）[S]. 北京：北京师范大学出版社，2022：14.

过程中的体验和感受。它通过组织学生进行多元的艺术实践活动，如绘画、舞蹈、音乐等，使学生能够亲身感受和体验美的存在和价值，从而提高学生的审美能力和实践能力。再次是情境性，艺术课程美育增值范式强调情境性和真实性。它通过构建真实的艺术情境和氛围，使学生能够身临其境地感受和体验艺术的美和魅力，从而增强学生对艺术的理解和感知能力。最后是创新性，艺术课程美育增值范式注重培养学生的创新精神。它鼓励学生发挥想象力和创造力，在艺术课程的学习中发挥自己的创造力和想象力，从而培养学生的创新意识和创新能力。

（三）艺术课程美育增值范式的实施方式

基础教育阶段的艺术课程，是一门具有人文性、综合性、创造性、愉悦性和经典性的课程。①《义务教育艺术课程标准（2022版）》指出："要突出课程综合，以各艺术学科为主体，加强与其他艺术的融合。"②为此，首先，要制定艺术课程美育目标，在艺术课程的教学目标中充分融入美育元素，制定出具有美育综合性的课程目标。不仅要关注学生艺术技能的培养，而且要关注学生的审美意识、审美感知、审美想象、审美联想等审美素养的全面发展。其次，要整合艺术课程与其他学科，整合艺术课程中的音乐、美术、舞蹈、戏剧（含戏曲）、影视（含数字媒体艺术）5个学科的美育资源，使美育贯穿其中，使其具有整体性和系统性。此外，采用体验式教学方法，如实践性教学、工作坊等，使学生能够在亲身实践中感受到艺术的美和魅力。同时，也可以利用现代信息技术手段，如虚拟现实、人工智能等，为学生提供更加丰富多样的审美体验。再次，开展跨学科的合作学习，组织学生进行跨学科的合作学习，共同探究艺术问题，分享审美体验和感悟，促进不同学科之间的交流和互动，使学生能够在合作学习

---

① 刘桂珍. 论走向综合的基础教育阶段的艺术课程[J]. 西北师大学报：社会科学版，2003，40（4）：3.
② 中华人民共和国教育部. 义务教育艺术课程标准（2022年版）[S]. 北京：北京师范大学出版社，2022：2.

中获得更多的知识和技能。最后，建立多元化的评价体系，将学生的审美素养和综合素质作为评价的重要指标。这种评价体系不仅关注学生的艺术技能和知识水平，而且关注学生的审美情感、审美创造等审美素养的发展程度。

综上所述，学科整合美育中的艺术课程美育增值范式立足艺术学科本身，以艺术课程作为主要载体与手段，使学生感受美、表现美、创造美，从而实现艺术课程的增值和学生综合素养的全面提升。

二、学科课程美育渗透范式

学科课程美育渗透范式通过挖掘学科课程的美育元素，整合学科中的美育资源，帮助学生在全面认识和掌握学科知识的基础上，将审美的思维方式渗透到学习和生活中，从而提高审美能力和艺术修养。

（一）学科课程美育渗透范式的意义

美育实施途径包括美术、音乐、文学、戏剧、舞蹈等学科，但并不限于艺术课程，语文、历史、地理、数学、生物、物理也有美育，甚至体育、生命科学等领域也离不开美育。[①]学科课程美育渗透范式的意义包括以下几个方面：一是有助于挖掘学科中的美育资源，促进美育课程内容整合。通过将不同学科的知识与艺术表达相结合，学生可以更好地理解学科知识的内涵与外延，培养跨学科思维和创新能力。这种跨学科的整合不仅可以激发学生的创造力和想象力，还能培养其批判性思维和审美情趣。同时，促进美育课程内容的整合，可以减少学科之间的割裂感，增强学生对知识的整体性认识，提升其综合素质和终身学习能力。二是有助于丰富学科内容，提升学科教育的效果。通过将艺术元素融入学科课程中，可以激发学生对学科知识中蕴含的美的感知，从而加深学生对学科知识的理解。三是

---

① 陈默. 中学美育跨学科整合设计的实践研究[J]. 教学与管理，2022（13）：62-64.

能够促进跨学科学习和交叉思维的发展。将不同学科的知识与艺术表达相结合，可以帮助学生更好地理解学科之间的联系和互动，培养跨学科思维和综合能力。

（二）学科课程美育渗透范式的基本思路

学科课程美育渗透范式是指基于儿童的发展需求，根据学科的特点和美育育人规律，围绕美育核心开展的课程整合。具体来说，是以学科课程作为实施美育的辅助性手段和方式，以激发学生的学习兴趣为出发点，以清晰的教学目标为主导，以整合知识为前提，以调动全学科素养、构建全面认知为目的，依据学情整合并重新设计教与学，在学科课程中渗透美育的教育活动。具体而言，包括以下几个方面：一是渗透性，学科课程美育渗透范式强调将美育元素自然地渗透到各个学科的教学中。这种范式注重发掘学科内容中的审美元素，通过将美育与学科知识相结合，实现审美教育与学科教学的有机融合。二是关联性，学科课程美育渗透范式强调学科内与学科之间的关联性，通过找到美育在其中的关联，整合学科内与学科之间的美育知识，使学生在形成学科核心素养的同时提高审美素养和人文素养。三是整合性，学科课程美育渗透可以整合不同学科之间相互关联的知识，加深学生对学科知识的理解和运用。学科划分容易造成思维单一割裂，学生对艺术的认识虽然比"美术就是画画""音乐就是唱歌"这样的想法有所进步，但依旧不能理解艺术是产生在历史和文化背景之下，不知道数学和美有什么关系，不明白书法课为什么要讲历史、地理课为什么要读诗，即使学英语，也仅仅疲累于单词背诵与通篇阅读，很少驻足感受异域语言之美。[1]通过跨学科整合，可以激发学生的审美兴趣，在掌握学科知识和技能的基础上提高审美素养。

---

[1] 陈默. 中学美育跨学科整合设计的实践研究[J]. 教学与管理，2022（13）：62-64.

（三）学科课程美育渗透范式的实施方式

学科整合美育渗透范式的实施，是指以下三点：一是发掘学科审美元素。教师需要深入挖掘各个学科中的审美元素，将美育与学科知识进行有机整合，做到"以美立德""以美启智""以美健体"和"以美逸劳"，将其他学科中蕴含的知识、情感、态度、价值观、技能与方法等点染美的色彩、浸润美的光辉，使其具有美的价值与意义。例如，在文学中可以引导学生欣赏文学作品中的语言美、意境美，在科学中可以让学生领略自然规律的美妙与和谐。二是采用审美化教学方法，运用具有审美化的教学方法和手段，如情境教学、项目式学习等，让学生在学科学习中受到美的熏陶。同时，借助现代信息技术手段，如虚拟现实、增强现实等，为学生提供沉浸式的审美体验。三是跨学科审美探究，鼓励学生开展跨学科的合作学习，共同探究学科知识中的审美问题。通过不同学科之间的交流与互动，拓宽学生的审美视野，培养学生的综合素质。四是建立多元化的评价体系，将学生的审美素养和综合素质作为评价的重要指标。这种评价体系不仅关注学生的知识掌握程度，还关注学生在审美感知、审美想象等方面的能力发展。五是加强对教师的审美教育培训，增强教师自身的审美素养和意识。教师只有具备良好的审美素养，才能更好地将美育渗透到学科教学中。

三、综合课程美育效应范式

综合课程美育效应范式以学科内问题解决为主线的课程综合、以解决生活问题为主的生活综合、以社会议题为逻辑主线的综合这三个层次的综合课程，提高学生审美素养和综合素质，培养完整的人。

（一）综合课程美育效应范式的意义

新课标中指出，要"强化课程综合性和实践性，推动育人方式变革，着力发展学生核心素养"①。综合性体现了课程融合的价值追求，决定了课程内外部要素在融合中的紧密程度和效果表现。②具体而言，具有以下意义。一是促进美育知识的融通，推动统整育人。"人的个性具有整体性，个性发展不是不同学科知识杂汇的结果，而是通过对知识的综合运用而不断探究世界与自我的结果。"③综合课程美育效应范式要实现美育知识的融通，就需要创造性地组织探究学习活动，并创设真实的问题情境，使学生在解决问题的过程中，激活归纳、分析、推理、批判等高级思维，将理性知识有机转化为美育的实践素养。这种转化实际上是人的理性自识的结果，是以人的高质量培养为目的的互动对话，蕴含着知识统整育人的内在规律。二是关怀学生完整的人生。综合课程美育效应范式在课程研制原则的确定、内容的组织、方法的选择过程中要对课程中各种审美因素进行全方位的立体整合分析与规范，使学生在学习知识的同时获得审美体验和感悟，从而促进学生的全面发展。三是有利于改进教与学方式、培养学生的思维能力、人际交往能力、逻辑表达能力及综合解决问题的能力等。④因为任何美育实际问题都是综合的，而不是按照学科展开的，学科只是看待美的不同视角而已。只有按照生活中美的综合视野和课程构建逻辑，才能实现教育方式和学习方式的改变。⑤无论是数学、物理、化学，还是历史、地理、生物，美育的综合视野都是需要考虑的问题。

（二）综合课程美育效应范式的基本思路

综合课程美育效应范式的基本思路是将美育融入学校的综合课程中，

---

① 中华人民共和国教育部. 义务教育艺术课程标准（2022年版）[S]. 北京：北京师范大学出版社，2022：4-5.
② 罗生全，郭窈君，张雪. 中小学综合课程的融通式构建与实践进路[J]. 现代远程教育研究，2024，36（1）：46-53.
③ 张华（2001b）. 论"综合实践活动"课程的本质[J]. 全球教育展望，2001（8）：10-18.
④ 付宜红. 重新认识综合课程的价值[J]. 基础教育课程，2019（2）：14-22.
⑤ 赵小雅. 凸显综合视野和问题意识[N]. 中国教育报，2012-03-29（005）.

通过多层次的综合课程和多元化教学手段，促进学生全面发展，提升其审美情感和创造力。这一范式的基本思路主要包括以下几个方面：一是基础性。在以学科内问题解决为主线的课程综合这一层次中，综合课程美育效应范式通过将学科内不同的美育知识点进行有机结合，构建丰富多彩的美育知识网络，使学生发现学科知识中的美，加深对学科知识的把握，奠定审美素养的相关知识。二是实践性。在以解决生活问题为主的生活综合这一层次中，综合课程美育效应范式注重发掘学生身边的问题和需求，通过美育元素的引入，启发学生思考和创造，培养其解决实际问题的能力和创新能力。通过组织学生进行各种实践活动，如社会调查、参观博物馆、艺术创作等，使学生能够亲身感受和体验美的存在和价值，从而提高学生的审美能力和实践能力。三是综合性。在以社会议题为逻辑主线的综合这一层次中，综合课程美育效应范式通过将社会议题与美育元素相结合，构建出具有社会意义的综合课程。这类课程注重以社会议题为逻辑主线，引导学生深入思考社会问题，通过美育元素的引入，启发学生探索解决方案，培养其社会责任感。

（三）综合课程美育效应范式的实施方式

综合不是单纯指将被分割的东西拼凑在一起，也不是简单地把各门学科聚合起来，或在同一个主题下包容所有学科的知识。综合课程其实是指把本来具有内在联系而又人为地被割裂的内容重新整合为一体的课程模式。①因此，综合课程美育效应范式的实施方式，首先，要制定综合课程美育目标，在各个层次的综合课程的教学目标中融入美育元素。这些目标不仅关注学生艺术技能的培养，而且关注学生审美意识、审美感知、审美想象、审美联想等审美素养的全面发展。其次，采用多样化的教学方法和手段，如情境教学、项目式学习、探究式学习等，使学生能够在各种层次的综合课程中感受到美的存在和价值。同时，也可以利用现代信息技术手

---

① 沈晓敏，有宝华．综合课程的范式解析[J]．课程．教材．教法，2000（10）：4．

段，如虚拟现实、人工智能等，为学生提供更加丰富多样的审美体验。再次，开展跨学科的综合课程学习，组织学生进行跨学科的合作学习，共同探究美育问题，分享审美体验和感悟。这种学习方式可以提升综合课程的美育育人效果，还可以使学生在合作学习中获得更多的知识和技能。最后，建立多元化的评价体系，将学生的审美素养和综合素质作为评价的重要指标。这种评价体系不仅关注学生的问题解决能力，还关注学生在这个过程中表现出来的审美感知与审美创造，以及其审美素养的发展程度。

综合课程美育效应范式是一种将把本来具有内在联系却被人为地割裂的美育内容重新整合为一体的课程范式。这种内在联系是自然的和真实的，而非人为的和勉强的。因此，综合课程美育效应范式与其说是建立联系，不如说是发现联系，要求教师不仅要发现综合课程本身所具有的与美的育内在关联性或共同性，而且还应使学生以自然的方式去认识这种内在关联。

第三章
PART THREE

学科整合美育的三大范式建构

学科整合是由两门或两门以上学科通过建立某种联系突破自身的学科界限，将不同学科的知识有机整合在一起并运用到教学中的一种教学方式。[①] 以审美人文素养为整合锚点的学科整合美育范式，立足于学科知识整合、智美能训练融合、身心整合、理性感性整合等，在大美育观的指引下，在"以美育人"思想引领下构建起学科整合美育的三大范式，即艺术课程美育增值范式、学科课程美育渗透范式、综合课程美育效应范式。其中，艺术课程作为美育的主要载体和渠道、学科课程作为美育的辅助性手段和方式、综合课程作为美育的转化渠道和策略，从美育增值到美育渗透再到美育效应，培养学生的艺术核心素养，形成综合素养，最终成为完整的人。本章在阐明三种类型课程的美育价值表征的基础上，论述了课程实现美育增值、渗透、效应的基本思路，指明课程实施美育整合范式的基本形态，以此明晰学科整合美育三大范式的建构逻辑。

第一节 艺术课程美育增值范式的建构逻辑

艺术教育是实现美育价值的主要手段，艺术课程是实施艺术教育的核心和载体，是学科整合美育研究中的基础。《义务教育艺术课程标准（2022年版）》指出要突出课程综合，以各艺术学科为主体，加强与其他艺术的

---

① 杜惠洁，舒尔茨. 德国跨学科教学理念与教学设计分析[J]. 全球教育展望，2005（8）：28-32.

融合，充分发挥协同育人能力。①鉴于此，艺术课程美育增值范式是以艺术课程为主要载体、渠道融合艺术课程与其他学科，通过跨学科体验式课堂等方式，实现艺术教育的增值。通过不断深入挖掘和运用艺术课程中的美育元素，充分显现中华文化的美育精神和丰富的美育资源，由此衍生出艺术课程美育增值范式所具有的独特价值属性。

艺术本身具备美学属性，艺术课程具备感受美、表现美、创造美的价值。以艺术课程为主要载体、渠道融合相关艺术课程，遵循"挖掘艺术的内在美、艺术教学中感受美、艺术实践中体验美、发展评价中凸显美"的发展逻辑，运用跨学科体验式课堂等方式，实现艺术教育的增值和学生综合素养的全面提升。这一美育增值范式呈现出三种基本形态，分别是艺术知识的美学表现形态、艺术教学结构的视点美学形态、艺术素养的表现美形态（见图3-1）。

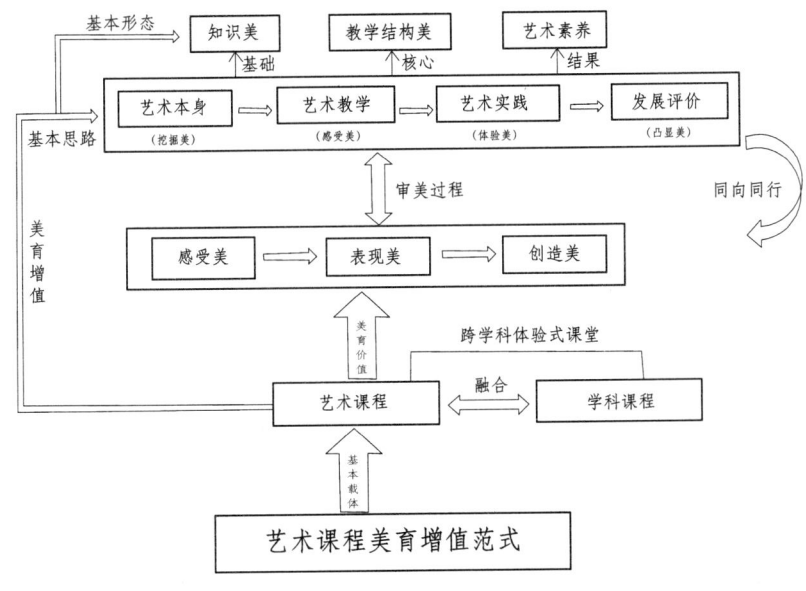

图 3-1　艺术课程美育增值范式

---

① 中华人民共和国教育部. 义务教育课程标准（2022年版）[M]. 北京：北京师范大学出版社，2022.

学科整合的美育范式和创新实践

一、艺术课程的美育价值表征

艺术课程是一门综合性课程,其本身就具备审美价值、情感价值、智力价值、道德塑造价值、文化价值等功能。新课标中艺术课程的总目标聚焦于提升学生的艺术与人文素养,艺术课程所应实现的美育价值,是通过知识传授和艺术创作实践实现的。学生对人类艺术成果的系统认识和欣赏,培养审美能力和人文修养。艺术课程的美育价值主要表现为艺术的美学属性、艺术课程的感受美价值、艺术课程表现美价值、艺术课程创造美价值。

(一)艺术的美学属性

艺术本身就是一个笼统的概念,艺术以直观的形式诉诸人们的视觉听觉乃至其他的感觉,使人感到审美的愉悦。①所谓艺术的美学属性,即艺术作品在形式、内容、意蕴等方面所表现出来的审美特征和审美价值。美的本质实际上应当被看作个体本质力量的对象化,是构成艺术作品的重要基础和核心价值。②艺术的美学属性主要体现为以下三点。

一是先进性。首先,艺术作为时代精神的回响,深刻地反映了时代特征,是对现代文明内核与精髓的抽象和概括,反映了当代社会的发展方向、文化思想以及社会主义核心价值观等内容。通过研究人类的情感、认知和审美体验,能够深入探索人类精神生活的本质和意义,推动人类文明的进步和发展。历史上每一次的时代繁荣都与艺术的大力发展有关,无论何种社会形态,艺术总是深刻影响其意识形态,引导整个人文思想的发展与进步,也影响着社会兴盛。其次,艺术的先进性还体现在通过对本土文化和世界文化的深入研究,加强与世界的交流,能够增进人们对自身文化的认知和自信,促进文化交流和互鉴,推动世界文化的繁荣发展。最后,艺术不但与人类的发展有关,而且影响人的修养、格调、观念等,在培养人的

---

① 张晶. 为艺术美学立义[J]. 现代传播(中国传媒大学学报),2011(9):66-71..
② 董学文. 论马克思主义美育观的本质和特征[J]. 廊坊师范学院学报(社会科学版)2014,30(5):5-11.

审美能力和文化素养方面具有重要作用,能够提高人们的文化素质和社会文明程度,促进社会和谐与稳定。

二是创新性。艺术的美学属性的典型特征就是具有创新性,能够通过独特的创意和表现手法,展现出新的美学特征和价值,即在艺术作品的表现形式、思想观念、审美价值等方面有独特的表现形式。首先是形式创新,如采用新颖的绘画技法、独特的材料运用、创新的构图方式等,能够突破传统形式的限制。其次是思想观念上的创新,如探讨新的主题、传达新的思想、挑战传统价值观等,能够引发观众对现实问题的思考和探讨,引导人们重新审视社会和文化现象。最后是审美创新,艺术能引导人在审美价值上创新,如表现出独特的审美体验、创造出新的艺术语言、引领新的艺术潮流等,能够突破传统的审美观念和标准,给人带来全新的审美体验和感受。

三是人文性。席勒在其美学名著《美育书简》中写道:"艺术教育对完美人性有着极为深刻的意义。"[1]由此可见,艺术与哲学、文学、历史等学科在推动人文素质发展上扮演着同样重要的角色。艺术的人文性是指艺术作品所表现出来的人性和文化内涵,艺术的美学人文性主要体现在以下三方面。首先,通过表现人的情感、思想、信仰等内在要素影响个体思维与言行中的价值取向、理想追求、人格模式,能够深入揭示人性的本质和特点,引起观众的共鸣和思考,带来审美上的享受和心灵上的触动,丰富人们的精神生活。其次,艺术能够反映特定时期、特定地域的文化特征和风貌,展现文化的多样性和丰富性,促进文化交流和传承。最后,艺术注重对人类生存状态、社会问题的关注和思考,强调人文关怀和对生命的尊重,肯定人性和人的价值,肯定人的个性自由,尊重人的理性思考,追求人类的解放与自由。

---

[1] 吴晓玲. 大学艺术教育中的人文性初探[J]. 兰州学刊,2005(6):342-343.

（二）艺术课程的感受美价值

中共中央办公厅、国务院办公厅于2020年发布的《关于全面加强和改进新时代学校美育工作的意见》指出，学校美育课程以艺术课程为主体，包括音乐、美术、戏剧、戏曲、舞蹈、影视等艺术课程。这些课程以艺术知识教学和艺术活动体验为基础，培养学生审美感知、艺术表现、创意实践、文化理解等核心素养。[①]黄济、劳凯声和檀传宝在《小学教育学》中，对美育教育的任务提出了四个要求，即"培养和提高学生感受美、鉴赏美、表现美和创造美、追求人生趣味和理想境界的能力"[②]。艺术课程通过艺术欣赏与鉴赏能力的培养，增强学生对美的敏感度和感受力，其本身就具有感受美的价值。一方面，在艺术课程的实践活动中，艺术课程可以帮助学生了解和掌握艺术的基本知识和理论。通过学习艺术史、艺术理论等知识，学生可以更深入地了解艺术的表现形式、艺术家的创作思路和技巧等，从而更好地理解和欣赏艺术作品。另一方面，艺术课程能够培养学生对美的感知和欣赏能力。通过接触和欣赏各种形式的艺术作品，学生可以逐渐提高对美的感受力，从而更好地感受和理解艺术的美。在此基础上，促使学生逐步提升审美情趣和文化素养，通过学习和欣赏不同形式的艺术作品，了解不同文化背景下的艺术表现形式和特点，从而拓宽视野、提高文化素养。

（三）艺术课程的表现美价值

艺术课程是学校教育的重要组成部分，旨在培养学生的审美观念和艺术鉴赏能力。艺术课程在实施过程中，蕴含表现美的价值追求。艺术课程注重培养学生的创新意识和创造力，通过引导学生尝试不同的艺术形式和表现方式，有效激发学生的想象力和创造力，这也是学生能力外显的表征。

---

① 中共中央办公厅、国务院办公厅.《关于全面加强和改进新时代学校美育工作的意见》.[EB/OL]https://www.gov.cn/.（2020-10-15）[2023-11-10].
② 黄济，劳凯声，檀传宝. 小学教育学[M]. 北京：人民教育出版社，2007：168-170.

首先，艺术课程可以帮助学生了解和欣赏各种形式的艺术表现，包括音乐、美术、舞蹈、戏剧等。通过学习不同形式的艺术，学生可以感受到美的多样性和丰富性，为其后续表现美奠定基础。其次，艺术课程能够帮助学生系统、全面地掌握各式艺术技能和表现方法。无论是音乐、舞蹈还是戏剧，都需要一定的技能和表现方法来展现美。通过学习和实践，学生可以逐渐掌握这些技能和方法，从而更好地表现美。此外，艺术课程能够促使学生发展创造力和想象力。艺术是一种创造性的活动，需要不断地创新和尝试。通过艺术课程的学习和实践，学生可以激发自己的创造力和想象力，从而创造出更美的艺术作品。最后，艺术课程同时能够锻炼学生的情感表达和沟通交流的能力。艺术是一种情感表达的方式，也是一种沟通的手段。通过艺术课程的学习和实践，学生可以学会用艺术的方式来表达自己的情感和思想，从而更好地与他人沟通。

（四）艺术课程的创造美价值

在发现美和感受美的基础上，艺术课程最独具特色的价值就是创造美。

一方面，要实现对受教育者的审美创造力的培养，需要综合考量受教育者的特性，这就要求教育者必须有倾向性地创设审美情境，这对情感的熏陶和感染起着积极的作用，使学生置身于所设的审美创设意境之中，以情动情，激发心灵的共鸣。如果只展示"美"的资源，对成长中的学生来说"教育力"是不够的，将一些和人文精神相关的艺术作品作为教学的内容，对学生进行教学，则能使学生在学习中提高自身的综合素质。

另一方面，艺术本身是一种创造性的活动，需要不断地创新和尝试，艺术课程指向学生的创造意识和创造力的培养。通过艺术课程的学习和实践，学生可以激发自己的创造力和想象力，结合生活实际经验，创造出更美的艺术作品。同时，艺术作品往往蕴含丰富的文化内涵和人文精神。通过系统学习和实践，学生可以更好地理解和感受时代的人文精神，将自己的人文关怀和社会责任感融入艺术作品创作中。

二、艺术课程美育增值的基本思路

艺术课程美育增值范式，实则是为美育内部增值的过程，即实现学生的个体增值发展。"挖掘艺术的内在美、艺术教学中感受美、艺术实践中体验美、发展评价中凸显美"是艺术课程美育增值的基本思路。

（一）挖掘艺术的内在美

挖掘艺术作品的内在美要通过探究艺术作品的历史和文化背景来实现。艺术作品都有其独特的历史和文化背景，通过深入了解艺术作品的历史和文化背景，可以揭示出艺术作品的内在美学价值。例如，了解绘画作品背后的历史和文化背景，可以更好地理解其主题和情感表达；了解音乐作品所处的历史和文化背景，可以更好地理解其风格和创作意图等。

挖掘艺术作品的内在美要通过探究艺术作品的本质来体现。艺术作品是艺术教育的核心，通过深入探究艺术作品的本质，可以揭示出艺术作品的内在逻辑和美学价值。例如，绘画作品的内在美体现在其色彩、线条和构图等方面，音乐作品的内在美体现在其旋律、和声和节奏等方面。引导学生主动参与艺术创作和欣赏，发现艺术作品的内在美学价值。

挖掘艺术作品的内在美要通过培养学生的审美意识和审美能力来体现。在教学过程中，教师可以根据学生的实际情况和学科特点，采用恰当的教学方法和手段，引导学生主动探究，发现问题、解决问题，培养学生的创新精神和实践能力。

（二）艺术教学中感受美

艺术课程本身就具备丰富的美学知识、美学形式以及审美表现形式等。为了进一步让学生在艺术课程学习中使美的学习更加具象化，在艺术学习的应然状态需要始终满足学生感受美的需要，主要从以下四个维度出发。

从意境维度来说，艺术教学应该注重学生的意境感受，通过引导学生深入探究艺术作品的内涵和意义，让学生更好地理解和感受艺术的意境美。

在意境感受过程中，教师应该注重学生的审美理性和审美判断力，引导学生深入分析和评价艺术作品，提高学生的审美能力和艺术素养。

从情感维度来说，艺术教学应该注重学生的情感体验，通过引导学生欣赏和分析艺术作品，让学生感受到艺术作品所带来的审美愉悦和情感体验，增强学生的审美愉悦感和幸福感。同时，教师也应该注重自己的情感表达，通过自身的情感传递，让学生更好地感受和理解艺术作品的情感表达。

从创作维度来说，艺术教学应该注重学生的创作实践，通过引导学生感受参与艺术创作和表演的独特魅力，培养学生的创新思维和创造力，让学生更好地理解和感受艺术的魅力。在创作过程中，教师应该注重学生的个性和创意，鼓励学生尝试不同的艺术形式和表现方式，激发学生的想象力和创造力。

从艺术批评维度来说，艺术教学应该注重学生的艺术批评感受能力，通过引导学生分析和评价艺术作品，培养学生的批判性思维和审美能力，让学生更好地认识和把握艺术的审美标准和审美价值。在艺术批评过程中，教师应该注重学生的语言表达和沟通能力，鼓励学生发表自己的观点和见解，提高学生的艺术鉴赏能力和艺术素养。通过这些措施的实施，可以让学生更好地发现艺术作品的内在美学价值，提高学生的综合素质和能力水平。

（三）艺术实践中体验美

体验美不仅审美主体是对事物美、行为美的愉快感受，而且是其对自我需要满足时的意义领悟。[1]艺术教育的内容一般分为艺术理论知识、艺术专业技能和艺术实践，其中艺术实践起着主导作用。[2]艺术实践与艺

---

[1] 伍香平，朱会从. 试论儿童审美体验[J]. 教育研究与实验，2021（2）：20-27.
[2] 谢渊. 高校艺术实践类课程线上线下混合教学模式探究[J]. 江苏高教，2023（8）：99-103.

的产生乃至生产劳动紧密相关,人类早期的劳动生产实践甚至可以被纳入广义艺术实践的范畴。在普遍意义上,学校的艺术实践是根据艺术教育目的、教学规律和培养目标,以实践的方式授课的教学活动,是在实践中运用已学知识或在实践中学习新知识、新技术,培养新技能的教学活动,具有实践性、教育性、参与性、综合性、体验性、相互性等特征,形式多以课堂体验和实践为主。

艺术实践就是要引导学生在生活中体验美、体验艺术,真正感知艺术,注重美的形式、美的内容、美的过程、美的结果,从本质上激发学生对艺术的热爱,从各方面用多样化的形式理解和体验美,逐步提升其世界观、人生观和艺术观,从而实现艺术美的育人价值,将艺术教育转化为学生自我成长、自我完善、自我升华的自觉行动。融合音乐、美术、舞蹈、戏剧、影视等艺术实践活动的艺术教育有利于学生巩固已学的知识,激发学生的积极性和参与意识,在实践中检验问题,加强实践动手能力,在实践中增强合作意识和创新意识,使他们在相互学习、相互交流、相互合作的过程中学会尊重他人,学会与他人交往。

(四)发展评价中凸显美

从教学的审美价值看待艺术教学评价,教学评价更应该体现出"美"的意蕴,反映教学过程中的审美价值。《教育部关于全面实施学校美育浸润行动的通知》中谈到,要深化美育评价改革,发挥评价的牵引和导向作用,探索多元化教育评价方式,开展增值性评价、过程性评价、体验性评价、表现性评价、应用性评价,重在关注学生个体成长,尊重和保护学生的兴趣爱好和个性特点,全面考查学生发现美、感受美、表现美、鉴赏美、创造美的能力。①因此,我们在设计教学评价时应以学生审美素养发展为导向,转变艺术教学评价范式,优化教学评价实践,促进学生艺术素养的

---

① 教育部办公厅关于开展体育美育浸润行动计划的通知[J].中华人民共和国教育部公报,2019(6):34-43.

提高。

一是评价指标的综合化。艺术课程教学是以培养学生审美感知、艺术表现、创意实践、文化理解为价值取向,培养学生感受美、欣赏美、创造美等综合审美能力。艺术新课标提出,教学评价涉及学习态度、过程表现、学业成就等多方面。因此,艺术发展评价中的评价指标应趋于综合化,不仅关注学生的艺术技能和表现,还要关注学生的艺术素养和审美能力等方面的发展。通过综合化的评价指标,全方位地了解学生不同智能结构与艺术个性表现,可以更全面地评价学生的艺术发展情况,体现学生的全面发展之美。

二是评价方式的多样化。艺术新课标中提出"坚持以评促学",评价旨在促进学生发展。在艺术发展评价中,评价方式应走向多样化,坚持形成性评价与终结性评价相结合、横向评价与纵向评价相结合、口头评价与书面评价相结合。采用多种评价方式和手段,如书面测试、口头表达、实践操作、作品展示等,更全面地了解学生的学习状态和审美能力,体现学生的多样发展之美。

三是评价主体的多元化。在艺术发展评价中,评价主体多元化的主要目的在于充分调动学校、教师、学生、家长等参与艺术素养评价,不同的评价主体基于不同的视角、立场和身份对学生予以评价,综合利用各评价主体的评价结果,既丰富了不同主体对艺术素养评价本身的认识,也帮助学生在自评、互评、教评等中不断反思、认识自我。通过各评价主体进行全方位、多方面的评价,可以更全面地、更综合地了解学生的基本情况,发现问题、分析成因、找寻改进路径,寻求学生的持续发展之美。

四是评价过程的动态化。艺术新课标指出,教学评价应贯穿艺术学习的全过程和艺术教学的各个环节。在艺术发展评价中,评价过程应趋于动态化,不仅要关注学习结果,还要关注学生的学习过程和学习方法。注重对行为表现、艺术表现的评价,关注学生各个阶段、各个时期艺术素养的变化和进步,及时给予评价和反馈。通过动态化的综合评价过程,持续了

学科整合的美育范式和创新实践

解、评估学生的成长，体现学生的持续发展之美。

五是评价结果的激励化。正确使用评价结果，是有效发挥评价导向、激励和支撑等功能的前提，是发挥评价育人功能实现的关键。在艺术发展评价中，应充分发挥好评价的激励作用，不仅要指出学生的不足之处，还要肯定学生的优点和进步，充分挖掘学生的内在潜力是激发学生学习艺术的内部动力，有助于提升学生的积极性与创造性，从而达到以美育人的目的。运用合理的激励方式，可以有效增强学生的兴趣度和意愿度，体现学生的进取发展之美。

三、艺术课程美育增值范式的基本形态

以育人为导向，遵循艺术课程美育增值的基本思路，最终形成该范式的基本形态，表现为艺术知识的美学表现形态、艺术教学结构的视点美形态、艺术素养的表现美形态。

（一）艺术知识的美学表现形态

从审美的角度看，知识无疑是一种美，获取知识的过程即审美的过程。柏拉图在《理想国》中提到："真理和知识都是美的，但善的理念比两者更美。"①好的艺术作品必定都蕴涵了强烈的审美体验，这些审美体验同样必然会转化为知识美，存在于艺术作品之中。艺术知识的美学表现形态主要彰显了审美的多维度和整合的样态，具体而言，可以通过以下四个方面来体现。

其一，艺术知识可以通过不同的表现形式来展现其美学特征。例如，美术、音乐、舞蹈、戏剧等的表现形式都有其独特的审美特征和艺术价值。绘画可以通过色彩、线条和构图来表现美的形象和意境，音乐可以通过旋律、节奏和音色来表现美的声音和情感。

---

① 柏拉图. 理想国[M]. 郭斌和，张竹明，译. 北京：商务印书馆，1986.

其二，艺术知识可以通过主题和内容来表现其美学特征。例如，表现自然美、社会美、历史美、人性美等元素，这些主题和内容都有其独特的审美特征和艺术价值。如表现自然美的作品，可以通过对自然景色的描绘来展现大自然的壮美和神秘；表现社会美的作品，可以通过对人类社会的描绘来展现人性的复杂和多样。

其三，艺术知识可以通过审美技巧和方法来表现其美学特征。如绘画中的透视、构图、色彩搭配等技巧，音乐中的旋律创作和声运用、演奏技巧等，可以帮助艺术家更好地表现自己的创作思想和艺术风格，从而展现出独特的美学特征。

其四，艺术知识可以通过文化与历史背景来表现其美学特征。不同文化背景下的艺术风格和审美观念都有其独特的特点和价值，了解这些文化与历史背景可以帮助我们更好地理解和欣赏不同艺术作品的美学特征。

（二）艺术教学结构的视点美形态

艺术教学结构中包含丰富的美学因素。教学的内容、形式、氛围、情感交流及师生交谈等，都包含美育的因素，既有预设的、静态的、层次的、结果的教学美，又有与教学特定情境相吻合的动态的、流变的、偶发的、情感的教学美。艺术教学结构的视点美形态是审美化视点结构教学的一种表征，是教学内在逻辑精美和外在形式华美相统一的教学。[1]艺术课堂教学结构包含着"教什么""怎么教""教得怎样"三要素，其中蕴含的视点美具体表现如下。

"教什么"的视点美主要体现在教学目标明确、教学内容丰富。一方面，艺术教学应该具有明确的教学目标，三维目标中的每一个具体教学目标都应体现出其所具备的审美价值。按照艺术新课标要求，围绕知识、能力、素质三要素确定课程教学目标，并在此基础上明确目标内容和教学要

---

[1] 赵伶俐. 视点结构教学技术原理——通用教学行为理论·诊断·评价·培训系统之一[M]. 上海：百家出版社，2002：39.

求，使教学过程更加有针对性。另一方面，艺术教学应该具有丰富的教学内容，根据学生的年龄特征和经验水平，整合审美要素进行教学内容设计，充分运用丰富的美学资源，为学生提供更好的学习条件和机会，使学生接触不同类型的艺术作品和表现形式，拓宽艺术视野，提升审美素养。

"怎么教"的视点美主要体现在教学方法的多样性、教学过程的互动性。一方面，艺术教学应该具有多样的教学方法，包括以语言传递信息为主的教学方法，如讲授法、谈话法、谈论法等；以直接审美感知为主的教学方法，如演示法、参观法、比较法等；以实践审美体验为主的教学方法，如情景法等；以陶冶审美情操为主的教学方法，如欣赏法等；以指导探究为主的教学方法，如观察法、发现法等。以学生兴趣为主线，利用多媒体技术，营造审美氛围，激发学生的学习兴趣和动力，引发学生思考，进而提高学生的学习效果。开展教育教学必须根据学生的实际情况来判定，因地制宜地寻求有效、高效的方法。另一方面，艺术教学应该是具有互动的教学过程。师生共同的体验、感悟、直觉，以及情感都深度渗透在教学之中并相互伴生，这种教学的和谐之美已悄然流淌在变化的教学情境中。前期，教师通过引入艺术赏析和基础理论，和学生一起体验美、感受美；中期，通过师生之间的交互，深化这种感受；后期，在教师指导下，成就学习者创造美的能力。

"教得怎样"的视点美主要体现在教学评价合理。美感即经验，艺术课程的教学评价聚焦于学生个体全面发展的价值观，围绕学生艺术学习的实践性、体验性、创造性等特点，实施教学发展性评价，保证评价系统的循环性，使学生能够再次吸收艺术知识，从而获得深层次的艺术学习体验，由此构成循环式的教学实践和发展性评价系统，体现出教学评价的层次美、育人美。

（三）艺术素养的表现美形态

《义务教育艺术课程标准（2022版）》指出，艺术表现是在艺术活中创造艺术形象、表达思想感情、展现艺术美感的实践能力。[1]学生的艺术表现能力和创意实践能力是其艺术审美表现美的形态表征，具体表现为以下六种能力。

一是敏锐的艺术感知力。艺术感知力是构建艺术审美心理的基础，敏锐的艺术感知力可以建构起高尚的审美心理，引导个体艺术审美心理的成长，包括对美的感觉能力、对美的认知能力、感觉和认知之间的转换能力。一个有艺术素养的人通常具有敏锐的艺术感知能力，能够对不同类型的艺术作品进行深入的感知和理解，体验到艺术作品所带来的审美愉悦和情感体验。

二是深刻的艺术欣赏力。艺术欣赏即艺术鉴赏，是长期艺术实践的结果，要求鉴赏者具有一定的艺术修养。一个有艺术素养的人通常具有较高的艺术欣赏能力，能够对不同类型的艺术作品进行深入欣赏和分析，理解艺术作品的主题、情感、形式等方面的内涵和价值。艺术欣赏力的培养与提高，离不开艺术基础知识和规律的掌握，离不开相应的生活经验与生活阅历，离不开欣赏优秀作品的大量艺术实践。

三是个性化的艺术表现力。艺术是自由的创造，是彰显个性化的人类创造活动，艺术教育就是要培养有创造个性的艺术人才。艺术表现力作为一种美的表现，是基于已有的审美认知、体验生成自我的想法并转化为艺术成果。一个有艺术素养的人通常具有较强的艺术表现能力，能够通过绘画、音乐、舞蹈、戏剧等方式表达自己独有的审美观点和情感，创作出具有个性和创意的艺术作品，以表现自我、彰显个性。

四是适切的艺术评价力。艺术评价能力的功能主要体现在两方面。于艺术作品而言，艺术评价可以对艺术作品作深入的分析和判断，指出其艺术特色，揭示审美意象，评价审美价值。于艺术家而言，艺术评价可以有效地进行信息反馈，帮助艺术家深刻地认识艺术规律和认识自己，进而使

---

[1] 中华人民共和国教育部. 义务教育课程标准（2022年版）[M]. 北京：北京师范大学出版社，2022.

艺术创作更加成熟。一个有艺术素养的人通常具有高的艺术评价能力，对不同类型的艺术作品进行深入的评价和分析，指出艺术作品的优点和不足之处，提出自己的见解和建议，实现对艺术作品的深层透视，并加以正确引导。

五是独特的艺术创新力。艺术的本质是创造，艺术的使命就是唤醒创造、创新的力量。每个人身上都有创造的种子，鼓励、激发和唤醒是艺术教育的首要任务之一。艺术活动是个性鲜明、创造性品质较高的活动，需要唤醒学生对美的再创造。一个有艺术素养的人通常具有较强的艺术创新能力，在艺术创作和欣赏过程中发现新的艺术元素和价值，提出新的艺术观点和创意，推动艺术创新和发展。

六是宽博的艺术传播力。艺术传播意指通过一定形式的传播方式或者传播媒介来推进艺术作品向其受众传播的过程。一个有艺术素养的人通常具有较强的艺术传播能力，能够通过口头、书面、网络等方式向他人介绍和推广艺术作品和艺术知识。如孩子们在学习小萝卜头相关的文学和影视作品时，能够较为流畅地感知到人物本身带给他们的力量，体会小萝卜头所代表的精神品质，在一定程度上能够锻炼学生的艺术欣赏能力。一旦需要孩子们表演和小萝卜头相关的作品时，就会发现孩子们在艺术技巧学习与表达方面没有问题，但是如何真切地表现人物的内心渴望、如何通过艺术表现力打动观众却有一些困难。为了进一步提升孩子们的艺术表现力和创新力，老师带领他们前往白公馆、渣滓洞，在真实情境中体会小萝卜头当时的处境，让他们更加深入地领会人物角色，以此来提高他们的艺术表现能力。鉴于对人物及其品质有了更为深刻的理解与感悟，孩子们很快就对角色有了自己的感知。他们创造性地加入自己的体会，借助自己的理解来对艺术进行再度加工，最后创作出《小花的梦》这一获全国金奖的作品。

第二节 学科课程美育渗透范式的建构逻辑

《义务教育课程方案（2022年版）》强调："要基于核心素养发展要求，遴选重要观念、主题内容和基础知识，设计课程内容，增强内容与育人目标的联系，优化内容组织形式。设立跨学科主题学习活动，加强学科间相互关联，带动课程综合化实施，强化实践性要求。"[1]学科课程被赋予更强的实践意义，要以具备真实意义的概念、问题和方法等来推进课程与学科的整合，帮助学生形成对个人和社会问题的整体性认识。《教育部关于全面实施学校美育浸润行动的通知》强调："加强美育与德育、智育、体育、劳动教育的融合，挖掘和运用各学科蕴含的品德美、社会美、科学美、健康美、勤劳美、自然美等丰富美育资源，分学科推动制定美育教学指引。"[2]整合作为课程改革和教育发展所倡导的重要价值追求，意指将不同的学科结构和知识内涵整合为一门学科，对于学生的综合素养培养具有重要意义。然而在实践中，由于课程整合的目标模糊，学校缺乏宏观的、整体的课程架构，以及合理的课时安排，导致课程实施的随意性较大，存在严重的活动化倾向，并未达到预期效果。[3]学科整合，并不是将部分学科进行简单相加或叠加，而要立足于知识本身和学生发展的规律，以某类知识为载体，寻求学科间、跨学科或者超学科等融合，帮助学生在面临真实问题情境的时候能够将习得的经验灵活地运用于解决问题的过程中。

学科课程美育渗透范式是指以学科课程作为美育的辅助性手段和方式，将美育渗透到各个学科的教学中，学生学习知识的同时获得审美体验和感悟。学科具有美的本体性的意蕴，是理性美和感性美有机融合的课程。以学科课程与美育的整合作为学科整合美育研究的一种辅助性手段和方

---

[1] 中华人民共和国教育部. 义务教育课程标准（2022年版）[M]. 北京：北京师范大学出版社，2022.
[2] 教育部办公厅关于开展体育美育浸润行动计划的通知[J]. 中华人民共和国教育部公报，2019（6）：34-43.
[3] 高嵩. 学校课程整合的现实困境与改进路径[J]. 当代教育科学，2016（13）：20-24.

式，挖掘学科的内在美、学科教学中的渗透美、学科实践中的体验美、发展评价中的凸显美，在学科课程中充分渗透美育元素，并以此为建构思路，最终形成学科美育渗透范式的基本形态，包括学科知识的美学表现形态、学科教学结构的视点美形态、素养的表现美形态（见图3-2）。

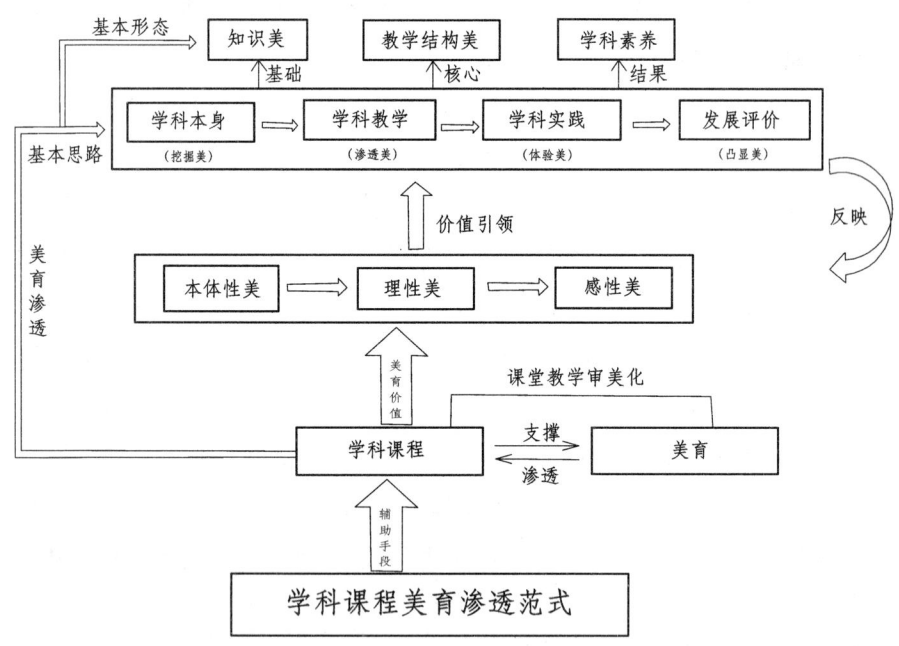

图 3-2　学科课程美育渗透范式

一、学科课程的美育价值表征

美育实施的基本途径是学科教育，学科美育课程能够打破学科界限，是以学生直接经验为核心的课程体系。因此，学科课程不应仅是知识技能维度的学科素养框架体系，而应赋予学习者真切的审美体验和价值熏陶。学科课程美育渗透是指以学科核心素养为导向，以学科基础知识、基本技能为主要载体，以学科课程作为美育的辅助性手段和方式，将美育渗透到各个学科的教学中，将学科的学和教置于学生真切的审美活动、生命活动中，使学生在学习知识的同时获得审美体验和感悟。通过学科间高度关联、相互交融，渗透语言美、逻辑美、简洁美、文化美等美育因素，以课堂教学为主要途径，构建教学评一体化课程，达到学科课程美育渗透的目标。

美育的独特价值在于推进学生的全面健康发展。在个体层面上，它使人在德育、智育、体育的结合中成为全面发展的人，而且还使美感贯穿到情感、认识、道德和创造活动当中，达到以美冶情、以美启真、以美储善、以美塑形和以美促劳的效果。①在社会层面上，美育能够有效促进人与人间的关系更加和谐。在文化层面上，以审美和人文素养为核心的审美文化能有效地推进人的其他文化与审美文化的综合化发展。学校课程建设应包括学校文化、办学理念、育人目标及内部诸要素的和合统一。②打破学科知识壁垒，实现学科整合、知识融合，整合程度进一步加强，这是当下我国课程实践正在探索的方向。③

（一）学科课程的美学属性

蔡元培先生说："凡是学校所有的课程，都没有与美育无关的。"④学科的美学属性是指美学作为人文学科的一部分，研究审美对象。美学作为哲学分支学科之一，其研究对象是人和世界之间的审美关系、体现审美关系的审美现象和审美活动。学科的美学属性以美学揭示的一般规律作为基础，进一步揭示学科发展的特殊规律。

学科具有"亲""美""善"本体性意蕴，这源于学科本体的知识美、学科课程的生长美、学科教学的过程美。⑤首先，学科是由其本体性知识、技能、情感态度构成的，都具有特殊的美学价值，如数学学科的简洁、语

---

① 张良，易伶俐. 核心价值观如何进课程——联合国教科文组织的嵌入式设计模式及其意蕴[J]. 比较教育研究，2021，43（11）：7.
② 李红恩. 和合思想下的学校课程建设[J]. 教育研究，2018（11）：50-55.
③ 肖驰，等. 泾渭分明的课程壁垒逐渐淡化[J]. 全球教育展望，2018（3）：31-43.
④ 徐杨. 审美化教学四维度[J]. 思想政治课教学，2021（9）：46-47.
⑤ 李玉文. 论美的学科素养及实践价值[J]. 教育科学研究，2022（6）：19-24.

文学科的丰盈、政治学科的正直等。学科知识的生产和传承映射出人类的智慧美和力量美，学科增强了学习个体作为人的真实的主体性力量，使得学习者获得完整的知识美的认识和体验。其次，学科课程具有独特的生长价值。"某种意义上说，人是在不断地与自身打交道而不是在应付事物本身。"①学科课程的生长美在于帮助学习者构建起更为完满的自我认识，从而成为一个具有美的意义的人。最后，学科教学的过程其实是帮助学生自我解放的过程，实现个体和学科的真实融合。有生机的、有审美体验的教学过程可以促使学习者变成一个有生命力、立体化、多层次的人。

（二）学科课程的理性美价值

从理性价值的角度出发，学科课程着重将理性美价值注入学生的思维中，注重培养学生的理性精神。一个成熟的、健全的学科是以一系列具有专业性、系统性的概念、范畴、命题揭示客观对象的本质和规律，构成学术体系和话语体系的统一体。学科教育以完整的知识体系通过传授各种知识，培养学生的理性思维能力，使学生具备独立思考、逻辑推理、分析判断等能力，能够理性地看待问题和解决问题。具体而言，学科课程的理性价值美主要是指在课程目标、课程内容、课程实施、课程评价方面存在理性逻辑。这些理性价值美能够帮助学生更好地理解和掌握学科知识，培养学生的创新精神和实践能力，培养学生的思维方式和解决问题的能力，提高学生的综合素质和能力水平。

第一，学科课程目标的内在理性。学科课程目标作为教学的出发点和落脚点，是一切教育现象、教育过程得以形成的最高基准点。②一门好的学科课程应该具有清晰、严谨、连贯、多层次的目标，能够使学生逐步掌

---

① 恩斯特·卡西尔. 人论[M]. 甘阳，译. 上海：上海译文出版社，2004：36.
② 佐藤正夫. 教学原理[M]. 钟启全，译. 北京：教育科学出版社，2001.

握学科的核心概念、原理和方法，根据目标导向形成完整的学科思维方式和解决问题的能力。在设计时注重从多维度的理性美角度出发，构建学科课程的逻辑体系，使学生形成理性美价值。

第二，学科课程内容的内在理性。学科课程内容是由规范化的间接经验和直接经验构成的，遵循学科领域知识体系逻辑、学生身心发展逻辑、认知逻辑进行科学编排，保证所教授的知识与技能的完整性、连续性、严密性，其内部具有一定的逻辑理性。由易到难、由简至繁、由上至下、由整体到部分、由宏观到微观、由抽象到具象；即逐步深化提高，使学生能够系统地掌握基础知识、技能等。

第三，学科课程实施的内在理性。学科课程教学实施过程并不是盲目地进行的，而是遵循一定的教学原则，循序渐进地开展课堂教学。教学方法应该根据学生的实际情况和学科特点，根据实际的教学情景进行选择。采用恰当的教学方法和手段，引导学生主动探究、发现问题、解决问题，培养学生的创新精神和实践能力。在此基础上，为学生提供一系列认知工具和方法，帮助学生认识世界、理解世界，提高学生的认知水平和认知能力。

第四，学科课程评价的内在理性。构建起系统的、成熟的学科课程评价体系、机制是其内在理性的表现。教师在对学生进行课堂评价时，需要从多个角度出发，确保对学生评价的全面性。如在对学生问题回答情况进行评价时，可以从学生回答的全面性以及准确性两方面进行评价，还可以细分评价内容，通过细致评价确保评价内容的准确性。对学生进行评价前，可以对学生的回答情况进行反馈。此外，教师需要进行总结性评价，通过多主体评价的方式，确保学生对自己的回答情况有客观的了解（见表3-1）。

表 3-1　学科课程理性美价值量表

学科课程理性美价值量表			
评价指标	教师维度	学生维度	实施效果
明晰目标			
知识明确			
方法得当			
评价有方			

（三）学科课程的感性美价值

学科课程是理性美和感性美有机融合的课程，在学生的感性美价值提升方面同样发挥重要的促进作用。学科课程是人为建构的，凡是涉及美的问题，都带有主观情感和个人经验。感性中所涵纳的理性，更是个体个性中所涵纳的社会性。[①]《教育——财富蕴藏其中》明确指出：价值观不能当作狭义的教学内容，如果想把确定的、不易被人接受的价值观强加于人，这种想法最终会使它们遭到否定，因为只有被个人自由选择的价值观才具有实际意义。[②]学科课程要立足于易于学生理解的实际价值追求，去激发学生情感共鸣，增强学生对社会和人性的理解。学科课程的感性价值美主要体现在培养审美意识、提供感官体验、培养创造力和想象力三方面。

一是学科课程培养学生的审美意识。一些文学类学科通过教授学生欣赏和分析艺术作品，培养学生的审美意识和审美能力。如《义务教育英语课程标准（2022 年版）》明确提出了关于审美素养的要求，即学生能欣赏、鉴别美好事物，形成健康的审美情趣。

二是学科课程提供审美感官体验。一些自然科学类学科通过实验和观察等方式，让学生亲身感受自然世界的奥秘和美妙，产生感官上的愉悦和

---

① 李泽厚. 美的历程[J]. 教育科学论坛，2016（8）：18.
② 联合国教科文组织. 教育——财富蕴藏其中[M]. 联合国教科文组织总部中文科，译. 北京：教育科学出版社，2001：38，45.

体验。学科课程能增强情感体验、产生情感共鸣。例如，低年级的学生对很多事物都充满了好奇和探索欲，总是想借助感官的观察来探究世界，在观察活动中解决一个又一个他们感到好奇的小问题。通过感官体验，培养低年级学生良好的观察能力和观察品质。

三是学科课程培养学生的审美创造力和想象力。很多学科学习都需要发挥学生的想象力和创造力。数学是一门充满自由和创造力的学科，想象是数学创造性思维的基本要素，想象力对于数学研究和发现至关重要。此外，语文中的阅读学习、写作表达都是学生想象力和创造力发展的途径，需要学生激发创造的灵感和创意。对此，教师应充分挖掘学科特点，唤醒学生的创新意识。

二、学科课程渗透美育的基本思路

学科课程渗透美育的目标之一是培养学生的审美意识和审美能力，让学生具备发现美、欣赏美、创造美的能力。不同学科课程中蕴含丰富的美育元素，教师需要深入挖掘这些美育元素，挖掘学科的内在美、学科教学中的渗透美、学科实践中的体验美、发展评价中的凸显美，将其融入教学全过程，让学生在掌握知识的同时，受到美的熏陶。美育不仅让学生欣赏美，还让学生主动参与审美体验。教师根据学生的实际情况和学科特点，采用恰当的教学方法和手段，引导学生主动探究、发现问题、解决问题，通过亲身实践感受美的魅力。

（一）挖掘学科的内在美

充分挖掘和运用各学科课程中蕴含的"美育因子"，寓审美教育于知识传授之中，注入文化之美，发掘学科本质、学科结构、学科内容中所蕴藏的丰富美育资源，激发学生的学习兴趣，培养学生感悟美的能力。

一是探究学科的本质美。每门学科都有其独特的本质和研究对象，通过深入探究学科的本质，揭示出学科的内在逻辑和美学价值。例如，数学的内在美体现在其严谨的逻辑和简洁的表达方式上,语文的内在美体现在其深邃的思想和生动的语言上。

二是挖掘学科的结构美。每门学科都有其独特的内在结构,通过深入了解学科的内在结构,发现学科的内在美学价值。如语文的内在结构体现在其听说读写等螺旋式上升等方面,通过深入挖掘这些方面,可以让学生更好地感受到语言文字的魅力,揭示出学科的内在美学价值。此外,还应引导学生主动参与学科探究。学生通过主动参与学科探究,可以发现学科的内在美学价值。

三是挖掘学科的内容美。在学科教学中要立足于学科特点,挖掘学科内容本身的美育因素,有意、有度、有序、有效地进行学科美育渗透。如西师版一年级教学《1 的认识》,呈现苹果、汽车、人、树。教师询问:几幅图有什么共同的地方?他们的数量都是 1,这个数 1 还能表示什么?学生说出了很多:1 只香蕉,1 支笔,1 栋房子,1 个国家。通过这一过程,学生能够真切感受到数学内容的抽象之美。

(二)学科教学中的渗透美

要落实学科教学中渗透美的教学思想,塑造教学过程之美,要在整体把握课程目标的基础之上,逐层将美渗透其中,制订清晰、有效、合乎教学逻辑的教学计划,使学生达到预期学习效果。具体而言,可从审美元素渗透、学生审美体验获得、审美意识和审美能力养成等方面入手。

一是审美元素渗透。不同学科课程中蕴含着丰富的美育元素,如文学中的语言美、形象美、意境美,数学中的对称美、简洁美、和谐美等。教师需要深入挖掘这些美育元素,将其融入学科教学中,充分调动学生感知、情感、想象、理解等心理机能,使学生主动欣赏美、表现美、创造美。

二是学生审美体验获得。美育不仅要让学生欣赏美,还要让学生主动参与审美体验,通过亲身实践感受美的魅力,在掌握知识的同时,受到美的熏陶,获得审美体验。创设相应的审美场景,营造美学氛围,帮助学生获得整体式的、沉浸式的审美体验。

三是审美意识和审美能力培养。无论是教学目标、教学内容，还是教学方式、教学评价上，都应融入美育思想，紧紧围绕学生的审美意识、审美能力培养实现学科教学渗透美。如在数学教学中可以引导学生通过实际操作感受几何图形的对称美；在语文教学中，可以引导学生通过朗读、表演等方式感受文学作品的情感美。学科课程渗透美育的目标之一是培养学生的审美意识和审美能力，让学生具备发现美、欣赏美、创造美的能力。

（三）学科实践中的体验美

学科实践是实现新时代课程育人的主要方式和途径，具有生命意蕴。新课程标准提出了"深化教学改革，强化学科实践"的要求，这意味着学科实践需要充分重视实践活动与学生审美素养、生命成长之间的深度关联，发挥其学科育人的价值。学科实践的完整价值在于以学生生命成长为基本取向，通过蕴含审美体验和生命特质的实践活动，促进学生的和谐发展，全面实现学生核心素养的发展目标。①

从美育的角度去审视"双减"背景下的学科实践，学校的实践活动更加丰富，学生审美素养提升的空间更足，社会交往的机会更多，这无疑为加强学生的审美体验创设了优良的生态环境。审美教育应重在熏陶与化育，在学科课程的影响下，在教师的引导下，在学生的分享中，帮助学生以"审美"的维度看世界，善于发现活动、作业、比赛中美的元素，体验各科课程的内涵美，使其感官、心灵、精神得到美的体验与陶冶。在这个过程中，教师应着重培养学生自我学习的探索美、积极参与并自主分享的快乐美以及自己设计活动的创造美。

（四）发展评价中的凸显美

指向核心素养发展的学科课程评价具有综合性和复杂性，且蕴含美的

---

① 辛继湘. 学科实践的生命意蕴及其实现[J]. 中国教育学刊，2024（1）：43-47.

元素。对学生评价的过程亦是发现学生发展美的过程，学科教学的发展评价应聚焦学生学科美学素养和综合素养的发展。学科美育教学评价应在评价目标、评价方式、评价主体、评价过程、评价结果等方面凸显对"美"的追求，促使学科教学评价凸显美育功能，突出美育的本质属性，真正实现以评促发展。

一是评价目标的审美化。在学科教学中，评价指标应趋于审美化，聚焦学生在知识、能力、情感、态度、审美等方面的发展。不仅关注学生的学科知识掌握情况，还要关注学生各学科审美元素的理解和把握、审美表达的运用，更全面地评价学生的综合素养发展状况，以目标的审美化促进学生的全面发展。

二是评价方式的多样化。在学科教学中，开展过程性评价、体验性评价、表现性评价、应用性评价，更全面地了解学生的学科知识学习情况、能力水平以及在学习过程中发现美、感受美、表现美、鉴赏美、创造美的能力。采取个性化确定评价方式和手段，如书面测试、口头表达、实践操作、作品展示等方式，强化审美素养和创新意识评价，体现学生的多样发展之美。

三是评价主体的多元化。在学科教学中，评价主体坚持自评、互评、教师评价相结合，并基于教学过程的变化随时加以改进、完善和优化，实现对学生可持续发展的评价。通过多元化的评价主体，如学科教师、美育教师、美育专家等共同参与，多角度、多方位地了解学生的学科素养和审美素养发展情况，以多元主体促进学生审美能力的提高。

四是评价过程的导向化。在学科教学中，评价过程同样应该呈现出导向化特征，不仅要关注学生学科知识、技能的学习结果，还要持续关注学生对各学科特有的美的理解、美感经验的获得、审美素养的养成。引导学生明白学习目标、理解学习过程、掌握学习方法等。通过导向化评价过程，持续正向引领，并了解、掌握学生的学习情况和能力水平，帮助学生自我诊断并制定下一步目标。

五是评价结果的反馈化。在学科教学中,教学评价是一个双向的反馈过程,应充分发挥反馈对学生的正向指引作用。科学的学科评价反馈机制会激发学生的发展潜能,帮助学生对自己的审美水平有更为清晰的认识,进而科学预判下一步学习方向和学习成效,有利于调动学生的积极性、主动性、创新性,从而激发其创造力,使其审美力不断迸发,在反馈应答过程中逐步提高学生的审美素养。

三、学科课程渗透美育范式的基本形态

以学科知识的美学表现形态为前提、学科教学结构的视点美形态为关键过程、学科素养的表现美形态为结果,构成学科课程渗透美育范式的基本形态。

(一)学科知识的美学表现形态

学科知识的美学表现形态是指学科知识通过美学领域的表现形式和特点呈现出来的推进学科知识落实的范式。例如,在语文领域中,倾听、阅读、朗读、书面或口语表达等学科知识的表现形态,往往是通过学生的语言文字运用水平来展现的。同时,这些表现可以通过不同的主题、情感和形式,呈现出独特的学科美学特点。学科知识的美学表现形态是多样的,取决于学科特性和研究对象的不同。以素养为取向的学科课程聚焦人的成长,其教学目标要始终坚持整体性和融合性原则。在研究和欣赏不同学科的知识时,我们应该注重发掘其独特的美学特点,以更全面地理解其价值和意义。学科知识的美学表现形式主要体现在简洁美、和谐美和创新美三方面。

一是简洁美。一些学科的知识体系在表达上具有简洁美,如数学中的公式、物理中的定理等,它们用简单的符号和语言表达了复杂的现象和规律,体现了简洁美的特点。一些学科的知识体系在结构上具有对称美,它们在对称性方面展现了美的特点。

学科整合的美育范式和创新实践

二是和谐美。一些学科的知识体系在整体上具有和谐美,在和谐性方面展现了美的特点,因而在开展学科教学时要有倾向性地培养学生感知、发现并践行和谐之美。

三是创新美。一些学科的知识体系在创新上具有美的特点,如科技创新、艺术创作、文学等,它们在创新性方面展现了美的特点。

（二）学科教学结构的视点美形态

审美化的教学结构是课堂教学的艺术追求,对构建审美化的学科教学具有重大意义。学科教学结构视点美是指将教学结构各要素与审美特质完美组合,结合学科知识,达到教育全面发展的人的目的。这要求不仅关注学科知识的传授,而且注重培养学生的审美意识、创新能力和人文素养,以实现全面发展为教学目标。学科教学结构视点美形态可以从教学目标美、教学内容美、教学过程美、教学评价美和教学环境美等方面入手,让学生在学习学科知识的同时受到美的熏陶。

一是教学目标美。教学目标是学科教学的核心,具有明确性、可行性和可评估性。学科课程在教学目标的设计中,应该充分考虑学生的实际情况和学科特点,制定出符合学生认知规律和能力水平的目标,让学生在实现目标的过程中受到美的熏陶。

二是教学内容美。教学内容是学科教学的基础,具有科学性、系统性和针对性。在教学内容的选择和组织中,应该充分考虑学生的认知特点和学习规律,选择具有代表性和典型性的内容,让学生在学习知识的过程中受到美的熏陶。

三是教学过程美。教学过程是学科教学的关键,具有互动性、探究性和创新性,包括教学形式美、教学方式美、教学风格美、教学情感美等。在教学过程的设计和实施中,应该充分考虑学生的实际情况和学科特点,采用恰当的教学方法和手段,引导学生主动参与、探究发现、创新创造,让学生在探究学习的过程中受到美的熏陶。

四是教学评价美。教学评价是学科教学的保障，具有科学性、客观性和激励性。在教学评价的设计和实施中，应该充分考虑学生的实际情况和学科特点，采用多样化的评价方式和手段，对学生的学习情况和能力水平进行全面评价，让学生在评价的过程中受到美的熏陶。

五是教学环境美。教学环境是学科教学的支撑，具有舒适性、美观性和安全性。在教学环境的设计和营造中，应该充分考虑学生的实际情况和学科特点，营造出适合学科特点的教学环境，让学生在愉悦的氛围中学习知识、受到美的熏陶。

（三）学科素养的表现美形态

学科素养的表现美，是指学生在学习系统的知识、技能、审美后，将其转化为其自身的学科素养。主要体现在学生扎实的学科基础知识、熟练的学科方法和技能、优秀的学科思维和能力、积极的学科价值观和态度以及良好的学习习惯等方面。从能力层面看，包括自主学习能力、沟通能力、创新能力、团队合作精神、批判性思维、公民意识以及社会责任感等内容。这些表现美的内容都是学生审美体验、综合素质、能力水平提升后的结果。

具体而言，扎实的学科基本概念和知识，表现为学生能够正确理解和运用学科的概念和知识；熟练的学科方法和技能，表现为学生能够灵活运用学科的方法和技能，解决学科相关问题；优秀的学科思维和能力，表现为学生能够运用学科的思维和能力，创新性地解决学科相关问题；积极的学科价值观和态度，表现为能够积极主动地学习和探索学科知识；良好的学习习惯和自主学习能力，表现为能够独立思考、自主学习、自我评估和调整学习策略；团队合作精神和沟通能力，表现为学生能够与他人合作、交流和分享学科知识、方法和经验；批判性思维和创新能力，表现为能够对学科知识和方法进行批判性思考和分析，提出新的观点、思路和方法；社会责任感和公民意识，表现为能够将所学知识应用于社会实践和公益事业，为社会的发展和进步作贡献。

第三节 综合课程美育效应范式的建构逻辑

综合课程美育效应范式是将综合课程视为美育实施的转化渠道和策略，通过课程综合实践活动以及课程化的实践活动提升学生在真实情境中创造性解决问题的素养。本部分所指的综合课程是有层次的，以美为核心主线，以学生审美和人文素养为核心逻辑构建起来的综合课程。这类综合既不是学科内的，也不是跨学科的，而是指向更大类的课程综合。学科内的综合更多指向渗透性的问题，跨学科的综合指向联系性的问题，而以学生审美和人文素养发展为核心的综合课程建构逻辑指向的是系统性的问题，最终形成以学科问题解决、以生活问题解决、以社会问题解决为主线的课程综合。此类综合课程各成体系，同时在层次上又循序递进，将知识、经验、技能、美的特征综合起来，实现体验美、转化美、创造美。

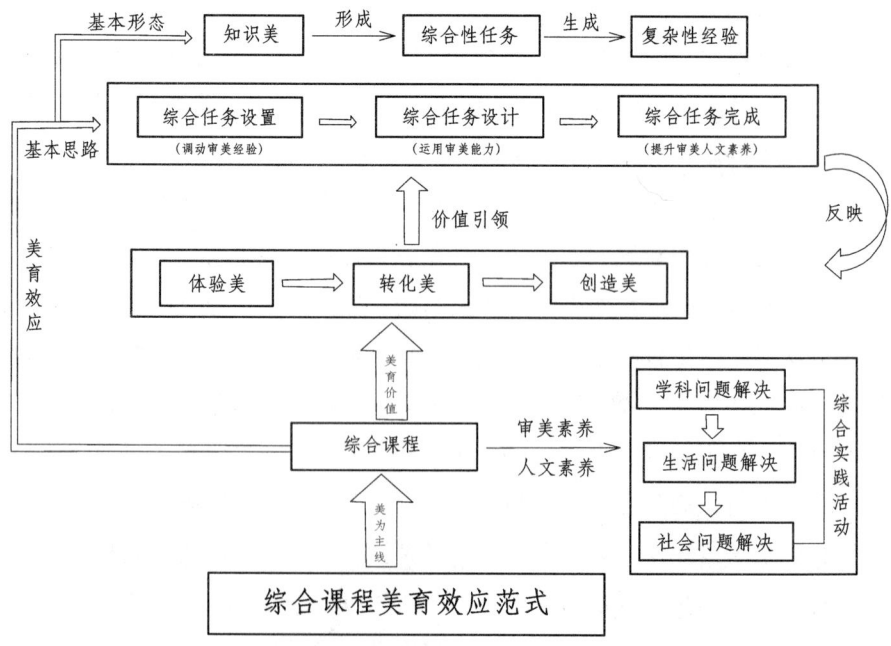

图 3-3 综合课程美育效应范式

如图 3-3 所示，在此基础上倡导的综合课程美育效应范式，应根据区域特色、学校特色、历史传统、时事热点等因地制宜，在综合任务中调动已有审美经验、运用审美能力，最终完成审美素养的提升。充分把握综合课程中知识、任务、经验之间的关联，深刻认识到综合性知识、综合性任务、复杂性经验的美学表现形态，与时俱进地开展综合实践和主题活动课程，让学生们在社会活动中、在自然的生活世界中完善健全人格。

一、综合课程的美育价值表征

综合课程在融合性、自主性和实践性上与美育课程具有高度契合性，课程是以社会主题中心或者以学科概念为中心组织的。[1]作为"立德树人"的重要途径，综合课程以"体验"和"获得体验"为实践追求。为实现这一目标，在实施过程中不拘泥于特定学科形式，以活动为载体，以学生特有经验为起点，多采用生生互动和师生互动的形式进行合作与分享，激发学生的参与热情和兴趣，丰富学生的情感体验。

综合课程主要包括三种类型。其一为学科知识的认知审美素养培养，即以学科问题解决为主线的课程综合。这类综合课程从道德与法治、语文、数学、体育等学科中衍生出来，将学科知识与实践相结合，联通全学科的知识，帮助学生形成系统的知识观。它不仅涉及学生对学科知识的学习和理解，还要求学生能够将所学知识应用于实际情境中，并能够解决实际学科的问题。以学科问题解决为主线的综合课程可以是课堂内的实践活动，也可以是课外的实践项目，这能够帮助学生将抽象的学科知识转化为实际应用能力，提高学生的学习兴趣和主动性，有效地提高学生的实践能力和操作技巧，培养学生的团队合作精神和创新能力。例如，《数学课程标准（2022 年版）》中数学综合与实践主要包括主题活动和项目学习，将数学知识融入主题活动中，或将数学知识与其他学科知识应用于主题活动中，

---

[1] 有宝华. 综合课程论[M]. 上海：上海教育出版社，2002：113-114.

使学生充分感受知识间关联的美。

其二为主题目标或生活问题解决的系统审美素养培养，即以生活问题解决为主线的课程综合。学生总要走向社会、适应社会，其态度、情感价值观等的培养至关重要。综合实践活动课程是一门以素养培育为导向的实践性课程，具有独特的育人价值。《中小学综合实践活动课程指导纲要》明确指出综合实践活动课程是从学生的真实生活和发展需要出发，从生活情境中发现问题，转化为活动主题，通过探究、服务、制作、体验等方式，培养学生综合素质的跨学科实践性课程。①综合实践活动课程指向学生的"生活世界"，面向学生完整的个体生活和真实的社会生活，强调做中学，重视对学生活动经验的培养，意在让学生在课程中获得丰富的实践性经验，帮助学生从经验中建立关于自我、社会、自然的整体认识，并在学习与生活之间建立逐步深化的有机联系。②鉴于此，以生活为主线的课程综合需要建立起知识世界和生活世界的联系，打造"家—校—社—自然"相融通的育人空间，将教育空间延展至社区、家庭与自然，为学生提供无限开放的学习资源与学习场域，促进学生与自然、与社会、与他人进行自由而深入的对话与交互。③课程应注重立足于"生活逻辑"与"实践经验"，以学校实践活动为载体，将实践活动规范化、课程化，在活动过程中让学生动手动脑，发现问题、分析问题，解决问题，培养学生的创新精神和创造意识。

其三为人文或审美素养运用能力的培养，即以社会问题解决为主线的课程综合。综合课程的"综合性"应是中小学综合实践活动课程建设与实施的核心价值旨归，这并非简单等同于学科综合性学习，而是指向学生的

---

① 中小学综合实践活动课程指导纲要[EB/OL]. http://www.moe.gov.cn/srcsite/A26/s8001/201710/t20171017_316616.html.
② 田良臣, 巩言. 基于大概念的综合实践活动课程设计[J]. 当代教育科学, 2022（1）: 23-29.
③ 罗全金, 郭窈君, 张雪. 中小学综合课程的融通式构建与实践进路[J]. 现代远程教育研究, 2024, 36（1）: 46-53.

综合全面发展。①"社会参与"已成为学生发展的核心素养之一，可视为重塑学生审美经验、培养审美能力的重要途径，重在强调能处理好自我与社会的关系，增强社会责任感，成长为有理想、有信念、有担当的人。以社会问题解决为主线的综合课程立足于学生的经验，将社会问题列为核心任务，通过主体化的形式来整合课程资源，在实践中培养学生解决问题的能力。随着学生不断地面临更为深刻的问题，其在真实情境中解决问题的能力也不断提升。因此，在实施过程当中，应打破学科知识学习的逻辑体系，通过学生的自主探究和合作交流等方式，引导学生在真实情境中去模拟解决学科问题、生活问题和社会问题，加强学生与生活、社会的联系。

综上，组织良好、层次分明的综合课程通过各种类型的活动，能够给学生提供丰富的、全方位的体验，使学生在真实情境中获得直接经验，在学以致用中提高解决问题的能力。②综合课程要体现美，就要充分发掘综合课程本身的美学属性，综合课程体验美、转化美、创造美的表征，明确综合课程美育的价值表征。

（一）综合课程的美学属性

综合课程倡导将相关学科整合成一门更具备广泛性和融合性的课程，主要包括相关课程、融合课程、广域课程和核心课程四种类型，这些不同类型的综合课程在美学属性上具有各自的特色。

第一。相关课程。该类课程寻求在原学科的基础上实现两个或多个学科之间共同点的有机融合，美国的艾伦·普雷克在《如何进行跨学科整合》中提出跨学科由"跨"和"学科"两部分组成，前缀跨是"之中、之内、之间"或"源自两个或多个"的意思，学科是"属于特定研究领域或与之

---

① 黄仕友，商润泽，靳玉乐.综合实践活动课程的制度构建与路径选择[J].西南大学学报：社会科学版，2023，49（2）：185-191.
② 张丰.综合实践活动的课程价值与新时代发展[J].上海教育科研，2022（7）：1.

相关领域"①，使这些学科的教学依照逻辑顺利开展。把两门及两门以上的学科进行整合，改变过去学科知识之间孤立的存在状态，基于关联性的知识，以整合的方式将其整合为综合性的课程形态。②此类课程的美学属性体现为其协调和平衡各学科之间的关系，以及在保持学科独特性的同时寻求共同点。如馆校课程融合学生的不同学科的特性，结合学生的年龄特点，在实践中培养孩子的求知欲和探索欲。

第二，融合课程。该类课程是指将部分科目整合在范围较广的新科目中，并侧重性地选择有意义的问题组织学生进行学习。这种课程类型的美学属性表现为统合不同学科的元素，使之产生一种新的、更广泛的学习领域，同时选择有意义的论题或问题进行实践，让学生在学习中感受学科之间的内在联系和逻辑美感。如诗词大会在实践中统筹了传统文化、诗韵之美、舞美、逻辑思维等，让学生在活动中能更加广泛地感受学科整合的独特魅力。

第三，广域课程。该类课程是指将数门相邻学科的教学内容进行有机融合而形成的综合性课程。课程整合不是将两门及两门以上的学科课程纳入综合课程，而是对自然、社会以及人的再认识和再思考。③这种类型课程的美学属性在于其广阔的视野和深度，能够让学生在学习中感受到不同学科之间的相互影响和交融，并在更广泛的领域中理解和应用知识。

第四，核心课程。该类课程围绕具备典型代表性的社会问题来组织教学。核心课程的美学属性在于其针对性和现实性，能够让学生在学习的过程中理解和解决社会问题，感受到知识与社会的紧密联系。例如，美术作品义卖实践等主题活动课程，就是让学生立足实际社会问题，尽自己的力量为当前亟待解决的问题做一些贡献。

---

① 艾伦雷普克（Allen F. Repko）.如何跨学科研究[M].傅存良，译.北京：北京师范大学出版社，2016：8.
② 庞红卫.香港"课程统整计划"及其启示[J].上海教育科研，2001（7）：24-27.
③ 上海师大教科所，等.课程综合化研究述评[J].上海教育，1996（9）：35.

（二）综合课程的体验美

综合课程以回归生活世界为前提，通过引导学生关注生活中的问题和现象，综合运用所学知识在实践中解决问题，培养学生的生活意识和生活能力。综合课程的实施过程聚焦于提升学生解决问题的能力。

一是在综合课程体验美中培养学生的理性思维。综合课程通过引导学生学习和思考不同学科的知识和理论，让学生更好地认识和把握世界的本质和规律，培养学生的理性思维和逻辑思维能力。

二是在综合课程体验美中提高学生的科学素养。综合课程涉及自然科学和社会科学领域，通过引导学生学习和了解科学知识和科学方法，让学生更好地认识和把握科学的本质和价值，提高学生的科学素养和综合素质。

三是在综合课程体验美中拓宽学生的文化视野。综合课程涉及不同地域、不同民族的文化传统和文化特色，通过引导学生学习和了解不同文化之间的交流，让学生更好地认识和把握文化的多样性和复杂性，拓宽学生的文化视野和跨文化交流能力。

四是在综合课程体验美中培养学生的创新能力。综合课程通过引导学生尝试不同的学习方式和方法，激发学生的想象力和创造力，让学生更好地发现和解决问题，培养学生的创新意识和创新能力。

五是在综合课程体验美中提高学生的综合素质。综合课程涵盖了多个学科领域，通过学科的交叉融合和实践活动，让学生更好地了解和认识世界，提升学生的综合素质和能力水平，提高学生的社会适应性和竞争力。

以重庆出版社出版的四年级上册《综合实践活动》的《桥梁》为例，本课围绕"推开世界之窗——重庆的桥梁"这一主题，综合语文、数学、音乐、美术、综合实践等学科，开展了一次有趣的项目式学习，从而体会"桥都"的魅力，推动学生综合素养的提升。课程实施目标为：加深学生对重庆桥梁的了解和认识；综合性地运用多学科知识，推介家乡风情，增强学生爱家乡的情感；在实践中培养学生的交流展示能力，用自己喜欢的

学科整合的美育范式和创新实践

方式推介家乡之美。

活动一：组织学生进行有关桥的项目式学习成果汇报展示，共同探寻"桥"的前世与今生。

活动二：在美术老师的指导下进行绘画，在班级展示中呈现我心中的"桥"，为进一步推荐做好准备。

活动三：引导学生挖掘自己所绘画的那座桥背后的故事。

活动四：学生在科学老师和数学老师的帮助下打造出一座座形态各异的桥。

活动五：学生带上自己的作品，在语文老师的帮助下，带上自己的绘画作品、桥的故事以及桥的模型，在班级推介心中最美的桥梁。

以层层递进的跨学科综合实践活动丰富学生的课余生活，扩宽学生的视野，提升学生体验美、转化美、创造美的能力，增强孩子们对家乡的热爱之情。

（三）综合课程的转化美

综合课程往往涉及多个学科领域的交叉融合，这种跨学科的学习方式可以让学生感受不同学科之间的内在联系和逻辑美感，培养其跨学科的思维能力和创新精神。学生在感受或习得这种思维以后，能有效地将这种思考和解决问题的能力转化为自身在面对复杂情境时解决问题的方式，这种知识整合的过程可以让学生感受到知识的整体性和系统性，从而转化为其在实践中综合思考和解决问题的能力。此外，学生可以在探索和解决问题的过程中感受到学习的乐趣和成就感，从而培养其主动学习和终身学习的习惯。

一是在综合课程转化美中激发学生的情感体验。综合课程通过引导学生参与实践活动，让学生更好地了解和认识所学知识的应用价值，激发学生的情感体验和情感表达，培养学生的情感意识和情感管理能力。综合课程涉及社会问题和社会现象，通过引导学生关注社会问题，让孩子能更深刻地认识社会并学会把握自我与社会的关系,培养公民意识和社会责任感。

二是在综合课程转化美中培养学生解决问题的综合思维。正如苏霍姆林斯基在《给教师的一百条建议》中所言:"在你科学常识的大海里,教给学生却也不过是教科书里的那一点而已。"①教师对学生的指导不应该拘泥于某些领域,而应该把学生放置于更广阔的天空。综合课程就很好地弥补了这一问题,通过多种形式的实践活动,引导学生感知和体验生活中的现象和问题,让学生在直面问题情境时更好地感受和体验,提高学生的审美能力和艺术素养,调动自身的综合思维和直觉能力去解决问题,提高学生的审美素养。

例如,学校每年开展的诗词大会以中华优秀诗词为载体,秉承让孩子读好诗、乐传承的准则,引导孩子们学习中国文化,传播中国声音。作为一门综合课程,诗词大会旨在让学生在提升诗词运用能力的基础上还能游刃有余地欣赏和传播中华优秀文化。2023年的诗词大会就以"书香学灯耀红岩 共诗共美共远方"为主题,邀请马来西亚以及国内多所小学共同参与活动。此项活动除了要加强学生对诗词文化的喜爱之外,还注重为学生营造国际交流环境,让学生从小明白,我们要做好优秀中国文化的小小传播者,向世界讲好中国故事、传播中国声音。活动前,学生自主读《苏东坡的下午茶》了解苏轼生平,背诵《苏轼诗词精选》,感受诗词的独特魅力。通过前期班级、年级、校级的诗词比拼,层层严格筛选,产生本届诗词大会的12支参赛队伍的所有选手。诗词大会不仅展示了学校诗词文化传承与课堂教学改革的丰硕成果,也激发了师生的诗意梦想,凝聚天下家国的审美情怀,构筑了基础教育优质均衡发展的磅礴力量。

三是在综合课程转化美中提高学生的生活品质。综合课程通过引导学生关注生活中的问题和现象,让学生更好地了解和认识自己与世界的关系,能够在面对复杂、多样情景时合理调度自己解决问题的能力,提高学生的

---

① 苏霍姆林斯基.给教师的建议[M].湖北:长江文艺出版社.2014: 7-8.

学科整合的美育范式和创新实践

生活品质,让学生更好地融入和适应社会生活。

例如,"走进乡村"实践活动带领孩子们走进田间,真实地了解、认识田间的农作物,了解农业知识与劳动技能。活动前,孩子们搜集节气、农作物、农业资料,对中华传统文化以及农业文化有一定的认识。活动中,通过实践了解影响农作物生长的因素,了解天气、土壤、肥料、工具等知识。期间,学生记录自己的活动感受和收获并完成记录单。整个活动让同学们回归田园,学习相关劳动知识,亲身体验、主动探究、主动学习。

(四)综合课程的创造美

综合课程通过其独特的课程设计创新性、教学内容丰富性、教学方式多样性以及评价体系多元性来促进学生提高审美意识和审美能力,进而全面激活学生创造美的能力。在设计和实施时要体现以下四个方面的内容。

一是借助课程设计的创新性来唤醒学生美的意识。综合课程的设计需要具备创新性,能够打破传统课程的框架和限制,将不同领域的知识和技能进行有机整合,形成具有独特性和新颖性的课程结构。这种创新性的设计能够激发学生的学习热情和对美的独特感知,提升课程的吸引力和价值。

二是通过教学内容的丰富性来增强学生美的体验。综合课程的教学内容需要丰富且充实,能够涵盖多个领域的知识和技能,满足学生全面发展的需求。通过多样化的教学内容,学生可以获得更广阔的视野和更深入的理解,进一步对何为美有更直观的感受和深刻的体验,为将来创造美蓄力。

三是借教学方式的多样性来推动学生美的实践。综合课程的教学方式具备多样性的特征,应根据不同的教学内容和学生的特点,采用多种教学方式和方法,如案例分析、小组讨论、实践操作等。多样性的教学方式能够激发学生的学习兴趣和主动性,在教师的专业引领下,学生能够进行相关的美的尝试,获得自主创造美的实践经验,进一步推进教学效果和质量的提升。

四是立足评价体系的多元性来检验美的创造。综合课程的评价体系应具备多元性，能够从多个角度和层次对学生的学习成果进行评价。这种多元性的评价体系能够更全面地检验和反馈学生对美的创造力，为学生进一步创造美提供细致全面的参照，为学生的持续发展提供更精准的指导和支持。

二、综合课程美育效应的基本思路

综合课程美育效应范式在实施时是按照一定的实施逻辑层层推进的。具体而言，主要表现为在综合任务设置中调动已有审美经验、在综合任务设计中运用审美能力、在综合任务完成中提升审美人文素养。

（一）在综合任务设置中调动已有审美经验

审美经验本身就是实践、情感与智力的整合。杜威认为，审美经验不能离开日常生活、审美经验发生在有机体与环境不断互动的过程中，审美经验与其他的实践活动、智力活动并不矛盾。① 综合课程的学习和实践为学生审美经验的产生营造了适切的环境，通过学科整合和跨学科形式，构建学生的审美经验，并在原有经验的基础之上不断实现经验的螺旋式上升，让学生在学习过程中感受不同学科实践的内在联系和逻辑美感，从而培养其跨学科的思维能力和创新精神，最终有效地丰富学生的审美经验。同时，综合课程需要让学生感受到知识的整体性和系统性，综合任务设置过程中要考虑全学科知识间的关联，培养其综合思考和解决问题的能力。

一是调动已有审美经验增进美学渗透。综合课程的一个重要目标导向就是增进美学渗透，即引导学生在实践活动中更好地感受和体验美学元素，为进一步创造美奠定基础。立足于原始审美经验积累，能使美学渗透更加扎实，以此为契机循序渐进地提高学生的审美能力和艺术素养，培养学生的感性思维和直觉能力。

---

① 殷曼楟. 美育社会参与及审美经验的重塑[J]. 南京社会科学，2023（2）：116-124、142.

二是调动已有审美经验进行多元整合。综合课程在实施过程中传达了多元整合的思维,即不同学科之间的交叉融合和协调发展。通过知识、主题、课程等的多元整合,让学生更好地认识和把握世界的多样性和复杂性,培养学生的跨学科思维和综合能力。

三是调动已有审美经验开展自主探究。朗西埃认为,每个个体都平等地享有审美经验自主权,他们有权分配自己的时间和空间,显示各自的独特存在。[①]综合课程应给予学生主动参与学习和探究的自主权,在面对真实的问题情境时,学生能够自主自发调动已有经验,并通过已有经验的组合重构解决问题的技能和策略,聚焦于问题的解决,有效地引导学生更好地发现和解决问题。

四是调动已有审美经验提升情感体验。学生参与问题解决的过程是其能力、情感、态度和价值观不断增长和完善的过程。综合课程注重情感体验,即以情感体验为中心综合构建情境、任务以及活动。对此,教师应优化课堂情境,培育学生美感,以审美经验调动情感体验,激发学生的情感表达和情感管理能力,培养学生的情感意识和审美素养。

五是调动已有审美经验增强社会责任。综合课程倡导学生从真实情境中解决实际生活问题,拓展到学生在今后参与社会生活时能具备解决社会复杂问题的能力,培养其社会责任意识,引导学生自觉关注和理解社会问题,促使学生更好地认识和把握自己与社会的关系。通过调动审美经验,培养学生的公民意识和社会责任感,提高学生的综合素质和能力水平。

六是调动已有审美经验推动创新实践。综合课程注重创新实践,即引导学生尝试不同的学习方式和方法,激发学生的想象力和创造力。审美经验的培养为创造力的发展提供了重要的基础,前期积蓄的大量审美经验,用以连接创新实践,可以培养学生的创新意识和创新能力,推动教育的创新和发展。

---

① 李进书. 朗西埃审美经验自主理论研究[J]. 学习与探索,2023(4):161、167.

（二）在综合任务设计中运用审美能力

综合任务的设计是为了检验学生能否在实际任务情境中综合调动已有能力解决实际问题，是一个从学习思维到实践思维的转化过程。在综合任务中运用审美能力，需要增强任务的设计感和吸引力，使任务更加生动有趣。

一是综合任务设计时要充分考虑任务主题和目标。结合学生已有经验水平，设计清晰合理的目标价值，明确任务的主题和目标，明确任务的方向和要求。

二是综合任务设计时要注重教学内容的选择。综合课程的教学内容应该注重选择符合学生年龄及心理特征的且具有美学价值的艺术作品和文化现象，如美术、音乐、舞蹈、戏剧、电影等。

三是综合任务设计时要注重教学环节的组织。综合任务设计中要注重设计具有美学价值的实践环节和活动，如研学实践以及表演展示等。通过引导学生参与这些教学环节和活动，让学生在学习知识的同时感受到美的创造和表现。此外，教学语言应该注重运用具有美学价值的教学语言和表达方式，如形象生动的比喻、富有感染力的描述、优美动听的音乐等。

四是综合任务设计中要注重教学环境的营造。综合课程的教学环境应该重视营造具有美学价值的教学环境和氛围，如美丽的校园、优雅的教室、丰富的艺术装饰等。

五是综合任务设计中要注重教学评价的实施。综合任务的实施评价应该注重实施具有美学价值的教学评价方式和手段，如实践活动的展示和评价、表演活动的评分和点评等。

（三）在综合任务完成中提升审美人文素养

综合任务完成的过程实则是学生审美人文素养外显的一个过程，反映出学生当前审美知识、审美意识、审美思维以及审美创造等方面的情况。

一是在综合任务完成中提升学生的观察和分析能力。在完成任务时，要认真观察任务中的各种因素,如各项知识的掌握、解决问题的策略运用、同伴互助、自主探究等,并分析它们的特点和规律。同时,也要注意观察和分析任务中的细节和质感,以了解其特点和美感。

二是在综合任务完成中提升学生的学习和借鉴能力。通过学习和借鉴优秀作品解决问题的方式,不断提升学生的审美素养。通过学习优秀经验,有效增强学生的综合能力,并了解不同领域的设计理念和技巧,从中汲取灵感和营养。

三是在综合任务完成中提升学生的实践和探索能力。在完成任务时,学生需要勇于尝试新的设计理念和技巧,通过不断实践和探索,逐渐形成自己的设计风格和语言。同时,也可以通过参加各种设计比赛、展览等活动,锻炼自己的实践能力。

四是在综合任务完成中增强学生的反思和总结能力。反思和总结是提升审美素养的重要环节。在完成任务后,要对自己的设计进行反思和总结,了解自己的优点和不足之处,并制订相应的提升计划和措施。同时,也可以通过与他人交流和分享,了解其他人的看法和建议,不断改进和提高自己的审美素养。

三、综合课程美育效应范式的基本形态

综合课程美育效应范式的基本形态主要表现为综合性知识的美学表现形态、综合性任务的美学表现形态、复杂性经验的美学表现形态。三种形态的螺旋式上升和综合协调,促进学生的美学素养和综合素养的不断发展。

(一)综合性知识的美学表现形态

从知识管理维度出发,综合课程知识一般由知识载体、知识内容信息和知识情景三个部分组成。①从实践性角度看,综合课程普遍的知识载体

---

① 潘旭伟,顾新建,仇元福,等. 面向知识管理的知识建模技术[J]. 计算机集成制造系统-CIMS,2003(07):517-521.

包括人、实物、文档、资料库等,知识内容信息伴随着知识情景的变化而延伸,具有综合性、复杂性、生成性的特点。综合性知识的美学表现形态呈现出如下特征。

一是多元化和包容性。综合知识追求不同领域和学科之间的融合与交流,鼓励学生跨学科地学习和思考,从而形成多元化的知识体系。

二是整体性和系统性。综合知识强调知识的整体性和系统性,将不同学科的知识整合为一个有机的整体,从而形成一个完整的知识体系。

三是实用性和价值性。综合知识注重知识的实用性和价值性,强调知识应用于实际生活和社会实践的重要性。

四是创造性和创新性。知识具有生成性,综合课程鼓励学生创造性和创新性的思维发展,推崇在不断探索和学习中发现问题、解决问题。

(二)综合性任务的美学表现形态

综合性任务通常会涉及多个学科领域,需要综合运用多种技能和能力来完成任务。综合性任务的美学表现形态通常包括以下几个方面。

一是在综合性任务的解决中有效提升学生的协调性和统一性。这意味着任务中的各个元素应该相互配合,形成一个整体,而不是相互冲突。

二是在综合性任务的解决中有效地提升学生思维的直观性和解决问题的简约性。好的综合性任务应该具备简约性和直观性的特点,这意味着任务应该尽可能清晰明了,易于学生理解和操作。同时,任务的表现形式和设计风格也应该与主题和目标相符合,避免过于复杂或抽象。

例如,为了让一年级新生尽早熟悉校园,让孩子在学习之初就养成跨学科的综合化解决问题的思维,我校以人教版"道德与法治"一年级上册《我们的校园》一课为例,进行了问题解决能力提升的教学设计。通过多学科教学活动的融合来培养学生观察、分析、推理等思维,提高学生责任感、归属感、安全意识、规则意识等,培养学生的审美能力以及创造能力。此外,在实践活动中培养学生细心观察校园的意识,让学生谈自己最喜的地方及其方位,渗透数学方向与位置的有关知识,将道德与法治学科素养和数学学科素养有机融合。同时,还将美术学科与数学学科巧妙融合,在美术活动中强化数学知识,通过自己动手画一画校园,锻炼同学们的绘画能力,培养他们的创新能力。

三是在综合性任务的解决中有效地提升学生的情感表达和个性化。情感表达是指任务应该能够引发学生的情感共鸣或情感反应,而个性化则是指任务应该能够根据学生的特征和需求进行定制和个性化设置,以满足学生的审美需求和审美体验,促进其个性化的审美表达。

四是在综合性任务的解决中有效地提升学生艺术性和文化性。艺术性是指任务应该具有一定的艺术价值和美感,能够给学生带来愉悦和享受。文化性则是指人物应该能够反映一定的文化内涵和价值观,具有一定的社会意义和价值。

(三)复杂性经验的美学表现形态

经验是有机体与环境间的相互作用,已有经验、互动性情景、互动性合作是个体经验生成的前提。①综合课程实践是学生综合运用各种素质和能力去解决实际问题和实现目标的过程,这是一个经验的历程,是学生最终经验的生成过程。学生依据情景的动态发展,调动已有经验、运用各种能力,最终生成有价值性的审美经验。

一是创新能力和创造力。复杂性经验的生成通常会涉及多个层次和维度,其美学表现形态体现在能够将这些层次和维度以直观且富有深度的方式展现出来。在面对复杂多变的情境时,能够灵活运用知识和经验,产生新的想法和解决方案,并付诸实践。

二是批判性思维和问题解决能力。综合课程实践往往处于不断变化的状态,学生经验的生成也往往具有非线性和不规则性的特点,其美学表现

---

① 陶金玲. 儿童经验生成研究[J]. 南通大学学报(社会科学版),2015,31(6):145-150.

形态体现在能够运用综合化的手段,激发学生的探索欲望和创造力,帮助学生认知和理解任务。学生在面对问题和挑战时,能够运用批判性思维对问题进行深入分析,找出问题的本质和关键因素,并采取有效的措施解决问题。

三是自主学习和终身学习能力。经验是一种能动的认知建构过程,是学生主动探究、自主生成的结果,其美学表现形态体现在学生参与的主动性和自主性。在不断变化的学习环境中,能够积极主动地获取新的知识和技能,并不断完善自己的知识结构和能力水平。

四是人际交往和沟通能力。这种表现形态能够提升学生的审美体验,并促进学生间的合作、交流以及理解。在人际交往中,能够尊重他人、理解他人,有效沟通,并积极寻求合作和解决问题。

第四章
PART FOUR

学科整合美育范式教学设计理论

美育是审美教学与美感教学的融合，是跨学科整合与应用的重要体现。[①] 随着教育教学改革的持续深入，以学科整合为特征的教学模式得到了学生、家长以及教师的一致青睐。通过跨学科知识体系的构建，培养学生认识美、体验美、感受美、欣赏美和创造美的能力，是以美育人的重要体现。学科整合作为美育的综合表现形式，在学科中加强美育培养，发挥学科美育的价值和功能，是每位教师都应深入思考和研究的。

第一节 学科整合美育范式教学设计基本思路

夸美纽斯在著作《大教学论》中将教学本身称为一种艺术，是"把一切事物交给一切人的全部艺术"，这是对教学追求的最高境界的表述。为了追求这种境界，结合当前教学实践，我们开展了学科整合美育实践研究，形成了以艺术课程为主要载体和渠道、学科课程为辅助性手段和方式、综合课程为转化渠道和策略的三大类课程实施美育整合范式。

一、学科整合美育范式教学设计思路

学科整合是指将两种及两种以上的学科，融入课程整体中，对课程内容和结构进行改变，从而对整个课程体系进行变革，培养学生在学习过程

[①] 黄瑀. 小学音乐美育的跨学科整合与应用[J]. 教育实践与研究（A），2023（5）：34-37.

中的知识互动和综合能力。[①]学科整合美育范式教学是一种教学新形态、新范式，即以美育促进学生的美好人生为旨归，以核心素养为导向，从教学实际出发，以细致挖掘学科内容和教学过程中的审美元素为基础，整合利用学科教学因素（教学目标、教学内容、教学方法手段、教学环境、教学评价等），开展教学设计并组织实施，创造性地建构审美化教学设计，以达成相应教学目标的教学实践活动。[②]在进行学科整合美育范式教学设计时主要有以下思路。

（一）连续系统的素养目标设计

连续是指学生在教育过程中的学习是持续、渐进和有序的。这意味着学生在不同学习阶段之间的转变是平稳的，学习内容和目标之间有内在的衔接性和延续性。连续性的设计能够确保学生在学习过程中不会出现断层或重复，而是在一个有机的学习路径上逐步提升自己的素养水平。而连续系统的素养目标是指跨越不同学段、年级或阶段的教育体系或教育计划。连续系统的设计考虑了学生在整个学习过程中的递进性、渗透性以及延伸性。递进性即从简单到复杂、从表层到深层、从基础到应用的逐步发展。学生在实现每一个目标的过程中，都能够为下一个更高层次的目标打下基础，形成连续的发展路径。渗透性是指各个素养目标之间应当互相渗透、支持，形成一个有机整体，在学生不同发展中相互促进、强化。延伸性考虑学生长期发展的需求，使学生在不同学习阶段能够持续提升和完善自己的素养。因此，这种连续、系统性的设计能够帮助学生在教育过程中形成一个有机的整体，促进其全面发展。

连续系统的素养目标设计首先需要确定学科的核心知识和技能目标，明确学生需要达到的学习成果。这些目标应与美育目标相结合，既包括学

---

① 朱峰. 合作学习理念下小学英语课堂有效性的探索[J]. 新课程，2022（12）：68.
② 赵伶俐. 审美化教学论［J］. 西南师范大学学报（人文社会科学版），2000.

学科整合的美育范式和创新实践

科知识和能力的培养，也包括审美情感和创造力的培养。教学目标是教学活动所期待的学生的学习结果，可以指导教师的教学和学生的学习。学科整合美育范式教学目标设计要以培养学生的核心素养为导向和追求，在关注学科知识结构、审美元素等基础上进行系统设计和实施。为了实现这一目标，首先需要深度解读课程标准，寻找目标的根源。《义务教育数学课程标准（2022年版）》明确提出确立核心素养导向的课程目标，形成和发展面向未来社会和个人发展需要的核心素养。同时，课程标准从过去只注重对知识的掌握，转变到关注跨学科衔接、学科间的交叉融合学习，关注学生核心素养的提升、积极学习态度和正确价值观的形成，而且对学生创新精神和审美情趣等也提出了具体的要求。因此，学科整合美育范式的素养目标设计的逻辑起点是深入解读课程标准，深入解读和领会各个学科课程标准。

其次，要关联教学内容，寻找目标的生长点。①教学内容是课程理念、课程目标的具体化，学科整合美育范式的教学内容包括知识体系、审美元素等。关联教学内容，就是要从整合后的教学内容或综合性活动中去把握素养目标的生长点。为了实现连续系统的素养目标，大多数学科教材是按教学内容分单元编写的，教材在编排的时候已经考虑到相同、相似知识结构的排列、组合。因此，设计连续系统的素养教学目标应以大概念为指引，立足单元整体教学理念，整体把握贯穿于单元的教学主题和核心问题，将整体目标分解为不同阶段的子目标，使课程目标、单元目标、课时目标保持一致，逐步引导学生实现整体目标。例如，西师版小学数学五年级上册第五单元《平行四边形的面积》，对照课程标准，通过对教学内容的整体分析，可以发现这节课的教学知识点是在孩子掌握了面积的意义和长、正方形面积计算方法的基础上，探究平行四边形面积计算方法及应用。因此，可以设计如下素养教学目标。

---

① 陈思怡，陈祥彬，李忠如. 基于核心素养的小学数学教学目标设计策略 [J]. 西南师范大学学报（自然科学版），2022，47（7）：118-124.

（1）认知素养目标：应用观察、实践、猜想等方法经历平行四边形面积公式的探索过程，掌握平行四边形面积计算公式，培养空间观念、推理意识和符号意识。促使学生理解平行四边形面积计算公式的推导过程，建立起对数学概念和原理的深刻认识。

（2）应用素养目标：经历运用平行四边形的面积公式计算平行四边形的面积及解决简单的实际问题的过程，初步感受平行四边形面积公式的应用价值，进一步增强推理意识和应用意识。让学生能将所学知识应用到实际问题中，培养解决问题的能力和灵活运用数学知识的能力。

（3）情感素养目标：在探索平行四边形面积公式活动中，让学生感受成功的快乐，激发学习数学的兴趣，培养积极的学习态度。学生通过实际操作和应用实践，培养自信心和坚韧性，在面对困难时保持积极乐观的心态，勇敢面对挑战。

设计连续系统的素养目标，可以有效地帮助学生在学习过程中逐步发展认知、应用和情感等多方面的素养，达到所设定的素养教学目标，提高他们的学习能力和综合素质。

（二）多方面联系的教学内容设计

学科整合美育范式教学是将教学的所有因素转化为审美对象，使整个教学过程转化为审美欣赏、审美表现和审美创造的过程，教学内容是体现美育的重要环节。因此，多方面联系的教学内容是在教学中将不同知识点、结构或主题之间建立联系，体现知识技能、审美感知、审美表现、审美创造等多方面的有机融合，体现各审美元素逻辑的清晰化。教学内容各审美元素逻辑的清晰化，是指引导学生发现和理解教学内容本身的逻辑体系，帮助学生逐步将外部的审美化结构化知识"内化"为自己的认知结构，在大脑中有序存储所学知识，在具体的情境中学以致用。主要体现在以下几个方面。

（1）教学内容知识点的清晰化。教学知识点是构成教学内容的基本单位。在实际教学活动中,"知识点"可以是一个事实、一个概念、一条原理、一个公式、一套法则等,也可以是一种方法或策略、一个解题步骤、一套操作程序、一套动作规范等。例如,语文中的"词语理解""表达方法""朗读技巧"等,都可以作为一个个"知识点"。要做到知识点清晰化,就要准确分析这些知识点,明确知识点本身的内涵和外延,知道这些知识点所表达的意思及其所处的位置。确定各个知识点的主次轻重,把握知识点相对于学生实际水平的难易程度,掌握在现实教学条件(时间、空间、教学设备等)下开展并完成知识点教学的可能性,以便及时对教材上的内容做出调整、改进、补充。例如,有的知识点过于抽象,教师可以采用借助实例、直观演示等方法帮助学生理解与掌握知识点,增加学生的感性认识。又如,有的文学作品知识点较为简单粗略,教师可以在内容上适当地补充作品的写作背景和作者生平介绍,帮助学生更深入地理解作品表达的意思。

(2)教学内容知识结构的清晰化。知识是有结构的,知识的结构性在于知识内在的逻辑关系和外在的情境关联。《义务教育课程方案和课程标准(2022年版)》提出要将碎片化知识和技能进行结构化的有机统整,真正形成解决问题的必备能力和素养。回顾以往我们学过的任何知识点,稍加分析和研究,就会发现每一个知识点都不是孤立存在的,都会与其他知识发生关系。从这个意义上说,知识的学习必须结构化,知识结构化是知识本身的需要,也是解决现实问题的必然要求。教师要对知识点进行分析和理解,并在深刻理解的基础上建构起知识的内在关系和外在关联,宛如一线串珠,将各种要素及其关系串联起来,形成结构化的知识。例如,在教学"三位数乘两位数"时,学生已经有了两位数乘两位数的学习基础,三位数乘两位数的计算方法与两位数乘两位数的计算方法在算理上是一致的,所不同的是一个因数由两位数变成了三位数。因此,教学时可以调动学生已有的学习经验先进行独立思考,尝试将已有的计算方法迁移到新知识的学习中,最后引导学生总结出计算方法。这样的教学能将联系紧密的知识点融为一体，让学生在层层递进的迁移过程中建构知识体系，实现深度学习。

（3）跨学科知识间联系的清晰化。不同学科实际上都是对同一世界或事物的不同侧面、不同立足点的研究。因此，不同学科之间在部分知识内容上是有种种逻辑联系的。学科之间的相互渗透表现为：各门已有系统学科之间的相互交叉、同一学科各分支或各部分内容之间的相互联系、各学科与哲学的联系、各学科思维方式的交叉。教师应正确把握这种跨学科知识之间的关系，科学、高效地进行教学设计与实施。

（三）序列化进阶的教学活动设计

在教学活动设计中，"序列化进阶"指的是在教学过程中帮助学生在掌握基础知识、感知事物本身的基础上，进一步深入学习，将所学知识运用到实际生活当中。因此，学科整合美育范式的教学关注学生的思维、审美以及人文素养的培养，并且通过设计教学活动的先后、层次、逻辑等关系，实现教学活动内部审美因素、知识结构的优化，调动学生的多感官参与，循序渐进地推动学生审美和人文素养发展。

在教学活动设计时，教师始终要以审美价值发展目标为导向，对学习内容进行符合目标逻辑的整合与组织，对学习活动进行有层次、呼应目标的整体安排，还要关注教学系统中各因素的序列进阶，要用联系的观点看待教学系统中各因素的逻辑关系，把知识技能学习与审美发展结构化，力求教学系统中各因素学习呈螺旋上升式发展。同时，在设计教学活动时根据学科内容和学科目标，选择适合的美育元素来支持学科教学。美育元素可以包括视觉艺术、音乐、舞蹈、戏剧等，要根据具体情况选择合适的元素，将美育元素有机地融入学科教学中，创造出丰富而有趣的学习环境。可以通过设计艺术作品、演绎故事、进行音乐创作等方式，将美育与学科知识和技能相结合，激发学生的学习兴趣和创造力。为学生提供多种表达方式，让他们通过绘画、音乐、舞蹈等艺术形式来展示学科学习的成果。

学科整合的美育范式和创新实践

这样可以激发学生的创造力和想象力,培养他们的审美情感和表达能力。另外,虽然序列化教学强调科学性和系统性,但也不能忽视学生的创新思维和个性发展。因此,在设计教学活动时,教师要关注学生的个体差异,以适应不同学生的学习需求。

(四)增值性发展的学生成长评价

"增值性"发展是美育的最高阶段。在学生成长评价中,"增值性"指的是学生在一段时间内所取得的进步和成长程度。它强调的是学生由于个性不同在各个学科的学习过程中生成的美学经验不同而产生的综合素养,而不仅仅关注学生的当前水平或绝对成绩。评价学生的增值性发展可以通过比较学生在不同时间点的表现、成绩或能力水平来确定。这种评价方法关注学生的个体差异和学习进步情况,而不是简单地将学生与其他同学进行比较或仅仅依赖终点成绩,强调学生成长评价从传统的知识技能评价转向更加全面的评价方式。通过关注学生的美学经验,评价者可以更全面地了解学生在学习过程中的感知和情感体验,以及这些经验对他们的综合素养所产生的影响。美学经验不仅能够促进学生的审美情感和审美能力的发展,还可以培养学生的创造力、想象力和情感表达能力,对学生的综合素养有着重要的作用。

《义务教育语文课程标准(2022年版)》指出,教师要树立"教—学—评"一体化的意识,重视增值性评价,关注学生个体的进步幅度,避免过度评价、无序评价对学生日常学习造成干扰,避免用评价结果简单衡量学生的学业表现。从理论的层面上看,增值性评价兼具过程性评价和总结性评价的优点,弥补了二者的缺点,真正落实把评价贯彻到教学的整个过程中,将教育教学的起点、过程、结果都牢牢掌握在增值性评价的实施程序中。①从现实的层面来看,增值性评价与学生的美感经验和社会经验之

---

① 章建石. 基于学生增值发展的教学质量评价与保障研究[M]. 北京:北京师范大学出版社,2014:56、74.

间存在密切的关系。在增值评价中,学生的美感经验是审美素养的基础,通过增值评价反映学生对美的感知和理解能力,帮助学校和教师更好地了解学生的审美素养水平,从而制订针对性的教学计划。同时,学生的社会经验反映其社会环境中的实践和体验,可以帮助教师更全面了解学生的综合素质和个性发展。增值性发展的学生成长评价具体要做到以下几点。

一是要以学生进步为评价标准,关注每一个学生的发展。主要是通过对学生在某一个发展阶段的不同时间点上学习情感、学习习惯、审美情趣等数据的变化进行跟踪研究,从而对学生的进步程度进行判断。这种评价既激发后进学生的潜能和学习积极性,还鼓励优等生开展自我反思,从而促进不同层次的学生都能在原有的基础之上取得一定的进步。

二是要以增值性模型为媒介,满足不同学生的发展需求。每个学生都是一个独立的个体,传统的评价是用同一把尺子来衡量所有的学生,这样不能全面、科学地评价学生的问题。而增值性评价尊重学生的多元化需求,提倡根据每个学生的实际需求,选择科学、多样的评价模型,积极运用评价工具,关注学生在知识、情感、实践、审美等方面的差异性。

三是要以激发学生的潜能为目的,促进学生的多元发展。关注学生"自我"的内生化和持续化发展,不但体现在学生的学业成绩上,还体现在学生的学习情感、学习习惯、学习能力、审美情趣等方面。教师在应分析某一阶段学生发展变化的前后数据变量和整体的动态变化信息后,不断改进和完善教学,从而促进学生的全面发展。①

二、学科整合美育范式教学设计原则

科学的教学设计能够积极服务于课堂学习,为实现预期的教学目标奠定坚实的基础。学科整合美育范式教学设计是以美育为统领,以学生核心素养为导向,整合利用学科教学因素,运用系统方法,对学习目标、内容

---

① 宋佳怡,程岭. 课堂教学中增值性评价的优势及实施策略 [J]. 教育科学论坛,2023(28): 26-30.

学科整合的美育范式和创新实践

和活动等进行审美转化、整体设计,形成教学活动方案的操作过程。在遵循一般课程逻辑的同时,学科整合美育范式教学设计还需要遵循以下几个原则。

(一)审美价值发展的目标统领原则

以科学适切的学习目标为统领,是任何课程设计都需要遵循的基本原则。以审美为中心,将审美价值的培养和发展置于教育活动的核心位置,确保美育的教学目标与学科教学目标一致。美育的元素和活动应该有助于学生达到学科知识和能力的目标,并促进学生的审美情感和创造力培养。此外,审美价值发展的目标原则要求教师在开展教学设计时要有明确的、能够统领学习内容和活动的总体性审美化学习目标指向。既要指向知识与技能的传授,又要指向过程与方法,还要兼顾情感态度与价值观,增设审美目标,以实现四者的和谐统一,最终促进学生审美和人文素养的提升。通过培养审美能力和审美情感,引导个体形成积极向上的审美价值观。审美价值的发展不仅包括对美的感知和理解,还包括对美好、真善美的追求和认同。更重要的是,审美价值发展的目标原则涉及情感体验和社会互动,通过审美教育可以培养学生的情感共鸣和情感表达能力,促进其与他人之间的情感沟通和互动。因此,在确定学科整合美育教学目标时,既要关注学生审美习惯,审美情感、态度和价值观的培养,又要关注学生的审美情趣和审美创造力的提升。

(二)贯通性美学渗透的教学结构设计原则

学科整合美育范式教学立足于学科特点,又不局限于学科,重在挖掘教学内容和教学过程本身的审美因素,有意识、有策略地进行美学渗透。贯通性美学渗透的教学结构设计原则是指在教学设计中,将美学元素贯穿于整个教学过程中,使之自然而然地融入各个学科内容和教学活动中,以培养学生的审美感知、审美体验和审美素养。教学结构设计时可以从教学目标美、教学内容美、教学活动美、教学评价美和教学环境美等方面入手，在教学的全过程中，教师带着学生去对学科知识、审美元素进行认知、理解、欣赏、体验，让学生在学习知识的同时受到美的熏陶。

（三）全过程审美体验的教学过程设计原则

将美育元素有机地融入学科教学中，使其成为学科教学的一部分，而不是独立的附加内容。美育元素应与学科内容相互支持和补充，形成有机的整体。学科整合美育范式教学中教师通过形象、生动、自由、创新的方法，组织学生学习逻辑关系清晰的知识内容，力图实现三个转化：将教学要素转化为审美对象，将整个教学过程转化为美的欣赏、美的表现、美的创造活动，将师生教学关系转化为审美关系，使整个教学成为内在逻辑和外在形式和谐统一、静态和动态和谐统一的整体，从而大幅度提高教学质量，减轻学生负担，使师生都能身心愉悦。艺术课程美育增值范式，融合艺术课程与其他学科，实施体验式课堂，让学生感受美、体验美、创造美；学科课程美育渗透范式，将美育渗透到各个学科的教学中，使学生在学习知识的同时获得审美体验和感悟；综合课程美育效应范式，丰富的实践活动让学生转化美、创造美。

三、学科整合美育范式教学设计程序

学科整合美育范式教学设计的工作内容与一般教学设计的工作内容是一致的，不同在于学科整合美育范式教学设计是以美育为统领，整合教学的所有因素，并将其转化为审美对象，使整个教学过程转化为审美欣赏、审美表现和审美创造过程，使传统的生硬呆板的教学关系转化为生动、积极的审美关系的教学。具体操作一般涉及以下几个方面。

（一）全面评估学生审美经验

课堂上，每一个学生都是一个生动独立的个体，他们是主动求知与积极探索的主体。教师作为课堂的设计者、组织者、引导者,是为学生服务的。因此,教师在决定教什么与如何教时,应当全面考虑学生的学习需求、认知规律与学习兴趣,保证通过教学活动的开展,学生能在现有的基础之上有所进步、有所提高。学科整合美育范式教学能有效地提升学生的审美经验,其主要通过学科渗透、整合和跨学科的形式,构建学生的审美经验,并在原有经验的基础上不断实现经验的螺旋式上升。因此,在开展教学设计之前需要对学生的审美经验进行全面评估,包括对学生已有的审美感知、审美情感、审美创造等的了解。

一是评估学生的审美感知力。所谓审美感知,是指审美主体对客观事物"美"的属性的总体反映,是审美能力的重要组成部分。在传统教学中,教师和学生都对审美感知素养缺少较为清晰的认识,导致学生的审美感知素养得不到应有的提升。课前教师可将一些任务前置,以便更好地了解学生的审美感知起点。比如,在学习"团包纸工"一课前,教师可以指导学生展开预习,让学生自主阅读教材内容,并尝试根据教材内容做一些简单的纸工,可以是教材上的物品,也可以是自己喜欢的其他物品。通过预习,教师可在课堂学习之前直观地了解到学生的审美感知起点,然后在课堂上有的放矢地开展教学活动。

二是评估学生的审美情感。在教学中,教师应重视培养学生的审美情感、审美认知和审美创造力,帮助学生建立起全面、健康的心理结构,这样才能有效提高学生的审美能力。因此,教师要为学生创设一定的审美情境,让学生在欣赏美的过程中获得更多的情感体验,使学生与学习内容实现情感上的共鸣,以评估学生的审美情感。同时,对学生审美情感的评估还与教师的审美有密不可分的联系,教师不仅需要具备专业的知识技能,而且需要具备较高的艺术审美能力,在教学过程中丰富学生的审美情感和审美体验,最终达到预期的教学目标。

三是评估学生的审美创造。审美创造是在社会实践和审美实践的基础上,按照美的规律进行的能动创造,是人类和个体实践经验的总结和提升。

审美创造是文化自信、语言运用、思维能力的一个重要方面，需要通过积极的语文实践活动来积累和建构。此外，对学生进行大自然审美教育也是十分重要的，能启发学生发现美、创造美。评估学生的审美创造力是一个复杂的过程，需要结合多种方法和技巧。教师可以通过观察学生在课堂上或课外活动中的表现来评估他们的审美创造力。例如，教师可以注意学生是否能够提出独特的想法，是否能够用创新的方式来解决问题，或者是否能够创造出新的艺术作品。还可以通过评价学习成果来评估他们的审美创造力，包括对学习成果的创新性、原创性、技巧和表达力进行评价。此外，教师还可以设计一些项目或任务来评估学生的审美创造力。例如，教师可以让学生设计一个新的艺术作品，或者让他们为一个特定的主题创作一个故事。

（二）确定审美与人文素养发展目标

教学目标是教学活动预期要达到的结果，是对学生接受教学影响后身心发展状态的预期。教学目标不同于教师承担的教学任务，教学任务是教师实际承担的工作，教学目标则是学生通过参与教学活动在身心方面出现的变化或实际结果。教学目标指向学生的发展变化，教师教学任务是否执行以及完成的质量，要通过学生的发展变化即目标的达成度来衡量。

学科美育整合范式教学目标的审美转化与实现，主要靠的是对教学内容、教学方法和教学评价间内在逻辑联系的揭示与把握。因此，在教学内在逻辑审美转化中，不仅要弄清知识体系的逻辑，而且还要弄清教学目标是什么、教学目标与知识的关系是什么、教学方法和教学评价怎么紧扣目标。教学目标绝对不只是对某学科教学内容的掌握，还包括通过某学科教学后学生应当达到的发展程度，包括学生审美和人文素养的提升。

教学目标的审美转化主要有两层含义。一是无论何种课程范式，其教学目标的定位都要做到全面、完整，表述都要准确、规范，有操作性，以使教学目标成为教学活动的指南和教学评价的依据。具体而言，教学目标

学科整合的美育范式和创新实践

全面、完整是指各学科的教学目标应该指向学生身心多方面的发展变化，使学生通过该学科的学习，在知识与技能、过程与方法、情感态度与价值观等方面，能够有所变化，鼓励学生积极参与学科整合美育的活动，让他们成为学习的主体，从而发展人文素养。二是在全面、完整的目标构成中，要为审美教育留出适当的"位置"，确立审美方面的目标指向，以使学生在达成该学科应有人文素养发展目标的同时，在审美方面也有实际的收获与进步，如掌握一定的审美知识技能、形成积极的审美态度、具备一定的审美能力等。

例如，在教学人音版五年级的《摇篮曲》一课时，我们就拟定了如下教学目标：

学科知识或技能目标——求真

（1）能知道什么是"摇篮曲"、摇篮曲有哪些特点，并用歌声表现这些特点。

（2）能认识4/4拍，知道其意义、强弱规律，并能用4/4的强弱规律表现《摇篮曲》的摇曳感。

（3）能用轻柔的力度、徐缓的速度、平稳的节奏和温存、安宁的情绪演唱歌曲《摇篮曲》。

品德价值取向目标 ——求善

能体会母子间的亲情，感受母爱的伟大。

审美与人文素质目标——求美

（1）能感受旋律起伏所描绘的摇篮摇曳的感觉

（2）能感受夜晚宁静、温馨的美。

（三）分析与挖掘教学内容的审美元素

教学内容是教学过程中同师生发生交互作用，服务于教学目标达成的基本材料。学科不同，教学内容构成也就不同。学科美育整合范式教学要充分分析与挖掘教学内容中的审美元素，通过审美化教学提高学生的审美和人文素养。

一是挖掘学科内在美。学科审美元素不只是艺术学科才有,不同的学科有不同的特点,因此也有不同的美感,教学时需要从不同的角度、不同的层面去理解感受、理解、追寻学科之美。蔡元培先生认为,没有一门课程不与美相关,他这样说道:"数学中数与数带有巧合之关系。几何学上各种形式,为图案之基础。物理、化学上能力之转移,光色之变化;地质学的矿物学上结晶之匀净,闪光之变幻;植物学上活色生香之花叶;动物学上逐渐进化之形体,极端改饰之毛羽,各别擅长这鸣声;天文学上诸星之轨道与光度;地文学上云霞之色彩与变动;地理学上各方之名胜;历史学上各时代伟大与都雅之人物与事迹;以及其他社会科学上各种大同小异之结构,与左右逢源之理论;无不于智育作用之中,含有美育之元素;一经教师之提醒,则学者自感有无穷兴趣。"[1]可见,各门学科的知识内容中都不乏审美因素。例如,数学学科中一个对称的图形、一个复杂问题的简单解法、一个和谐的结构、一个奇异的念头等,都会使学生沉浸在教学智慧海洋中。当教师带领学生从多层次、多维度来审视数学问题时,学生就会对数学世界的对称、简洁、和谐、奇异之美赞叹不已。语文教学中的各种诗词,对仗工整,用字优美,寓意丰富,这就是语言美。又比如科学学科,在学习生命现象和生命活动规律时,无论是生命体本身还是生命活动过程,都有美。可见,美一直都存在在各个学科中。

二是挖掘学科外在美。学科外在美是指除了学科知识本身之外,与学科相关的教学材料、教学方法和教学环境等方面所呈现的美感。这种美并非学科知识的直接体现,而是通过与之关联的各个方面显现出来的。例如,课堂上多媒体辅助教学,将文字、图片、音频、视频等多种媒体形式结合起来,丰富教学内容,增强学习的趣味性和吸引力。再比如,教师在课堂上展示教学内容的方式,如板书、模型、实物展示等,通过合理的布局和

---

[1] 蔡元培.《蔡元培美学论文选》.北京:北京大学出版社.1983,174.

学科整合的美育范式和创新实践

美观的呈现方式，提高学生的视觉享受和理解效果。这些都是学科外在美的体现。

（四）审美化教学活动设计

学科整合美育范式教学以美育促进儿童的美好人生为旨归，以核心素养为导向，通过挖掘学科自身美的因素和创造教学活动的美，促进学科教学任务的有效完成，并提高学生的审美和人文素养。这个过程要实现三个转化，即将所有的教学因素（内容、方法、手段、评价、环境）转化为审美对象，将教学过程转化为审美过程，将教学评价转化为对学生发展的审美鉴赏。因此，学科整合美育范式的教学最大的特点就是内在逻辑性和外在形式的高度和谐完美统一。

具体而言，学科整合美育范式教学要在确立教学目标的基础上，对教学的内容加以精心设计，力图将最具广泛适应性、有一定概括能力、能够实现知识之间迁移的基础知识和基本技能作为教材的核心内容，即教学的"视点"。将一个个审美视点作为构成教材系统的基本单位。视点与视点之间存在一定的逻辑联系，而每个视点能够在一定程度上统摄一类或相关事物。这里的"视点教学"，既有审美点的教学，又有学科知识点（技能点）的教学，还有其他的学习点教学。学科知识点（技能点）是本学科在某一课文（或课题）中本来就有的基础知识、基本技能，是该课文（或课题）教学的主要目标。其他点则是学生在学科学习过程中必须解决的核心问题、习得的素养点，或课堂操作的技能技巧（合作学习技能）。学科整合美育范式教学活动设计，要努力实现知识点、技能点、审美视点等之间的互补互促，学生只有理解并掌握了这些要素，才能迁移到延伸材料的学习之中。

在教学中，"视点"一般作为教学的起点，被安排在教学活动的初期或中期。根据学生的年龄特征和接受能力，教师通过典型例子围绕"视点"设计一些关键问题或相应的教学活动，通过问题的解决或活动的开展，帮助学生理解与掌握"视点"中的关键知识技能或重要信息,并以此为基础,过渡到延伸教学环节,使学生运用视点教学中掌握的关键内容,理解延伸教学环节的相关材料,实现学习迁移,做到"举一反三""触类旁通",发现更多的美。

例如,在教学统编语文教材四年级上册《观潮》一课时,按照审美化教学的要求对教学内容进行较为深入的分析和挖掘。通过分析发现,本课的主要知识点是理解描写自然景观的词句;技能点是学习作者观察事物的方法,并训练学生有感情地朗读课文;审美点是景观的"磅礴美"。在教学中,教师首先借助信息技术,让学生直观、充分感知钱塘江大潮的壮观、奇特;接着引导学生在感知的基础上准确理解描写来潮时的语句,并让学生从作者描写大潮的语句中提炼归纳出作者观察事物的方法和表情达意的方法,即从声音和形态两个方面来表现潮来之时的壮观景象和磅礴气势;最后抓住"磅礴美"来观照全文,让学生欣赏课文中的好词佳句,有感情地朗读课文,体会课文中所表达的思想感情。另外,教师还注意结合其他材料,如《开国大典》《黄河》等,根据各篇材料的内容找出内容间的内在联系,以《观潮》作为典型材料,通过对《观潮》课文的理解,把握"磅礴美"这一关键,以此来观照其他几篇材料。在这组内容里,"磅礴美"既是审美欣赏的关键点,又是作者描写景观的切入点,所以"磅礴美"可以作为统整几篇材料的核心,也就是视点教学中的"视点"。

教师在设计教学活动时,既要用联系的观点看待教学系统各因素的审美转化,力求教学系统的各因素、教学活动的各环节做到彼此关联、相互配合、相互协调,以此形成"合力",共同推进教学活动,也要用动态的眼光看待教学设计,充分预计既定的活动方案在执行过程中可能发生的变化,在进行教学设计时保持一定的"弹性"或"灵活性"。

(五)审美化教学评价

教学评价就是对教学过程的各个方面及教学效果做出全面的价值判

断，并提供进一步调整教学以更好地达成教学目标的反馈与策略的活动。由于教学活动各环节具有整体性、教学目标的预期性和教学设计的针对性，教学评价是与教学设计并列的独立环节，需要在教学设计阶段就对如何测量与评价教学活动的成效予以思考，形成评价标准，从而提高教学设计的科学性。特别是审美化教学，其本身将目标定位于以美化促优化，促进学生多方面发展，因此，在教学活动进行中和结束时，能否有效判断学生的各种实际变化与预期教学目标之间的关系，将直接影响审美化教学目标的达成。

审美化教学中的教学评价设计主要以促进学生审美和人文素养发展为导向。在教学过程中，教师要始终心系目标和评价标准，随时监测和诊断学习任务组织、学习活动实施是否有层次地呼应学习目标的落实，是不是有利于学习证据、学习成果的产出，并提示、引导学生，于相应的学习节点结合学习标准或评价量规，开展自评、互评，并根据评价结果反思学习行为，调整学习策略，提升学习品质。就教与学的对应性而言，就是在目标统领下，做到教学评一体化。无论是对教师教学的评价，还是对学生学习的评价，无论是活动主体之外的他人评价，还是活动主体的自我评价，其目的都在于改进和完善，而不是简单区分高低和优劣。以促进教师改进及师生发展为目标的教学评价，不仅有正确的导向，还有科学的评价标准和完备的指标体系，更有具体明确的评价程序和方法，以保证教学评价的科学合理与客观公正，使教学评价能够发挥出应有的导向功能、调控功能、激励功能和管理功能。

第二节　艺术类审美化教学设计

艺术类课程的美育增值主要通过艺术类审美化教学设计来实现。教学设计是进行有效教学的前提，是抽象的教育理念通向具体的教学实践的桥梁。[①]艺术类审美化教学设计是指教学设计各模块与审美特质完美组合，制定合理的艺术教学目标，挖掘教学内容的内在美和运用审美化的教学手段、艺术化的教学形式的外在美，以提升学生的审美情趣，激发学生从外在的对美的发现，到内在对美的感受、内化，再到对美的创造的外显表征，形成一个完整的学习过程。

艺术审美化教学设计应立足于艺术课程育人价值，聚焦于审美经验、审美体验、审美创造，并从教学过程各环节出发，构建起艺术化审美教学的具体程式。通过创设与艺术作品相关的情境，引导学生进入艺术的世界，充分融合视觉、听觉、触觉等多种感官体验，使学生从不同的角度理解、感受和欣赏艺术魅力，并对自己的理解进行再加工，实现对美的再创造。在此基础上，围绕教学大纲，阐述艺术类审美化教学设计策略，并指明未来发展方向，以实现艺术教育的增值和学生审美素养的全面提升。

一、艺术类审美化教学设计的理路与程式

艺术类审美化教学是一项整体性的育人工程，明确设计的理路和构建程式是艺术教育增值的重要举措。艺术化审美教学应遵循以学生美感体验为前提、以审美体验贯穿全过程、以审美创造为教学结果定位的育人理路，从教学过程各环节出发，构建起艺术化审美教学的具体程式。

（一）艺术类审美化教学设计的理路

1. 以学生美感经验为前提

学生经验是教育的起点，是教育的途径，学生最终经验的获得和持续改造则是教育的目的。"完整经验"中带有美感性质的，即美感经验。杜威在《艺术即经验》中指出，完整经验是指经验主体沉浸于一个事件之中，

[①] 孙泽文，左菊，胡璇. 教学设计：内涵、模块及其代表模式[J]. 内蒙古师范大学学报（教育科学版），2011，24（10）：87-90.

使自己的理性与感性相融合，成就了一种统一性质的经验。①美感经验区别于一般经验，其具体特征表现为感性和理性的融合、内在的联结与统一、秩序中的变化、完满自足的感受。学生的美感经验是确立艺术类教学目标的重要依据，反映了学生的已知和未知，了解这些经验有助于教师在学生已有经验基础上确定三维教学目标。学生审美经验同时也是激活、推进课堂教学的重要动力，是艺术课程得以顺利进行实施的条件和中介。小学时期是学生审美活动的高峰阶段，该阶段的学生具备一定的思考能力和判断能力，其在审美活动中的表现也趋于成熟，教师可以充分利用其现有能力促进学生经验和课程因素相互作用。可见，作为课程资源的学生美感经验是艺术类课堂教学的切入点和推进器。

2. 以学生审美体验贯穿教学全过程

"体验"是一种与生存、生活、生命密切联系的经历，体验能够挖掘出真正的美，让艺术课程和审美活动得到真正实现。学生具备审美体验的生理机能与心理基础，审美体验是儿童生命活动的呈现，具有独特的教育价值。②"以审美为核心"是义务教育艺术课程标准（2022版）提出的基本理念之一。审美化教学是引导学生在教学过程中进行审美欣赏，进而引发审美创造，使师生双主体在教学过程中获得美好的体验。教学过程不仅是视觉或听觉的审美体验，还是一种情感的交流和思维启迪的审美表达。这意味着教学设计必须和审美理念相结合，教师应坚持在执教前对教学过程结构因素进行确认，实现审美转化并建立各因素之间的逻辑关系的审美化教学理念，将美育理念适切融入学校艺术课程教学过程中，充分调动学生感知、情感、想象、理解等心理机能，使学生欣赏美、表现美、创造美，并获得美的情感体验。对此，贯穿教学全过程的学生审美体验应是超越艺术领域的审美，始终追求真、善、美，给予学生宽博的审美体验历程，且

---

① 杜威. 经验与教育[M]. 姜文闵，译. 人民教育出版社，2005：250.
② 伍香平，朱会从. 试论儿童审美体验[J]. 教育研究与实验，2021（2）：20-27.

具有情感价值、"悟"性价值、发展价值等,在审美的教学过程中建构自己的美。

3. 以学生审美创造为教学结果定位

艺术为创造而生,艺术的本质是创造,艺术教学离开了创造就不能成为真正的美育教学。"艺术,是一种把人类生态变成直觉审美形式的创造。"艺术类教学活动的目的就是创造出富有创造力的作品。审美创造是学生在艺术活动中创造艺术形象、表达思想感情、展现艺术美感实践能力的综合艺术表现,是艺术类课程教学的结果指向,更是美育的核心和最终目标。教育在培养创造力上的地位是毋庸置疑的,对学生创造美的能力的培养是培养创新型人才的重要环节,是每一代教育者共同追求的目标。审美能力本身就是一种创造力,创造力的发展源自健康、丰富的个性。因此,艺术类教学更应该充分尊重学生的个性,鼓励学生在艺术鉴赏中独立观察、体会并表达自己的审美见解,在艺术表演和创作中表现自我、彰显个性,最终生成独特的想法并转化为艺术成果。学生审美创造贯穿于艺术教学始终,艺术生存和发展的动力,是学校艺术教育的本真追求。

(二) 艺术类审美化教学设计程式

审美化教学设计程式要求教师对于各个教学环节有充分的把握,对于教学实施有充分的预设,对于学生的审美感知、审美情感、审美能力有系统的结构性呈现。

1. 目标确定:审美素养导向

艺术类审美化教学应遵循审美素质整体培养价值观,围绕主体审美素质个性化发展,形成多维度、多层级、多序列的审美教学目标,全面落实新课标审美精神。在审美化教学设计时,首先需要明确教学目标中应蕴含"美"的素养发展,目标中除了涵盖艺术技能的掌握,还应有艺术创造力

---

① 余秋雨.艺术创造论[M].上海:上海教育出版社,2005:13.

的发挥和审美素养的提高,从而体现艺术类审美化教学的增值性作用。

如人民音乐出版社出版的二年级《过新年》这个课例的目标为:

(1)感受歌曲《过新年》欢快、热烈的情绪,并能用饱满、热情的声音演唱歌曲。

(2)能用肢体语言、锣鼓和红绸表现歌曲欢快热闹的气氛。

(3)让学生了解过新年时的风俗,感受传统节日的文化魅力。

这三个目标有对音乐学科节奏的把握,更多地指向对美的感受和体验,在充分地感受体验后,学生利用各种学习工具对美进行传承和创造。在这个过程中,培养学生的审美情感,带着学生领略中国传统节日文化的独特魅力,从而播下爱国家爱文化的种子。

2. 主题引导:创设审美情景

根据确定好的主题目标,主动融入创设的真实性和实践性的审美情境。对此,教师应主动创设与教学目标相应的物理教学环境、改善课堂的心理环境,使环境因素成为对当前教学内容有一定正向促进作用的影响因素,促使学生对主题的学习与情境的体验进行理解与内化,以使顺利开展后期的教学活动,增强效果。

如《过新年》的导入部分,教师播放"春节"视频,调动孩子们对春节的认知,使学生身临其境。教师充分地营造过年的氛围,利用鞭炮、身上的大红袍子、春联等美学物品创设贴近生活的真实情景,使学生在有意识和无意识交互作用的影响下,激发和强化高度的学习动机,充分发挥学习的潜能,取得优良的学习效果。

3. 情感尝试:深化审美体验

审美活动是以人的情感活动作为基础的美感活动,学生对艺术美的理解和把握的过程带有情感因素。①学生正是通过亲身的情感尝试才获得直接的审美体验。教师应围绕相关学习内容,夯实学生情感发生的基础,引

---

① 伍香平,朱会从. 试论儿童审美体验[J]. 教育研究与实验,2021(2):20-27.

导学生产生相应的情绪或情感变化，再利用这种变化，深化学生对学习内容的理解，巩固强化学生的审美体验。可以通过展示艺术品、播放音乐、观看视频、实践等方式，让学生亲身感受艺术的魅力，鼓励学生情感表达，促进学生的认知、情感同步发展。

如人音版四年级下《摇篮曲》的教学，教师带着学生感受乐曲从平静到高潮再回归平静的过程，感受摇篮摇曳的感觉，学生再用前倚音体现摇曳的感觉。在充分感受后，学生带着歌词演唱的时候把握歌曲的速度、力度并运用轻柔甜美的声音歌唱，边唱边想象着被妈妈的爱包围的画面。这样的学习过程，把单纯的演唱歌曲升华到学生情绪的体验和对妈妈的爱的感受，对美进行延伸，让学生的学习更加全面而丰富。

4. 互动研讨：促进深度思辨

研讨式教学是深化学生对作品或问题进行思考和理解的一种教学方法，一般包括研究和讨论前后相继的两个阶段。[①]教师先组织学生对艺术作品进行研究讨论，发表自己的看法或疑问，加深对艺术作品的理解，在批判性思维培养中培养他们的审美能力。教师应鼓励学生畅所欲言，充分发表各自的观点，且需要提供充足可信的论据。待学生有了充分的交流后，教师再进行归纳与总结。学生对自己所发现的"美"予以确认和肯定后，在同学之间、师生之间相互交流，共同欣赏美，体验发现美的乐趣。

如在学习四年级舞蹈课程《傣族舞的七种手型与手位组合》时，教师播放《月光下的凤尾竹》，带领学生共同欣赏，并向学生介绍傣族舞的由来、各类活动以及历史文化，让学生对傣族舞有更深入的了解。学生从中能够感受到舞姿的柔美、动作的轻盈，并谈谈观后感。学生从舞蹈的背景、傣族姑娘劳作的情景、夜晚欢歌载舞的氛围等方面畅所欲言，发现美、欣赏美、表达美，在生生与师生对话中展现他们对美好生活的向往。

---

① 杨子均. 研讨式教学及其在思想政治理论课中的运用[J]. 西南民族大学学报（人文社会科学版），2011，32（S3）：37-40.

学科整合的美育范式和创新实践

5. 创作运用：聚焦艺术实践

审美观和艺术创作是相互联系的，正确的审美观引领艺术创作，艺术创作实践同时可以促进学生审美观的形成和欣赏美、鉴赏美能力的提升。因此，教师在教学活动中应鼓励学生尝试创作自己的艺术作品，通过创作传达对美的理解。创作运用是一个重要的评价标准，学生只有在审美感知、审美理解的过程中有所感悟、有所体会，才能得到审美享受，并且感悟体会越深刻，获得的审美享受越强烈。

如在人美版四年级《生活日用品的联想》的教学设计中，教师在引导学生对生活用品从外形上进行认知以及联想，接着让学生从方向、角度等方面联想同一事物，在欣赏用梳子、叉子、锅为主体构成一幅鸟妈妈喂食小鸟图后，引导学生通过运用前面所学的方法对生活中的日用品进行组合，形成丰富多彩、生动有趣且充满创意的图画。这样由浅入深、由感知到创新运用的过程就是美的体现、美的创造过程，真正体现了艺术课程从欣赏美、感受美到创造美的完整过程。

6. 评估反馈：提升艺术素养

通过评价、基于评价，才可能开启艺术教育改革的新天地。①对评估途径、方式以及工具的选用应建立在艺术教育课程标准中的指导观点基础上，遵循美育规律。教师在教学活动开展的过程中或结束后，对学生的实际表现和学习结果，尤其是学生审美方面的进步予以测量、评估与反馈，是师生确保教学活动成效的必要环节。在艺术类教学活动中，主要是通过了解学生在审美活动中的现实表现或艺术成果，尤其学生感知体验过程、鉴赏能力、价值判断等审美人文素养，考查学生在表现美和创造美的活动中的实际行为，以把握美育目标的达成度，检测美育效果。

如《生活日用品的联想》的教学评价中，在对生活用品进行联想时，将学生的表现性评价设定为"能从外形上进行联想"；在展示平底锅的不

---

① 郑兰. 素养导向的中小学艺术课程体系建构[J]. 中国教育学刊，2022（6）：48-52.

同方向和角度后想象它像什么后,将学生的表现性评价就设定为"能从方向和角度想象它像什么事物";在欣赏完由梳子、叉子和锅组成的图画后,将学生的表现性评价设定为"能从局部和重组角度构思自己的图画"。最后,借助联想用生活日用品创作一幅有趣图画。所有的评价都镶嵌在教学设计的活动过程中,对于学生对美的发现、感受和创造起着激励、鼓舞与唤醒的作用,也是教师对教学设计目标达成度的有效检测。教师可以根据评价适时地调整自己的教学难易度并开展有效的指导。

二、艺术类审美化教学设计策略

从教学大纲出发,围绕教学目标、教学内容、教学过程、教学情景提出相应的艺术类审美化教学设计策略,为教师提供一个有序、系统的教学框架。

(一)三位一体的目标统整设计

布鲁姆将教育目标分成三个领域,分别是认知、情感以及心因动作。研究表明,人的心理结构是由认知结构、情感结构、行为结构三部分构成的,依此对艺术类教学进行统整设计,造就理性的、道德的、审美的人。认知结构目标即学生掌握艺术学科知识的能力;情感结构目标即结合艺术学科知识,培养学生正确的人生观和价值观;行为结构目标即学生掌握艺术学科技能、实现艺术创造的结果。每一个具体的教学目标应体现出其所具备的审美价值,通过艺术教学活动促进学生审美结构的完善,发展学生的审美能力和创美能力。明确教学目标后,应重视教学目标的审美化转换,这是实现艺术类审美化教学的思想基础。目标应体现出感受美、欣赏美、创造美的和谐统一,且具备层次化和多元化的特征,突出艺术教学的情感体验,通过听、看、触摸等方式,去发现艺术作品的美。

（二）审美要素整合的教学内容设计

从审美角度看，教学内容既是学习者的认识对象，又是学习者的审美对象，艺术类课程更应该突出教学内容的美学元素，揭示艺术中的真、善、美，对教学内容、主题内容进行审美组织和整合，将美学标准引入教学设计，构建起符合学生认知的、美学标准的知识结构、内容结构。整合多元审美要素，以美学思想文化传承、艺术经典教育为内容，构建起美术、音乐、书法、诗词、阅读、戏曲、话剧、影视、民俗文化等内容的公共艺术教学内容，引导学生遇见美、感受美、创造美，从不同角度理解艺术。此外，教师还应选择具有启发性和挑战性的教学内容，包括各种艺术形式的基础知识、技巧和实践，同时也要注重培养学生的情感体验、创新思维和批判性思考能力。

（三）审美进阶的教学过程设计

教学过程既是学生的认知、情感发展过程，也是学生的审美进阶过程。教学过程的结构美、逻辑美、层次美能够使得整个教学活动更具有序列性、严密性、节奏性、完整性。艺术类教学过程审美化设计即依据审美支配的教学原则，遵循不同年龄段学生的生理基础和心理结构，根据具体教学目标和教学内容的要求，有机结合知识美和体验美，设计安排具体的教学环节，使整个教学过程转化为学生审美认知、实践、体验进阶发展、和谐统一的审美过程。鉴于此，教师应从教学环节、教学方法进行审美设计。

艺术类教学环节应遵循"感受与欣赏、体验与互动、表现与鉴赏、创造与展示"的审美顺序。通过亲身实践，如绘画、雕塑、音乐等，让学生能够循序渐进理解艺术的本质，培养他们的创新思维和动手能力。随后，通过多角度欣赏并交流对艺术作品的感受和理解，培养他们的批判性思维。最后，在每一次艺术活动中，教师需要引导学生把自己的创作过程和作品，自信大方地展现出来，并了解学生是否对艺术作品有新的认识和理解，是否有创新精神。如在舞蹈《傣族舞的七种手型与手位组合》教学设计中，老师示范后，让学生轮流进行展示，并让学生开展自主评价。教学方法的选择应坚持多样美、形象美、创造美的原则。

（四）浸润式的教学情景设计

艺术教学是具备人文性、情感性、审美性的过程，需要学生通过切身、感性的审美体验实现审美教化，获得内在的成长。美的教学情景有利于促进师生、生生间互动，形成良好的教学氛围，促进学生的创造思维发展。浸润式的教学情景是在考查学生学情和教学资源的基础上，创设相应的学习过程情景，使学生获得整体的、协调的、沉浸式的审美体验，循序渐进、由浅入深地培养学生的审美能力、创新能力。对此，教师应创设体现美育符号的物理环境，让师生都能够愉悦地进入课堂学习中。此外，教师在教学情景设计时，对于空间和情绪的创设也是不可忽视的，教师需要创设与艺术作品相关的真实情境，引导学生进入艺术的世界，感受艺术的魅力。教师的情绪态度会直接影响学生的课堂状态，教师应满脸微笑、带着愉悦的情绪与学生面对面，用情绪去感染学生。如在《过新年》的教学中，老师用鞭炮、灯笼等教具，自己穿上红色服饰等营造过年氛围，创设一个较为真实的情境，并用谈话交流的方式把愉快的情绪传递给学生，为后续教学做好充分的准备。

（五）差异化发展的教学评价设计

艺术的学习相比于一般的知识学习更强调个性化，艺术教学评价本身就是一门艺术。教学活动的有效性依赖于科学合理的教学评价反馈，艺术类审美化教学的评价应以学生的艺术素养发展作为根本标准，坚持以学生全面发展为核心，注重研究学生在学习过程中表现出来的不同智能结构与个性表现，以及产生的差异化学习方式和学习结果。如学生在艺术活动中的主动性、想象力、创造力发挥如何，交流、合作、沟通等能力的发展情况，准确把握学生艺术学习的发展动向。对艺术类教学评价设计应坚持以下三点。一是评价内容多元,学生的知识掌握、学习方法的习得、学习过程的专注、与他人的交流沟通等都可以成为评价学生艺术表现的内容。二是评价者多元,老师、同学、家长、社会、人工智能等都可以成为评价者,让学生明白学习是生活中的学习。三是评价方式的多元,过程性评价与终结性评价结合、问卷与测试结合,丰富的评价方式可以进一步指导和修正教学,让评价真正落到实处,发挥激励、促进作用。

三、艺术类审美化教学设计反思与发展

艺术类审美化教学设计反思与发展始终围绕艺术课程标准中对学生审美素养和人文素养培养的要求,基于教学实践分析可能出现的问题或面临的困境,艺术类审美化教学的未来发展应立足人文、根植生活、转换角色、革新技术。

(一)立足人文,走向人文教育

艺术指向审美,艺术表现文化,艺术教育就是人文教育。艺术本身是一种文化,是文化的重要载体和形态,更是文化的重要组成部分。①艺术教育既是"以美育人"的过程,也是"以文化人"的过程,它使学生获得美的感受、美的体验、美的创造,进而培养学生的人文情怀。从艺术教育的价值取向角度看,艺术教育是优秀艺术文化传承和创新的重要载体,是培育民族精神的教育。随着数字时代的快速发展,网络环境和各类大众媒体为文化多元化提供了生存空间,体现不同价值观的各种文化突破了传统的传播形式,快速、直接地渗透到学生的生活世界,导致学生的人生观和价值取向也呈现出多元化趋势,甚至出现偏差,这些对艺术教育提出了新的挑战。艺术课程的永恒价值应当是追求与传递真善美。因此,应将艺术教育回归文化中,以文领艺、以文促艺,实现二者的和谐统一。艺术类教

---

① 余国志.论中小学普通艺术教育的发展路向——基于中美艺术教育课程标准的比较视角[J].课程.教材.教法,2015,35(1):108-113.

学设计应以"人文—审美"系统作为培养目标,以审美为观照,以传承人类优秀文化、艺术经验教育为教学内容,通过润物无声、潜移默化的艺术类教学,在学生的心田植入真善美的精神价值,引领他们向真、向善、向美、向上,提高其文化素质和文化品格。

(二)植根生活,提升艺术教学生命力

艺术教育的功利化和技术化是艺术课程实施长期以来的一大问题。一方面,艺术课程往往被功利化的考试评价、升学目标等束缚,追求结果,学生的情感体验没有得到充分重视。另一方面,艺术课程容易被技术占有,审美教育变成了纯粹的技术训练,脱离学生的生活、现实场域,教学局限在课堂、学校,无法使学生真正产生情感共鸣。艺术旨在全方位地发现自然、社会生活中的美,再用各种艺术形式表现出来,提高人的感觉、知觉、想象、情感、智慧等多种能力。鉴于此,艺术课程教学应当定位于美育化、生活化,回归生活、回归经验、回归审美,扭转课程功利化、技术化的倾向。教师应密切艺术教学与生活、生命之间的联系,挖掘多元化的教学资源,将艺术教学融入生活情境中,到工厂、农地、非遗民俗馆等场域,为学生提供丰富多样的艺术体验机会,拓展教学空间,拓宽学生对艺术的认知,深化其对美的体验。

(三)转变角色,超越教书走向育人

随着素质教育和课程改革的不断深化,有关艺术教育的理念、方法、教学手段发生了极大的变化。教师作为艺术课程的参与者和实施者,其角色身份也需要发生一定的转变。在新的教学模式下,教师不再只是知识的传授者,还是学生的引导者和伙伴。从教师教学视角出发,在教学目的上,教师应更加关注学生审美能力的培养、过程的体验,注重智慧启迪、个体潜能激发。在教学内容上,不再仅局限于教材或特定的教学内容,而应根据学生的需要和兴趣,结合各类美育资源开发艺术课程,成为教学设计者、开发者、规划者。在教学方式上，多以学习者的学习过程支持为主，成为学习活动的指导者、协作者，引导学生深度学习，充分发挥学生学习的主动性。同时，教师要及时给予学习者情感关怀，提供辅助或激励等服务，发挥自身价值引领的作用。要想实现教师角色身份的转变，教师需要不断学习和提高自己的艺术素养，发挥自身的主观能动性，在学习相关艺术理论知识的基础上，将艺术素养充分融入艺术课程教学实践中，并通过持续性的教学实践提高自身的艺术认知，逐步实现艺术与教学的融合，以便更好地指导学生。同时，教师还需要积极寻求与其他教育工作者合作，共同推动艺术教育的发展。

（四）技术革新，推动艺术教学创新

数字智能化时代催生了教学改革与创新，艺术教学和科学技术的融合是艺术类审美教学的发展趋势。随着信息技术的快速发展，多媒体技术在艺术教学中逐渐得到了广泛的运用，打破了传统艺术教学中的局限性，为学生带来了更多视觉上的冲击。艺术理论与技术的合理化应用，为艺术教学的创新性发展奠定了良好的基础。但是，科技融入教学不仅仅是技术问题，也是教育问题，具体应注意以下问题。一要有选择地进行多媒体技术教学理念运用，合理引入现代科技手段，让学生更直观地感受艺术的魅力。二要充分结合传统教学理念和科学技术，在艺术课程教学内容建立的过程中，对于实践性较强的艺术内容，教师可以进行技术操作；对于理论性或体验性较强的艺术内容，教师应采用传统教学理念或创设情景，为学生的全面发展创设良好的空间。三要审视艺术教学中技术应用的伦理问题。技术应用容易引发人文关怀缺失，影响教育者和受教育者的认知方式、行为方式、精神状态等方面以及师生关系。对此，技术应用必须遵循"以人为本"的价值旨归，关注学习者的审美体验。

第三节　学科类审美化教学设计

课程美育要求以全员、全程、全方位的方式推进各学科课程与美育理念同向同行，发挥各学科课程协同美育的育人作用。[①]学科类审美化教学设计则是通过挖掘不同学科中的审美元素，将美育渗透到各个学科全过程教学中，以学科审美表达为教学评价要略，最终形成教学目标蕴含"美"的素养发展、教学内容蕴含逻辑美与结构美、教学方法践行以美育人、教学评价凸显审美表达的系统教学过程，使学生在学习知识的同时获得审美体验和感悟。

应以学科美学逻辑阐明教学设计策略，确定教学目标、重组学科知识内容、创设学习过程场景、创新学科美学素养评价。立足学科美育理念，阐明学科类审美教学实践的走向，切实推进学校学科美育落实。

一、学科类审美化教学设计理路与程式

以美育渗透优化学科教学生态，赋予学科课堂教学更丰富的审美价值追求。学科类审美化教学设计在遵循"挖掘美、渗透美、表达美"的设计理路基础上，以实现"美"贯穿于教学设计全过程。

（一）学科类审美化教学设计理路

1. 充分挖掘学科审美元素

各学科都蕴含独特的美，是进行美育的有效载体和媒介。立足学科融合视角，学科美育是适应当前美育发展的新趋势，应探寻各个学科中的美育元素，构建起具备广泛性特征的美育教学体系。教育部发布的《关于全面实施学校美育浸润行动的通知》指出："加强美育与德育、智育、体育、劳动教育的融合，挖掘和运用各学科蕴含的品德美、社会美、科学美、健

[①] 余萍，殷世东. 课程美育理念的内涵、价值及实践路径[J]. 教育与教学研究，2023，37（6）：43-54.

康美、勤劳美、自然美等丰富美育资源，分学科推动制定美育教学指引。"将自然美、艺术美、科学美与社会美等内容有机融合，融入学科教学中，以期达到各美其美、美美与共的美育效果。对此，各学科教师需要坚持集动态与静态、显性与隐性、传统与现代相结合，充分挖掘学科中的美学元素、学科间的美育联系；突出学科优势，把握本学科教材特征，开掘和展示教材美，有机融合学科视点和审美视点，促使学生充分认识到"美"蕴含在"真理"之中、"美"与"真理"相辅相成，深刻领悟教材美，激发审美情感，增强其对不同学科的审美体验。

2. 教学全过程的审美渗透

"美"不是教出来的，而是"浸润"出来的。在渗透美育的学科教学过程中，教师是立美主体、教材是审美客体、学生是审美主体，教师需要运用多种教学方式为审美主体和审美客体搭建桥梁，将美育贯穿于教学全过程。只有让学生真听、真看、真感受，实现"美"的具身体验，促使学生从审美视角重新审视学科学习，获得区别于其他视角的情感体验的特殊美育，才能真正达到学科美育的目的。一方面，各学科教师应充分掌握美育独特的浸润育人方式，引导学生发现、感受、探索、欣赏和表现专业学科之美，增强学科知识学习的趣味性和美感性，进而激发学生学习的兴趣和热情。另一方面，遵循学生认知学习规律，将学习情境化，创设一以贯之的美学情境，带领学生感知、体会学科中人文美、传统美、科学美、技术美、工程美，形成美育合力，使学生作为审美主体在情感上走向一致，引起肯定性的、审美的情感体验。同时，教师要在情境中引导学生实现学习审美化，体验学习之美，进而在情境中学习和应用学科知识。

3. 以学科审美表达为教学评价要略

在学科美育评价机制方面，应弱化学科课程或学分评价，着重对学生审美表达能力、审美创造能力和学科素养进行综合评价。学生学科审美表达不同于艺术审美表达，是以学科知识基础，内化各学科美的表征，并将这些"美"运用学科学习成果产出中，以此作为学科审美教学评价的要点，保证学生的审美评价和学科认知评价工具的方向一致，不至于陷入智力技能与美学之间的鸿沟。审美表达作为一种主观心理活动，是审美主体对审美客体的反映，与个体的审美体验以及意象创造存在一定的联系，表达的方式和内容有所不同，具有主观性、个性化的特征。因此，教学评价机制应趋于多元化，开展表现性评价，尊重学生的兴趣爱好和个性特点，注重与学科专业人才培养相结合。美育的学科渗透评价应超越学科知识本身，体现学生对美的追求，充分体现学生的生命美学价值，彰显出深刻的人文关怀。

（二）学科类审美化教学设计程式

1. 确立蕴含"美"的素养发展的教学目标

学科课程的教学目标中要体现美育，要将审美化教学目标纳入整体教学计划，包括美育知识的习得，学生的审美感知、创造力和批判思维能力的培养以及美好人格的塑造。在此基础上，教学目标应兼具全面性和精准性，全面性指向学生的全面发展塑造，要求所确立的教学目标应是全面而完整的，涵盖学生核心素养、学科审美素养多方面内容，目标构成层次分明、序列严谨、表述准确，能够具体指导教学并作为检测教学效果的指标。通过设定知识与能力、过程与方法，情感态度价值观的三维目标，构建"知情意行：基本审美知识、审美情感、审美能力、审美品格"为内核的审美目标内容系统。

精准性是指每一个目标都是准确的，不管是知识层面、能力层面还是情感层面。明确、精确、科学的目标确认，其表述本身就具有审美品位和价值，带给人一种通透、清晰的美感。它常以"会……能……掌握……"的形式呈现。教学目标的表述，不仅要以描述学生发展变化的行为动词作为关键词，而且要将行为动词与具体的学习内容或活动领域关联起来：教学目标是在什么样的情境或条件下达成的，达到什么高度或程度，即"情

学科整合的美育范式和创新实践

境（或条件）+行为动词+内容+水平"，且需要考虑多个维度目标结构。如语文中的"观看视频中的例文，借助问题支架写清楚故事的情节，让故事变得美好有趣且更加吸引人"；数学学科中的"通过小组讨论交流理解应用题的题意，列出算式并正确解题，感受数学的简洁之美"；道德与法治学科中的"通过查阅资料，找到2或3条理由，在练习熟练后，说服同学参加集体活动"。这样的教学目标有利于教师实施教学计划，并对实施效果进行评估，学生清楚学习目的和将要采用的方法，明确做好哪些学习准备以便于达成学习目标。

2. 整合蕴含逻辑美与结构美的教学内容

学科知识体系本身就具备一定的逻辑美和结构美，渗透美的教学内容的组织和整合同样也要呈现出逻辑性和结构化。逻辑性是指各教学内容的逻辑关系，从呈现第一个情景开始是否具有由浅入深、由易到难、由局部到整体的逻辑关系，是否符合学科知识逻辑规律、美学规律、学生身心发展规律，是否实现知识逻辑与心理逻辑的和谐统一，是否促使学生在学习过程中发现理解知识内容本身逻辑体系的同时感受该学科特有的美。所以，教师需要对学科教材内容进行充分研读，并加以吸收、总结、归纳、提炼，梳理前后的逻辑关系，坚持以美育人，对教学内容进行必要的整合、重组，形成渗透学生审美人文素养培养的系统教学内容。

结构化是指将教学内容所囊括的知识精心组织，形成层次网络结构或图式结构，通过结构化，使教学内容体现出形式美、规律美、和谐美。学习内容与本单元、本学期、本学科相互关联，内容不是孤立存在的，而是螺旋式上升、前后勾连的。结构化可以是跨界的结构化，即将多学科的知识纳入自己的认知结构中。还可以将外部的知识"内化"为自己的认知结构，让知识以网状存在于头脑中。

3. 选择以美育人的教学方法

以"美"的方式实施"美"的教学，对学生进行美育教育。教师的行为、活动的编排、提问和讲课——构成了一种艺术的表达形式。[①]教学方法不应只局限于美育学科知识的习得，应围绕学生感性的主题协同研究，为学生提供灵活选择、个性化学习的机会。一方面，教学方法应愉悦而适切。"愉悦"不是简单的热闹和齐答，而是对知识的探索有内在兴趣。学生只有对学习产生了兴趣，才能沉浸式地开展学习，才会把学习引向深入。在学科教学中激发学生对知识探索的内在兴趣，应该是教学设计者的第一思考要素。"适切"指的是适合学生年龄特征，适合学科特征。另一方面，教学方法应倾向于生动和直观。例如，在《用字母表示数》的开课环节，为了吸引学生注意并快速地进入学习状态，设计一个汽车加速器的情景，把学科知识的学习转变为适合这个年龄特点的游戏，学生通过操作和玩耍后，对数量关系有了初步认知。这既是对前面知识的回顾，又为后续学习做足了铺垫。

4. 凸显学科审美表达的教学结构评价

在进行教学评价时，应将美育价值诉求置于相应位置，将学生的审美表达、美好个人的塑造纳入教学评价体系之中。因此，评价理念应聚焦学生综合素养的发展，评价目标应包含学生对各学科审美元素的理解和把握，评价内容包括学生审美表达的各种形式，评价方式坚持自评、互评、教师评价相结合。

以数学（西南大学出版社出版的《小学数学》五年级上册）"用字母表示数"为例。教学目标为：一是在具体情境中理解用字母表示数的意义，能根据具体情境用含有字母的式子表示数与数量关系，感受用字母表示数的简洁美。二是经历把实际问题用含有字母的式子进行表达的抽象过程，发展符号意识、推理能力和几何直观。三是感受数学与现实生活的联系，增强数学应用意识、创新意识和运算能力，体会数学的价值之美。四是通

[①] 余萍，殷世东. 课程美育理念的内涵、价值及实践路径[J]. 教育与教学研究，2023，37（6）：43-54.

过学习数学文化史，用字母表示数、数量关系和规律，了解数学学科的发展特点和数学家的贡献。①

此目标包含数学学科的知识和能力呈现，有对审美情感的描述，有对审美点"简洁之美"的关注，是全面性和精准性的直接体现。此外，本课例通过以下学习顺序彰显了逻辑性和结构化。一是对比优化，揭示课题；二是对比思考，理解意义；三是数形结合，深入理解；四是丰富情境，拓展延伸；五是对比归纳，体会价值。此设计在学习过程中及时地介入评价，让学生在改进的评价话语体系中不断完善自己的学习，让数学知识结构图逐渐变得清晰。

二、学科类审美化教学设计策略

作为课程美育的教学实践，学科类审美化教学设计是一项系统性、协同性的工程，以学科美学逻辑确定教学目标、重组学科知识内容、创设学习过程场景、评价学科美学素养，助推多学科渗透美育教学改革。

（一）以学科美学逻辑确定教学目标

"按照美的规律来塑造"是育人的基本准则，也是教学的基本遵循。学科课程本身就蕴含美学属性，教学目标的确定应遵循其固有的美学逻辑。我国研究者滕纯、刘兆吉、赵伶俐等指出，美育无处不在，学校所有课程均含有美育元素，并以"美"为视点，提出了学科课程参与的协同美育的"大美育"理念。②学科类审美化教学实践需要根据审美支配原则，形成以学科教学支撑美育、美育渗透教学的育人新格局。在教学目标设计上，呈现出"核心素养内涵—审美人文素养—学段目标—单元目标—课时目标"

---

① 章光虎，康世刚."用字母表示数"教学实录与评析[J]. 小学数学教育，2021（Z3）：118-121、141.
② 郭成，赵伶俐. 大美效应：美育对学生素质全面发展影响的实证[M]. 北京：北京师范大学出版社，2017：7.

的结构，以学生核心素养发展要求和审美人文素养内涵为前端，为目标设计中渗透美、协同美提供方向。一方面，审美教学应与学科课程目标融为一体，正确把握美育的内在本质和课堂教学之间的关联，做到有效渗透。另一方面，遵循学科知识美学逻辑，充分把握部分和整体、近期和远期、显性和隐性的关系，围绕学生认知的逻辑结构和审美规律进行教学目标设计，使学生在不知不觉中受到审美陶冶、完善审美心理，从而提高审美能力。

（二）学科知识内容重组的美学建构

从学生的认知特点出发，选取和重组相关教学内容，按照学科知识间的逻辑关联构建起总体框架。通过知识的内部进阶、知识和内容的结构化、教师与学生的教学相长、活动与评价的匹配、审美与情感的融合，使学生形成整体思维观。在教学内容的选取上，应遵循教育性、审美性、时代性、探究性的原则，进行资源联动，树立广泛的美育资源观，以课标要求和教材内容作为第一资源，确保学科美育的科学性和规范性。以所确立的学科美育教学目标为指引，挖掘、开发、联动各学科间的美育功能，超越教材知识本身，借助概念间的互通性实现学科教学美育渗透。如在语文学科中，中华优秀文化资源、公共文化资源、非遗文化资源等纳入教学内容体系中，通过资源联动增强学生的学科美育获得感。在教学内容组织上，依据学科知识的逻辑顺序与学生身心发展相适应的原则，结合学科所具有的独特审美因素，采取横向组织或纵向组织方式，构建知识内容的整体框架，由浅入深、由简到繁、由具体到抽象、由宏观到微观地组织教学内容。

（三）学习过程中的美学场景创设

场景是课程的起点，也是学习的动力。学生学习过程的美学场景创设即实现学科教学场域审美化设计，强化学生学习过程中的审美体验。所谓教学场域审美化，是指在教学中创造的整体审美化的氛围和情调，使得教学主体可以进行教学美的创造。课堂教学是学科教学实施最基本、最主要的途径，将这一教学场域审美化是促使学生获得学科美的关键。教学场域审美化即让课堂教学过程作为一种特殊的对象引起学生对"美"的快感的场域，将所有的教学因素转化为学生的审美对象，多美学场域衔接，现实、虚拟空间结合，促使学生的"心"和"场景"产生奇妙的化学反应。在这个过程中，学生能够充分地感受到课堂教学的赏心悦目，产生良好的审美体验。对此，教师按对学习场景进行再认识、再深化、再设计、再推进，绘就美学视域下的全景育人图景。根据教学情境和学生个体的差异并有机结合学科特点，灵活运用教学设计，确保教学设计能够适应不同情况，充分发挥学科特色，融合美学元素，从具象走向意象，让学生真正感受到学习之美。

（四）学科美学素养的教学评价

学科美学素养固然不能像学科知识、技能一样量化评价，其有自己的衡量标准。它包含学生在各学科中的审美发现、审美表达、审美理解、审美共情、审美创造五维度。因此，各学科美学素养教学评价的侧重点也会有所不同，应突出学科特征、优势，更为全面、全过程地考查学生的美学素养。学科美学素养是学生学科学习中审美素养的体现，也是学生核心素养的组成部分之一。对美学素养的评价，应与学科其他素养结合起来进行，如科学素养、文化素养、阅读素养、身体素养等，关注有助于学生综合成长的核心素养。评价主体应由教师评价、学生自评、同学互评共同组成，而各自所占比例需要根据本学科要求进一步探索、实验和研究。学科美学素养评价的结果是衡量学生审美发展、未来综合发展潜力的重要因素，评估学生在学科学习中的美感力、创造力等，因而它的评价对发展的重视多于结果，是一种长期性评价。教师应以发展的眼光看待学生，关注学生的成长曲线。

三、学科类审美化教学设计反思与发展

学科课程教学渗透美是核心素养导向下艺术课程综合化的应然之举，是艺术教育改革的时代选择。因此，需要树立审美化教学理念、聚焦艺术现象、创新教学实践方式、推进跨学科合作共研，共同推进学校学科类审美教育实践。

（一）树立审美化教学理念

学科类审美化教学设计应遵循学科视点与审美视点有机融合的教学理念，以学科知识视点为基础，按照与审美视点交融、延伸、建构学科美育的基本逻辑思路进行教学设计。① 由此，形成从教学目标到视点教学，再到教学延伸等完整的教学过程，实现教学审美化。结合学科知识和美育元素，寻找一个清晰的点作为基本视点，将学科知识和审美之间的普遍联系移入学生头脑，形成相应的知识框架，最终让学生的"视点"从学科内容延伸至美学的相关知识点，引导学生以审美的眼光审视世界。在学科类审美化教学中，如何在不同学科和美育间建构起一种内在逻辑联系，从而形成内在序列和系统化的教学，是教师面临的一个现实问题。对此，要实现学科课程与教学审美化，必须以保证课程教学的内在逻辑性和科学性为前提。以数学学科为例，其审美视点包括数学现象之美、数学理论之美、数学结构之美等。在进行教学设计时，教师应当将这些审美视点与知识教学充分结合，促使学生感受、体会数学教学的科学美、简洁美、统一美、守恒美，增强学习参与度、兴趣度，激发求知欲和好奇心，开阔知识和思维视野，建立积极的审美态度和价值观。

（二）聚焦艺术现象

基于学科课程美育渗透范式理念，结合艺术新课标价值理念，学科类

---

① 张淑清. 学科美育课：实现知识视点与审美视点的融合[J]. 人民教育，2014（21）：46-48.

审美教学应聚焦艺术现象、回归艺术本身。作为一种极富感染力和创造性的力量，艺术是理性的逻辑、思维的平衡，更是对完善的追求。①首先，教师应从多学科实践切入艺术现象，结合生活实际、师生共同经验，挖掘值得深入讨论、学习、研究的基本问题并将其作为教学的起点，发现问题链，让学生持续思考、探究学习。在这一过程中，教师应明晰问题与艺术现象本质之间的联系，结合基本问题，提取能够体现学科属性和艺术现象的大概念，将所涉及的各学科的概念综合联系起来，确保教学的内在逻辑性、紧密性、延伸性。其次，围绕大概念制定过程性的教学目标和方案，回归艺术现象本身，从学科视角和审美视角出发审视核心问题，根据学生的学习进度和思维状态实时灵活调整，保证美育渗透的有效性。最后，教师需要为学生创设相应的、轻松的交流氛围，引导学生从多领域、多学科视角解读、剖析艺术现象，注重学生的艺术现象体验，强化其审美思维，把握艺术现象的本质，体会其中蕴含的美。

（三）创新教学实践方式

学科类审美化教学不应仅局限于课堂、教师，需要打破封闭的教学空间，充分发掘艺术现象所营造的物理场域的审美价值。由此，教学实践应拓宽情景外延，从课堂学习空间走向生活学习空间，挖掘其中的审美元素，彰显人文关怀。在这一过程中，能够激活学生多感官通道，通过亲身体验以获得具身经验，实现艺术符号的具身转换。只有实现教学情景扩展，才能帮助学生在一定社会历史文化语境中真正获得艺术性理解，主动了解艺术现象背后的文化语境和精神内核，对艺术本质产生一般性认识。

学校应坚持素养为本、以评促发展的理念，促进教、学、评的一致性。既要结合学科教学实践，将学科素养拆分成多维指标，也要关注学生学习探究过程中的学习情况。2022年新版义务教育课程方案明确提出教、学、

---

① 毕小君，聂磊. 新课标艺术课程综合化的学理逻辑与实践向度——基于芬兰现象式学习视角[J]. 全球教育展望，2024，53（1）：125-138.

评一致性要求，以评导教、以评导学，重视过程性评价，注重评价的及时性。对此，教师可从学生的知识掌握情况、实践能力、情感体验三方面着手，全面审视学生成长，实现对学生学习全方位的、立体的把控。

（四）推进跨学科合作共研

随着教育改革的深入推进，跨学科融合将成为教学设计的重点，教师间的跨学科合作共研是必然的发展趋势。通过个体经验的交互创生，不同学科的教师之间交流研讨，共促专业成长。各学科教师应加强沟通联系，共同寻找美育渗透的立足点，推进学校学科美育工作。对此，学校应组织教师合作共研社群，打破学科间的壁垒，从教师集体中获取知识、经验以及智慧，构建教师共同成长的生态系统，为教师综合智能发展提供有效支持。实现不同学科间教师的协同合作、平等对话，获取学习、教学资源，拓宽教师专业发展的空间，促进其教学合作、教学创新等素养的发展。教师合作共研社群并非自然形成的，而是教师自我的发展意愿和外部的动力支持的综合作用的结果。一方面，社群的组建必须建立在教师自觉自愿、平等对话的基础上，且具有共同的愿景、共同的价值取向。另一方面，教师合作共研社群应以建构式领导或榜样为引领，强化组织领导作用，增强合作共研效果。

第四节　综合类审美化教学设计

现实复杂问题是核心素养的策源地，是核心素养的催生剂或催化剂，更是综合类审美化教学设计的出发点。综合类审美化教学设计是以学生审美和人文素养为核心，以学生"问题解决"能力的培养为切入点，通过创设复杂的问题情景，将知识、经验、技能、美的特征综合起来，组织学生开展综合性学习，是一种多学科甚至超学科的整合学习。

综合类审美化教学以获得实践体验为主体内容，其设计的理路和程式

学科整合的美育范式和创新实践

体现出综合性、审美性、实践性、创造性等特征。以"审美"为要点,围绕活动主题、教学目标、教学资源、教学方式、教学评价提出相应的设计策略,以使学校的综合类审美化课程获得长足发展。

一、综合类审美化教学设计的理路与程式

综合类审美化教学设计整体上应把握审美要素的综合和整合、实践过程的美学深化、学习结果的审美创造理路,围绕主题活动筛选、任务目标确定、场景创设、项目化实施、结果评价进行教学过程设计。

(一)综合类审美化教学设计理路

1. 审美要素的综合与整合

综合美育课程本质上是一门实践性很强的活动课程,是以大量艺术教育、学科课程、实践活动中所积淀的审美化因素为基础的实践课程。因此,综合类的美育课程应整合各种艺术形式和文化元素,以解决现代科学、技术、文化、经济、社会、环境等复杂的大系统问题构建起来高度综合性的、整体性的活动,体现出个人、社会、自然的内在整合,包括内容整合、能力整合、教育功能整合等,形成一个综合性的教学体系,以培养学生的全面审美能力和创美能力。

2. 实践过程的美学深化

综合类课程本身就具有较强的实践性,是以亲身实践为主的体验性学习,这是其生命力所在。[①]重视实践经验,在教学设计上以学生实践为中心,逐渐深化学生对美学的认识,实现"感美、立美、创美"三阶梯的循序渐进。感美阶段是学生审美的初级阶段,一般发生于实践过程中个体感受、观察、欣赏阶段,调动感官能力,是学生从"审美感知"到"审美判断"的预演过程。立美阶段是学生审美的中级阶段,是实践过程中对审美

---

① 熊梅. 综合课程的内涵特点及其生成模式[J]. 首都师范大学学报(社会科学版),2000(6):116-121.

内容进一步认知、内化的阶段，调动认知结构和心理机能，推动学生从"审美体验"走向"审美向往"。①创美阶段是学生审美的高级阶段，是实践过程中进行审美表达的阶段，意味着学生对事物的审美理解更加深入。整体来看，这一过程是学生审美知识、审美能力、审美意志运用又重构的审美实践过程。

3. 学习结果的审美创造

综合类课程是以创新精神和实践能力为重点的素质教育，重在改变学生的学习方式，培养其在学习实践中的创造能力。审美创造是学生从掌握审美规律到创造新的审美意象的过程，基于已有审美经验，在具身体验的基础上构筑富有个性化、创新性的意象，其结果可以是作品、成果抑或想法。教师鼓励学生在学习过程中主动地获取知识、运用知识、解决问题并进行创新，密切联系自身生活和社会生活。通过实践来培养学生的审美感知和思考能力，培养创新精神和动手能力，让他们在实践中创造美。此外，综合实践活动课程要尊重每个学生的个性差异，鼓励他们发展自己的审美风格和表达方式。

（二）综合类审美化教学设计程式

1. 发现与筛选审美性主题活动

设计审美性综合实践活动时，教师要展开多重筛选，以提升活动的对接性、适合性。综合类课程主要围绕学科问题解决、生活问题解决、社会问题解决确定活动主题。教师通过各种方式（如故事、图片、音乐等）引导学生发现问题，结合生活、审美化校本课程进行活动主题选择和创新设计。同时，教师需要考虑多种制约因素，对接生活实践、联系时事热点，针对学生主体需要、知识储备，对活动主题做具体筛选，最大限度满足学生审美教育的价值需求。

---

① 程岭. 感美、立美、创美：教学审美化的理路与实现[J]. 中国教育学刊，2022（3）：8-13.

2. 确定审美化任务目标

根据已确定好的审美性主题活动，设计具有挑战性和教育价值的表现性任务，并从真实性、实践性、审美性、层次性四个维度出发，围绕"交往合作、探究创新、组织计划、自主发展"等关键能力进行审美化任务和目标设计。对此，教师需要从审美性活动的主题特性、学生的能力特长、教学目标要求等多角度，着眼于学生的审美认知和能力发展任务目标的多元化设置。从横向看，任务目标应以主题式综合活动关键能力目标作为其基本结构要素。其涉及的关键能力不是单一的，而是复杂多维的，指向综合素养。从纵向看，任务目标应呈现出学生审美能力的阶段发展特征，构建有层次的表现指标。

3. 创设美学场景与制订任务计划

在活动背景下，教师根据已确定的活动主题创设相应的美学场景，激发学生对本次活动的兴趣和求知欲。利用现实生活中的案例、情境或虚拟仿真技术，帮助学生自觉体会学习和社会生活的联系，在增强学习乐趣的同时习得知识、技能，获得真实的审美体验。在此基础上，师生应共同制订任务计划，从真实的生活情境出发，强化真实任务设计，将任务完成过程作为学生获得审美经验的过程，将任务完成过程表现与结果作为学生审美评价的依据。鼓励学生通过观察、实践、调研、合作讨论等方式，制订活动任务的计划、分解任务，培养他们的思维能力、合作能力和规划能力。

4. 项目化实施与美学创造

小学综合实践活动课程的项目化实施一般表现为架构项目化学习主题内容和催生项目化学习问题意识，强调以发现问题和解决问题为中心，基于学生视角开展项目活动，激发学生的发散思维与创造能力。这一阶段是审美化教学过程中最重要的阶段，学生需要融合各学科知识、社会生活知识去解决问题，其整体性思维在这一过程中会得到提升。学生在教师的引导下，通过设计项目、自主探究、小组合作探究等形式进行综合性创新实践，在设计、探究、实施中进行意义建构，激发创新精神、增强动手能力，从而实现美学创造。

5. 审美素养导向的结果评价

以学生审美素养发展为导向的综合课程教学评价，应坚持近距化、日常化、个体化、表象化的结果评价原则。学生完成一项活动后，可以分享作品成果，有逻辑地完成作品讲解，体现出创造美。教师根据学生的表现和作品进行指导和反馈，带着学生一起通过多元的评价方式对学习的过程进行全方位的评价，总结学习过程中的得失为后来者在学习时进一步改进和优化提供经验，使他们在解决复杂问题或完成复杂任务时能更加从容自信，增强学习获得感和成就感。

二、综合类审美化教学设计策略

以"审美"为关键词，贯穿综合审美化教学全过程，确定审美化创造的主题活动、审美进阶的教学目标、综合审美化评价，创新教学实践方式，积累审美教学资源，引领学校综合美育实现可持续发展。

（一）确定有利于审美化创造的主题活动

综合类审美化主题活动不同于普通的综合实践活动，需要有机融合审美因素，使整个活动过程贴合学生审美历程，为学生之后的审美化创造提供可发挥的空间。综合类美育实践活动作为专门的审美活动课程，其本身需要充满想象、美感等的审美经验，在实践活动中逐步培养起学生的审美意识、审美能力。这类活动主题往往来源于蕴含着"美"的学生生活、自然、社会以及它们之间的交叉地带，确定的依据主要包括四方面：学生的兴趣和愿望、学生的知识经验特点、课程教学美学资源、社会公共资源。在确定主题方式上，可采用封闭式、开放式、半开放式三种。封闭式即教师通过综合美育教学理念、学校美育目标、艺术新课标要求、学生学情等方面，为学生指定一个主题活动。开放式即以学生为主体确定的有利于其审美化创造的主题活动的方式，半开放式即师生共同参与开发活动主题。主题活动应呈现出明显的层次、次序，明确好一级主题、二级主题、三级主题，有利于学生建构起整体的审美思维。

（二）确定审美进阶的教学目标

综合类审美教学的育人理念要求其教学目标必须有意识地加强学生的审美意识，以激发学生的审美意识、培养审美能力、形成审美人格为教学导向，帮助学生积淀审美经验、形成稳定的审美心理结构，促进其审美素养、人文素养同步提升。从整体来看，学生的审美过程是感美、立美、创美演进的历程，是审美"感知—体验—创造"的进阶过程，更是其"内化于心、外化于行、升华为能"的阶梯变化过程。[①]由此，教学目标的设计应尊重学生的审美进阶历程，做到由浅入深、由易到难、由抽象到意象，从感美起步，到初阶感美、中阶感美和高阶感美的逐步生成，帮助学生进入高阶创美境界。

（三）以完成真实情景式任务为主要实践方式

综合类课程本身的实践性使得审美化教学应以完成真实情景式任务的方式进行，在学生已有的生活经验、审美经验基础上，创设直接实践体验的审美化教学环境，使学生在完成真实任务中产生审美体验，让整个活动成为一个审美过程。教师应该营造轻松愉悦的学习氛围，注重物质环境和人际环境的创设，激发学生的审美兴趣。综合实践活动课程包括社会实践、社区服务、研究性学习等内容，这些活动主题、任务都要求学生亲身实践、自主探究，直接感受自然之美、生活之美、社会之美以及自我之美，理解自身与自然、与社会以及与自我生命成长方面的直接联系。此外，教师应

---

① 程岭.感美、立美、创美：教学审美化的理路与实现[J].中国教育学刊，2022（3）：8-13.

推进综合实践学习，开展项目式学习、主题化学习、大单元教学等综合性学习活动。结合自主探究与合作学习，鼓励学生自主探究、合作交流，培养他们的合作意识、创新思维和解决问题的能力。活动实践时要确保人人、全程参与，使每一位学生在活动中都能得到启发。

（四）以主题活动有效实施为导向拓宽审美教学资源

充分利用学校、家庭和社会资源，拓展学生的学习空间，给予学生沉浸式的美育体验，注重真实情感体验。学校应加强与地方剧院、音乐厅、美术馆、展览馆、博物馆、艺术家工作室等单位交流合作，拓展校外美育资源，搭建合作平台，开展形式多样的综合美育活动，有效推动艺术文化在校园内的传播和传承。基于此，构建学校美育资源库，采取"线上+线下"的矩阵模式，充分聚集优质审美教学资源，充分利用本土资源，形成庞大的资源库，并根据学校特点、学生特点有针对性地进行资源归纳整理，使之为学校所用。引导学生更好、更真切地感受美学文化，关注学生的情感表达和情感交流，培养学生的审美情感。

（五）以个性化表现为主要手段开展综合审美化评价

尊重个体差异、关注学生发展的个性化教育已成为世界各国教育改革的共同趋向。综合课程是学生感性实践、理性实践、情感体验相互交融的审美活动课程，其成果产出必然会带有着个性化色彩。因此，综合审美化教学应以促进学生个性发展为追求，构建个性化评价机制，促进不同特质的学生充分而自由地发展，实现其生命价值。教学应关注学生内部评价尤其是学生审美素质发展层面的评价，注重表现性评价、过程性评价、各阶段的形成性评价，分类设置审美化综合课程评价指标，构建合理的评价标准，发挥评价的正向导向功能。基于成果展示和个性化表现将定性和定量相结合，帮助学生实现个性化发展。

三、综合类审美化教学设计反思与发展

综合美育是现代美育模式发展的必然形态，其教学设计应及时优化以适应时代的进步。为此，要定位学校美育坐标、融通社会多元美育资源、强化美育师资队伍建设、深化问题导向的审美化教学，实现综合美育课程的长足发展。

（一）定位学校美育坐标

综合类实践类课程的实践性特点决定了其审美化教学必然会存在一定的地域性，教学设计应充分关注本校的特点、教师和学生的需要及其个性发展，使之与学校发展目标相适应。由此，学校需要结合自身特点、发展定位、办学特色等开展美育教学实践，形成独特的且具有代表性的校本美育课程。教师必须明确学校的办学理念和教育思想，清楚学校的文化特色和发展方向，分析适应本校发展的美育教育的课程资源和教学资源，进行审美化教学设计，使之成为学校办学理念和特色的重要载体和实现方式。在此基础上，结合地域乡土文化，学校应有意识地利用本土区域积淀的各类优秀文化，就地取材、因地制宜，结合本校"美育综合改革"全面推动学校美育工作，营造向真向善向美向上的校园文化，重点突出综合性，努力促成融合性，构建美育特色路。

（二）融通社会多元美育资源

学校不断融入社会并最终回归社会，是基础教育的本质要求。[1]综合课程美育教学离不开社会各方面的资源共享和支持，综合课程空间正在学校、社区、区域范围内逐渐扩大，包括社区、企业、家庭、博物馆、纪念馆、旅游景点等多场域。对此，学校应将综合美育视野放大至广阔的生活世界，努力实现学校教学资源与社会多元文化有机融合，整合校内校外优

---

[1] 金星，李如密.课程美育：让审美成为学校全面育人的生长点[J].中小学管理，2023（11）：34-37.

秀传统文化教学资源，搭建资源互动共享平台，拓宽综合美育课程的边界，促使学习者在与真实情景互动中综合多门学科审美知识以解决学科问题、生活问题、社会问题。除了物化的资源外，学校未来的综合类审美教学应充分重视社会美育资源中"人力"的重要性。"学校与社会的关系是决定未来学校面貌的最重要因素。"[①]因此，学校应聘请美育教学专业人士、社会专业人士、教授、专家、非遗传承人、手工艺人、家长等参与学校美育教学建设，建立校内美育综合课程共研共育机制，形成学校美育研究的合力。对此，学校同时应优化教师的美育教学技能，推进教学回归生活、回归社会，促使学生在审美空间中获得美的生命体验。

（三）强化美育师资队伍建设

综合美育是集艺术、人文、审美、认知、情感、技能于一体的教育。美育综合课程是集中、系统地培养学生审美人文素养的课程，涉及美学、教育学、心理学、伦理学以及其他学科课程，这就要求教师应具备一定程度的知识、技能、素养。综合实践活动课程实践性的特点又决定了教师需要具备一定的实践能力。教师是美育教学实施过程的关键因素，教师美育素养是提升学生审美和人文素养的关键因素。2020年《关于全面加强和改进新时代学校美育工作的意见》文件提出，要配齐配好美育教师。[②]因此，学校应着眼于教师的美学素养和美育教学能力的提高，开展相应培训，覆盖学校各级各类教师群体，不断丰富教师"以美育人"的知识体系，增长教师教学实施美育的实践性知识，并对其进行美育理念、方法的指导，促使教师在教学实践中提高"以美育人"的美育能力，为其美育素养的形成与提升奠定基础。在此基础上，引导教师将其基本的美学素养渗透在课程

---

① 王烽. 融合共生：学校与社会关系的未来[J]. 中小学管理，2022（12）：38-39.
② 中共中央办公厅.《关于全面加强和改进新时代学校美育工作的意见》[EB/OL]. http://www.gov.cn/zhengce/2020-10/15/content_5551609.htm.

知识教学、活动实践、语言情感表达等方面，提升其所设计的教学活动的欣赏性、创造性，使不同的教学环节都呈现出各具特色的美感。①引导教师树立正确的美育价值观，实现教师审美素养自我培育，真正实现学校"以美育人"的价值追求。

(四)深化问题导向的审美化教学

综合美育实践活动课程注重培养学生适应社会发展和终身发展所需要的核心素养，特别是真实情境中解决问题的能力，这一性质决定了其问题驱动教学的基本原则。综合实践活动是从学生的学科学习、真实生活、社会实践出发，依据现实情景发现问题，从而转化为活动主题，在问题解决和迁移应用过程中，使学生提高解决问题的能力。以问题驱动教学，将综合类审美化教学过程当成科研过程，深挖问题解决背后蕴含的学科知识原理、生活经验以及美学思想，引导学生深入分析和解决问题，并生成经验。因此，在进行教学设计时，教师应综合学生现实生活、社会现象的各个方面，发现蕴含其中的真问题，并将这些真问题作为教学资源，设计综合类教学活动。在问题或主题选定阶段，应实现从教师设计为主到师生共同参与设计、再到学生自主设计的转变，形成一个学生自己制定学习内容、自己设计安排调查计划、自我活动、自我归纳总结的全过程。教师应关注学生自主意识、创新能力的培养，鼓励其主动参与课程主题确定和活动设计，树立主人翁意识，增强责任心和劳动情感。

---

① 金星，李如密.核心素养时代的教师审美趣味：内涵阐释、实践逻辑与发展路径[J].教育理论与实践，2023，43（34）：31-36.

第五章
PART FIVE

学科整合美育范式教学设计案例

课例设计是教师在教学过程中，根据学生的实际情况和教学目标，精心安排教学内容、教学方法、教学步骤和教学活动，以实现教学目标的过程。优秀的课例设计具有针对性、创新性、实用性和审美性，能够激发学生的学习兴趣和动力，能提升学生的思维品质和审美能力，帮助他们更好地理解和掌握课程内容。本章将从艺术类课例设计、学科类课例设计和综合类课例设计三个类别呈现学校在美育教育教学中的富有实效的做法。

第一节 学科整合美育范式艺术类教学设计

在当今多元化教育背景下，学科整合美育范式艺术类教学设计是培养学生全面发展的重要途径。在艺术类教学设计中，教师可以将不同学科的知识与美育理念相融合，激发学生的创造力和审美能力，为他们的艺术成长奠定坚实的基础。通过学科整合，我们可以打破学科之间的界限，让学生在跨学科的学习中获得更广泛的知识和技能。同时，美育的融入使得教学更具趣味性和感染力，让学生在欣赏和创作的过程中，培养独特的审美视角和表达能力。

一、学科整合美育范式艺术类教学设计的选择思路

通过精心设计课例，教师能够准确展现对课程、学生和教材的理解，

从而更好地贯彻课程标准的要求。通过课例设计，还能更好地引导学生深入了解艺术的本质和特点，把握艺术的精华，学习不同风格和流派的艺术表现形式，拓宽学生的艺术视野，并在创作过程中提高他们的创作能力和审美水平。

二、学科整合美育范式艺术类教学设计案例与评析

艺术类教学设计不仅注重培养学生的艺术技能，而且强调引导学生在创作过程中发挥想象力、培养创造力，提高审美素养。通过对学科整合美育范式艺术类教学的深入研究和评析，我们可以更好地理解其教育价值和实践意义。通过下面对具体的教学设计案例进行分析和评价，探讨其优点和不足之处，并提出改进的建议。希望通过这样的探讨，能够为广大艺术教育工作者提供一些新的思路和方法，共同促进艺术类教学的质量提升。

案例：《过新年》（人音版二年级上册）

引言

《义务教育艺术课程标准（2022年版）》指出："兴趣是学生学习音乐的基本动力，是学生与音乐保持密切联系，享受音乐，用音乐美化人生的前提。"小学低年级教学的主要任务之一就是努力激发、培养学生学习音乐的兴趣，使学生享受到学习的乐趣。《过新年》是人音版小学二年级上册第八课"新年好"中的一首欢快、热烈的儿童歌曲。四二拍，五声 C 宫调式，一段体结构。本课例的教学审美点与"节奏"息息相关，沿着"节奏"这条主线，通过唱、听、动的方式让学生在喜庆的氛围中体会音乐与生活的联系。①

---

① 陈小菲.《过新年》教学设计[J]. 新课程导学，2023（35）：44-47.

案例设计

课题:《过新年》人音版二年级上册	学科:音乐	年级:二年级
本案例在西南大学基础教育部审美化教案培训中进行展示		

维度	项目
教学(活动)目标设计	学科知识或技能目标——求真 1. 模仿锣鼓声的"咚咚锵" 2. 学习锣鼓节奏强弱、长短变化的规律,如咚 锵、咚咚 锵 3. 能用饱满、热情的声音演唱歌曲 4. 能用肢体语言,锣鼓和红绸表现歌曲 品德价值取向目标——求善 感受传统节日文化魅力,增强民族自信 审美与人文素质目标——求美 感受鲜明的节奏和欢快热闹的气氛
视点(关键词)	锣鼓节奏能增强歌曲演唱、表演的节奏感和演唱歌曲的准确性(锣鼓节奏)
审美(与学科视点相关)	欢快热烈、饱满热情 热爱中华传统文化
教学(活动)重难点	重点:唱准锣鼓节奏 感受歌曲《过新年》欢快、热烈的情绪 能用饱满、热情的声音演唱歌曲 难点:唱准锣鼓节奏
教学(活动)过程设计	一、情景设置,导入视点 (一)创设真实的教学情景,播放"春节"视频,谈话导入 播放关于"年"的视频,引出问题:这是什么节日? 孩子们,看!这里准备了一串鞭炮,请大家伸出食指,我们来点鞭炮赶走"年"。 思考:过年的时候人们会做哪些事情呢? 二、揭示视点 (一)锣鼓节奏 噔噔噔噔……孩子们,你们瞧,这是什么?锣鼓是……通常表现喜庆热闹的场面。 思考:锣和鼓的声音是怎样的呢?我们来听听(老师敲锣、鼓)

三、强化视点
（一）拍节奏，练声
1. 孩子们，这里有1条锣鼓节奏（出示图片），它用"咚"来模仿了鼓的声音，用"锵"模仿了"锣"的声音。听听鼓的节奏，听完后请你把腿当成小鼓一边敲一边读。
　2/4　XX　　XX　　X　0 ‖
　　　咚咚　咚咚　　锵
2. 再来听听锣的节奏，请你把手当成小锣，一边拍一边读。
　2/4　X　X ｜ XX　X ‖
　　　咚　锵　咚咚　锵
3. 现在有一条更难的节奏，一起来挑战一下
　2/4　X　　X｜ XX　O ｜X　　X ｜ X　　O ‖
　　　咚　　锵　咚锵　　　咚　　咚　　锵
四、延伸视点
（一）随音乐拍节奏
让我们随着音乐，我拍一条节奏，你跟着拍一条。
（二）随音乐师生合作拍节奏
孩子们，这里有一首儿歌，请大家拍刚才的三条节奏为我伴奏。
（三）学习歌曲
1. 聆听音乐
思考：歌曲的情绪是怎样的？歌曲里有模仿锣鼓声的地方吗？
2. 再次聆听歌曲范唱
在锣鼓节奏的地方请你对口型跟唱，不要发出声音。
3. 师生配合，接龙读歌词
师读歌词，学生读有锣鼓节奏的地方。
师读歌词，学生读有锣鼓节奏的地方。
学生完整读歌词：
随着音乐伴奏有节奏地朗读歌词。
（四）唱歌曲
要求：注意坐姿，口腔圆圆的、声音位置高高的，轻轻歌唱。
（五）带着笑脸再完整唱歌曲
孩子们，让我们带着喜悦的笑脸再次演唱歌曲。
五、回归视点
（一）小组合作
1. 认识 f
思考：这是什么音乐记号？有什么作用？
2. 小组合作添加力度记号 f
思考：把它加在歌曲的哪几句更能表现欢快热烈的情绪呢？

	3. 加上力度记号 f 拍锣鼓节奏，并用饱满热情的声音演唱歌曲。 （二）拓展活动 1. 请生敲锣鼓 按黑板上的节奏来配合敲击。 2. 学生用锣鼓为歌曲伴奏 用敲凳子模仿鼓，两把筷子互相敲击模仿锣。 3. 看秧歌图片 思考：除了用歌唱和锣鼓伴奏的方式来表现热闹的气氛外，还可以用什么方式来表现？（跳秧歌舞） 4. 学习舞红绸的动作 5. 拓展 拿上道具，边唱歌曲边感受锣鼓节奏
板书	过新年 锣鼓节奏　　　　　　　　　　　　　欢快热烈 2/4　XX　XX｜X　　0‖ 　　咚咚　咚咚　锵 2/4　X　X　｜XX　　X‖ 　　咚　锵　咚咚　锵 2/4　X　X　｜XX　0｜X　X｜X　0‖ 　　咚　锵　咚锵　咚　咚　锵
作业设计	1. 练习锣鼓节奏。 2. 用饱满热情的声音演唱《过新年》 3. 搜集其他民族的新年习俗

案例反思

在本次音乐教案的教学过程中，我发现了一些闪光之处和改进的空间。

一、闪光之处

（1）引发学生热情：通过运用丰富的多媒体资源，包括音乐视频和精美图片，成功地激起了学生对过新年音乐的浓厚兴趣，让他们沉浸在音乐的魅力中。

（2）互动教学体验：采用富有趣味和互动性的教学方法，让学生积极参与音乐表演和创意编排活动中，激发了他们的创造力和学习积极性，为课堂注入了生机与活力。

（3）文化传承与尊重：通过深入介绍过新年的文化背景和传统习俗，成功地增进了学生对中国传统文化的认同，激发了他们对传统价值的珍视与传承。

二、改进的空间

（1）学生个体差异的关注：在教学设计中未充分考虑到学生的个体差异，这可能导致一些学生在音乐理解和表现方面遇到困难。为了更有效地满足不同学生的需求，我们需要更加细致地关注和理解每位学生的学习特点，为其提供个性化的学习支持。

（2）教学时间管理的优化：在教学过程中，时间控制不够合理，某些教学活动可能耗时过长，影响了整体教学进度。为了更好地控制教学进度，我们需要对教学内容和活动进行更精细的规划和安排，确保教学时间的合理利用。

（3）评价方式的多元化：评价方式过于单一，主要依赖于教师的主观评价，缺乏学生自我评价和同伴评价的环节。

针对以上问题，我将在今后的教学中做出改进：

（1）分层教学策略：根据学生的音乐水平和兴趣设计多层次的教学活动，确保学生的个体需求得到满足，在适合学生自己的学习环境中获得个性化的教育体验。

（2）优化时间管理：在教学设计中更加合理地安排教学活动的时间，确保每个教学环节都能够得到充分展开，从而提高教学效率和质量。

（3）丰富评价方式：引入学生自我评价和同伴评价机制，让学生参与评价过程，提高他们的自我认知和学习积极性，同时建立更全面、客观的评价体系。

通过对《过新年》音乐教案的反思和改进，我将不断优化教学方法和策略，以提升教学质量，为学生提供更为丰富和个性化的音乐教育体验。

案例总评

单元教学内容应该是一种环环相扣、层层递进有序的系统性结构，让学生在由浅入深、由易到难的学习过程中提高综合学习能力。《过新年》单元教学内容的安排是在一年级学习过的《过新年》知识经验基础上，引入四首表现中国新年的歌曲，在感受中国文化背景的基础上，突出简易中国打击乐器的学习。这种结构，一方面夯实了学生的基本知识；另一方面学习内容层层递进，逐步加深了学生对中国传统文化的认知和理解。《过新年》单元内容以人文为主题，通过"识曲探意—感知中国年""随乐探寻—体验中国年""探词达意—唱响中国年""载歌载舞—品味中国年"四个方面的优化，让学生们自己去探索、去体验、去表现、去创造，让学生们都能体验到过年时的热闹欢乐氛围，对中国春节的传统节日产生强大的认同感，增强他们的文化认同感。在单元教学内容的设置上，既要考虑知识技能层次，又要考虑到审美、文化理解等层次，这样才能实现单元内容的最优化。兴趣胜过一切。特别是对于小学生来说，兴趣是引起他们、保持注意力、主动参加学习的主要因素。在现实中，学生倾向通过多种形式的现实或虚拟情景来进行学习。情景教学能把枯燥乏味的教学内容变成生动、活泼、有趣的活动。在课堂上，老师们常常为各种各样的问题感到苦恼，精心设计的教学步骤和精心设计的教学情景，应用到真正的教学过程中，效果往往差强人意。在课堂教学中，学生对所创设的情境和环节不能产生浓厚的兴趣，从而达不到教学的目的。在课堂教学中，学生们积极参与，积极主动地提问，各个层次的学生都能参与其中。一开始，我就为学生们营造出了一种春节的气氛，在教室内贴上了春联和窗花，让学生们置身于课堂之中，体会到浓厚的春节气氛。歌词也以对联的形式出示，横批是课题，并以节奏为视点，多次运用锣鼓节奏学习本课，让学生在锣鼓节奏中学会歌曲。同时，在韵律的训练上，学生们也愿意去学。在教师和学生之间的互动中，学生们已经充分地进入课堂的环境中，并保持浓厚的兴趣。这一课程是根据二年级学生的学情从能力的角度来进行的。在教学中创造生活情景，不仅可以让艺术和生活更加贴近，还可以让学生在情景中积极运用现有的知识去探索、发现和理解新的知识。

（案例设计：张慧琴、方缅、张艺桐，案例执教与反思：袁菱羚，点评：王倩）

三、学科整合美育范式艺术类教学案例设计展望

艺术类教学案例设计不仅可以帮助学生深入理解艺术的本质和特点，提高他们的创作能力和审美水平，而且为教师提供了展示对课程、学生和教材理解程度的平台，有助于更好地贯彻课程标准的要求。展望未来，艺术类教学案例设计有以下几个发展趋势。

首先，随着教育技术的不断发展，艺术类教学案例设计将更加数字化和多样化。教师可以利用虚拟现实、在线资源和多媒体技术，为学生呈现更加生动、具体的艺术体验，激发他们的学习兴趣和创造力。

其次，跨学科融合将成为未来艺术类教学案例设计的重要趋势。艺术与科学、技术、工程、数学等学科的结合将给学生带来更加全面的学习体验，从而培养其跨学科思维和创新能力。

此外，个性化教学将在艺术类教学案例设计中得到更好的应用。了解学生的兴趣、特长和学习风格，根据个体差异设计差异化的教学方案，有助于激发每位学生的潜能，并使其实现个性化发展。

再次，注重跨文化交流和艺术全球化的趋势，也将在艺术类教学案例设计中体现。通过引入不同文化背景的艺术作品和艺术家，帮助学生拓展视野，理解和尊重世界上存在的多元文化。

最后，社会责任教育将成为艺术类教学案例设计的重要内容之一。通过引导学生关注社会问题、表达社会情感，培养他们的社会责任感，增强公民意识，使艺术教育更加贴近社会现实，具有深远的社会影响力。

综上所述，未来艺术类教学案例设计将朝着数字化、跨学科融合、个

性化教学、跨文化交流和社会责任教育等方向发展，为学生提供更加丰富多彩的艺术学习体验，促进其全面发展。

第二节 学科整合美育范式学科类教学设计

学科整合美育范式学科类教学设计将各个学科的知识与美育理念相结合，旨在培养学生的综合素养和审美能力。通过学科整合，学生能够更全面地理解和应用知识，同时也能够在美的感受中激发学习的兴趣和动力。美育的融入，不仅有助于丰富教学内容，而且能提高教学质量，让学生在学习中获得更多的乐趣和收获。

一、学科整合美育范式学科类教学设计的选择思路

学科类教学课例设计在学校层面扮演重要的角色，旨在落实国家课程标准，夯实学科知识基础，并深入挖掘学科中的审美元素，以学科教学为辅助手段渗透美。在设计过程中，教学内容应当具备丰富的审美内涵，旨在引导学生领略各学科的魅力。教学方法的选择应注重互动性，以鼓励学生积极参与，同时激发其创造力和想象力。通过设计实践活动，学生以感受学科的美。

在实施过程中，应当实现学科知识点与审美教育的有机整合，以培养学生的审美观念和艺术鉴赏能力，进而塑造其健全的人格。本节用一次课例展现学科渗透美的显著效果，供广大教育工作者借鉴。

二、学科整合美育范式学科类教学设计案例与评析

学科类教学设计旨在培养学生的综合素养，激发他们的创造力和审美能力，使学习变得更加有趣和有意义。通过对学科整合美育范式的深入研究和评析，我们可以设计出有效的教学方案，以及评估其对学生学习和成

长的影响。对学科类教学设计进行分析和评价，能够为教育工作者提供有益的启示和建议，促进教育教学的创新和发展。

案例：《笔尖流出的故事》（统编版六年级上册第四单元习作）

引言

写作是一种反映社会生活、表达情感的物质活动，需要创作者具有丰富的生活经验、充足的知识、多样的表达技巧。[①]在小学高年级阶段，写作是语文教学的一个重要环节，也是一个很大的难题。写作案例设计是教育教学实践中常用的教学工具，通过具体的案例可以帮助学生理解和运用理论知识。《笔尖流出的故事》相关单元的几个故事都是虚构的，但读起来仿佛存在于现实之中，因为这些故事都能从现实中找到影子。虚构的故事往往情节曲折，有较鲜明的人物形象，读来比较吸引人。此处将以《笔尖流出的故事》为写作案例，介绍写作的思路、内容以及对写作案例应用过程中可能出现的问题进行反思。

"写作"是体现语文学科的重要媒介，同时具有支架功能，在写作策略、写作程序、写作知识，以及培养写作元认知能力等方面，均可以为学生提供充分的指导。[②]设计《笔尖流出的故事》写作案例的目的是让学生围绕主要人物展开想象，创设完整情节，感受故事矛盾之美，培养学生的写作能力。为此，我们需要注重以下几点思路：①真实性与可信度：案例应该具有真实性和可信度，能够反映真实的情境和问题，使学生产生共鸣。②多样性与复杂性：案例设计应涵盖不同领域、不同层次的问题，以满足学生的学习需求，并引发他们思考和讨论。③问题导向：写作案例应围绕一个或多个问题展开，学生需要通过分析和解决问题来深入理解案例中的知识和概念。本课例为统编版六年级上册第四单元习作《笔尖流出的故事》。

[①] 姚慧梅. 以"习作：笔尖流出的故事"为例探索作文教学[J]. 天津教育，2023（5）：132-134.

[②] 敖建平. 核心素养视域下小学语文写作教学的方法分析[N]. 科学导报，2024-01-12（B04）.

案例设计

维度	项目
课题:《笔尖流出的故事》(统编版六年级上册第四单元习作)	学科:语文　　年级:六年级

本课例参加全国"千课万人"活动并获得国家级精品课

维度	项目
教学目标（素养导向,渗透审美）	学科知识或技能目标——求真（学科知识点或技能点） 1. 选择或创设一组人物与环境,围绕主要人物展开想象,创设完整情节。 2. 选择高潮的情节,运用人物矛盾的行为、矛盾的语言或矛盾心理突出人物形象。 3. 乐于分享自己最喜欢的故事。 品德价值取向目标——求善（学科育人） 在主要人物两难选择中,表现人物的正形象。 审美与人文素质目标——求美（审美） 通过构思、创设矛盾的情节和依据构思描写吸引人的故事,感受故事矛盾之美。
视点（关键词）	1. 针对学科知识点或技能点进行定义 矛盾冲突:在故事创编过程中,让主要人物处于两难的矛盾冲突之下,并让主要人物做出塑造人物良好形象的选择。 2. 在定义里提取2~3个关键词 　　人物形象　　外在行为受到心理想法的支配
审美点（与学科视点相关）	1. 对审美点进行定义 矛盾冲突。 2. 美感词（描述对审美视点感受的2到3个短语或词汇） 矛盾的语言　矛盾的行为　矛盾的心理
重难点	1. 选择或创设一组人物与环境,围绕主要人物展开想象,创设完整情节。 2. 选择高潮的情节,运用人物矛盾的行为、矛盾的语言或矛盾心理突出人物形象
教学活动	一、导入——创设真实的教学情景 　　同学们,前段时间,我们读好了故事《桥》、讲好了故事《穷人》、演好了故事《金色的鱼钩》,大家一定知道好故事的标准了。今天,我们还要写好故事,把创编的好故事在凡人不凡故事会上与大家分享

二、视点学习

（一）回顾故事要求

出示教材，明确习作要求：把故事写完整。

回顾以前一个完整故事包含的要素：起因、经过、结果。

抛出问题：故事完整的要素有哪些？

《　　》构思卡

主要人物：村支书　　　　故事情节

开头

发展

高潮

结尾

借助学生学习本单元课文时所用故事构思卡，回忆一下本单元三篇小说的情节。学生观察发现三个故事构思卡的共同之处：都有开端、发展、高潮、结局，还是围绕主要人物展开的。

小结：看来，咱们今天写的故事要完整，就要做到围绕主要人物展开，还得有故事的开头、发展、高潮、结局。

（二）聚焦高潮，建构吸引人的故事情节

1. 再看故事的第二个要求（教材出示习作要求：故事情节要吸引人）

《　　》构思卡

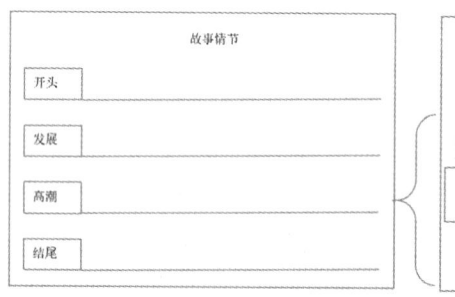

2. 观看微视频，明确矛盾冲突

师小结：所谓矛盾冲突，就是在艰难的情境中进行两难选择。正是在这样一次次艰难的选择中，我们感受到了鲜明的人物形象。同学们，你们在设计的时候，也可以像这样：列出主要人物在艰难的情境中两难的选择和人物最终的选择，形成矛盾冲突，塑造你想要的人物形象。如果能在创编过程中尝试写出环境描写，那就更好了

三、视点巩固
(一)明确人物形象
我们要写的故事里有哪些人物,他们又有怎样的人物形象呢?来看看教材为我们提供的三组环境和人物。(PPT展示)
在这三组材料中,哪些人物的形象是清楚的?
学生交流,明确材料中的人物形象有清楚的、有不清楚的。清楚的可以选择一个作为主要人物来进行故事情节创编。人物形象不清楚的,则要选择他作为主角,根据创编需要把人物形象补充清楚。
(二)围绕主要人物创设完整、吸引人的故事情节
人物形象明确了,我们就可以思考在这样的环境中,有这样特点的他遇到什么事情,会陷入两难的选择呢?他的最终选择是什么呢?学生借助故事构思卡创编完整的情节和矛盾冲突。
(三)展示创设的情节
借助评价标准:情节是否完整,矛盾冲突是否吸引人。进行展示、交流、评价。
学生根据同桌的评价建议修改自己的情节并再次展示

四、视点延伸
(一)聚焦高潮部分,凸显人物形象
过渡:刚才,咱们围绕主要人物设计了完整的故事情节和吸引人的矛盾冲突。可是,要突出人物鲜明的形象,还需要写出在这些情节中人物的具体表现。五年级的时候,我们学过人物描写的方法,那这个单元又是怎么写的呢?让我们一起回顾一下。
1. 学生观看微视频
师:同学们,就像这样,写出主要人物做出两难选择时的矛盾语言或者矛盾动作或者矛盾心理,把人物的形象表现出来,你的故事会更加吸引人。把高潮这个情节写具体
2. 学生写吸引人的情节
3. 选取学生的情节进行展示
我们看看这位同学选取了哪个情节?有怎样的矛盾冲突呢?用到了哪些人物描写方法凸显人物形象呢?借助评价单进行评价,学生进行修改
(二)师点评
你喜欢这个情节吗?请借助评价卡评价一下

五、课堂总结
同学们,今天我们按照小说开头、发展、高潮、结局的思路,围绕主要人物展开想象,构思了完整的故事情节,还在小说的高潮部分运

	用矛盾冲突设计了吸引人的情节，运用人物描写方法表现了鲜明的人物形象。课后大家还可以把主要人物在其他情节中的表现写出来，把故事完整地和同学分享，评选出最喜欢的故事
板书	笔尖流出的故事 故事情节 开端　发展　高潮　结局 人物形象 矛盾的行为　矛盾的语言　矛盾的心理
检测反馈	作业设计： 1. 根据故事构思卡编写一个完整的故事，利用矛盾冲突把高潮部分写得吸引人。 2. 把高潮部分的矛盾冲突变换成另外两种形式，看看自己是否能灵活运用。 3. 举办"凡人不凡"故事会，把评选出的好故事在故事会上分享

案例反思

　　本次故事创作基于大情境任务，即"凡人不凡故事"的主题，旨在探讨小说虽多为虚构，但常带有生活的痕迹。在这一单元中，确定了三项任务：回顾陪伴成长的故事人物、欣赏凡人不凡的故事、分享普通人的故事。撰写优秀故事是这三项任务的子任务之一，在阅读、讲述、表演优秀故事的基础上，编创和分享故事便成为自然而然的延伸。在教学中，教师要求学生展现丰富的想象力，创作故事。故事有三大要素：环境、人物、情节，本单元都涵盖了，而教材作业也明确了"好故事"的标准：情节曲折、人物形象鲜明。通过对教材的解读，我们设立了学科知识聚焦目标，以便于实施和评估教学效果。

　　在设计活动前，我们明确了学生表现性评价的标准：①根据自己的表达需要能自主选择人物形象明确的主要人物，教材提供的材料中选定的人物形象不明确，选完后可以进行补充。②知道情节创设的标准，借助标准展开自评和互评。③运用人物描写方法凸显主要人物形象，并借助评价标准进行评价修改。

基于这样的表现性评价,我们设定了三个活动:

(1)选定故事主要人物。创编故事形象,主要人物的特点一定是明确的,前面读到的三个故事如此,我们自己创编的故事也是如此。再看教材提供的材料,了解哪些人物的形象是明确的、哪些是不明确的。不明确的要进行补充,人物形象可以基于提供的名字、基于提供的生活环境,也可以基于学生的生活经验。

(2)根据要求创设情节。教材明确了情节创设的主要目标:情节完整,围绕主要人物展开。围绕这两个关键词,引导学生回看本单元课文情节,把握"完整"就是开端、发展、高潮和结局,而"围绕主要人物展开"就是在发展或高潮这两个主要情节或每一个情节都有主要人物参与。至此,情节创编得到落实。

(3)运用人物描写方法,突出人物形象。这个活动仍然有对人物描写方法的回顾,让学生清楚人物形象要鲜明,就要运用好这些人物描写方法。然后展开情节的创编,借助标准开展交流。

本单元的三个故事,用故事构思卡串联起读与写的通道,充分体现"读写结合"的教学理念。三个活动清楚地展现了故事创编的过程,重点和难点均在故事情节的创设上,体现对情节创设的主体参与和建构过程。而用人物描写方法凸显人物形象,所涉及的描写方法都是学生学过的,因此,这里不做建构,以微视频的方式把前面所读的故事进行回顾即可。基于小说文本类的故事,小说"三要素"得到体现,大概念"小说大多都是虚构的,却又有生活的影子"也得到了体现。

案例总评

写作教学在语文教学中占有举足轻重的地位,但由于在课程标准制订层次上的规定不明确,在教材编制中缺乏学习支架,教师在教学中对过程性指导不够重视,导致写作教学低效。[①]在写作案例应用过程中,可能会

---

① 陈嘉媛. 六年级清单写作教学实践研究[D]. 上海师范大学,2023

遇到以下问题：第一，我国中小学作文教学一般被划分为写前指导课和写后讲评课，但对学生写作过程的引导比较缺乏。第二，就作文教学目标而言，老师更注重最后的结果，而老师的行为也会对学生的写作态度产生直接或间接的影响。第三，在教学内容上，教师偏重向学生讲授"写"的说明性知识，而忽视了"怎么写"这一过程性知识的梳理与整合。比如，在语文教学中，教授"比喻"这一修辞方法时，老师往往会让学生背熟"比喻"的答案，也就是"把什么比喻成什么，把事物的特征和作者的思想感情表现得淋漓尽致"。但是，在写作课上，常见的方法是"读写结合"，让学生在写作时能够自由地运用修辞手段来增加自己的文采，却不教学生"比喻"如何去写。第四，从写作案例的选择来看，部分写作案例缺乏实际联系，设计写作案例时需要确保案例与学生的学习内容有关联，否则学生难以理解案例的意义，还需要确保案例中的问题和解决方案与学生所学的理论和方法相符合。除此之外，还需要考虑写作案例内容的普适性，即案例中的问题和解决方案是否适用于不同的情境和领域。我们可以引导学生思考类似的问题和挑战，并将案例中的解决方案与其他领域进行对比。第五，从写作教学的方法来看，以教师的讲授居多，学生不管是在写前指导课还是写后修改课中，练笔与发言的机会都很少，仅是教师在课上的单向输出。①

　　学生创作的作文质量是学生语言能力高低的重要体现，随着年龄的增长，小学高年级学生的心理素质也逐渐成熟起来。因此，以《笔尖流出的故事》课例为契机改变传统的写作教学，首先做到"学一用一，迁移写作"，将案例作为一个迁移原型的起点，事先"储存"，然后"借鉴"，最终"仿写"。其次，"突出重点，引导构思"。要从多个层次、角度出发尝试创造大胆奇特、出人意料而又合乎情理的故事。最后注重写作评价，深入了解学生的写作特点，进行针对性教学。结合新课标要求，思考怎样运用新

---

① 吴谢萍. 实用文教学的内蕴、困境和策略研究[J]. 考试周刊，2023（24）：46-50.

课标改进教学方式,激发学生的想象力,引导学生进行合理的讨论和辩论,提高学生的作文写作水平,写出真实情感。

(案例设计:包春蕾、黄宇彤、徐姣姣 执教与反思:邵海燕 点评:游双菊)

三、学科整合美育范式学科类教学案例设计展望

学科类教学案例设计在教育领域中具有重要意义,不仅是学科教学的有效手段,而且是促进学生全面发展和审美素养提升的重要途径。展望未来,学科类教学案例设计将朝着以下几个方面发展。

首先,个性化教学将成为学科类教学案例设计的重要趋势。随着教育技术的发展,教师可以更好地了解学生的学习需求和特点,根据学生的个体差异设计差异化的教学方案,从而实现个性化教育,激发学生的学习兴趣和潜能。

其次,跨学科融合将进一步深化学科类教学案例设计。不同学科之间的融合将为学生提供更加全面和多元化的学习体验,培养跨学科思维和创新能力,促进知识之间的联系和整合,使学生能够更好地应对未来的挑战。

此外,注重情感教育和价值引领将成为学科类教学案例设计的重要方向。通过设计具有情感共鸣和价值引领的案例,教师可以引导学生树立正确的人生观和价值观,培养学生的情感体验和社会责任感,使他们成为有担当的公民。

再者,数字化技术的广泛应用将为学科类教学案例设计带来新的发展机遇。虚拟现实、人工智能等技术的运用将丰富案例设计的形式,提供更加生动和具体的学习体验,激发学生的学习兴趣和创造力。

最后,社会实践和实践教育将成为学科类教学案例设计的重要内容之一。通过引导学生参与社会实践活动,并将实践经验与学科知识相结合,培养学生的实践能力和创新精神,使他们能够更好地应对未来社会的挑战。

综上所述，未来学科类教学案例设计将朝着个性化教学、跨学科融合、情感教育和价值引领、数字化技术应用以及社会实践等方向发展，为学生提供更加丰富多彩的学习体验，促进其全面发展和成长。教师在设计案例时，应关注学生的个体差异，激发其学习兴趣和创造力，引导他们树立正确的人生观和价值观，将他们培养成为具有综合素养和创新能力的人才。

第三节　学科整合美育范式综合类教学设计

学科整合美育范式综合类教学设计是一种创新的教育理念，旨在将各个学科的知识与美育融合，为学生提供更全面、更丰富的学习体验。这种教学设计强调学生通过对知识的综合运用解决学科中、生活中、社会中的问题。在综合学习应用过程中，学生在不同领域的知识中碰撞，培养创新思维和综合解决问题的能力。同时，美育的渗透使教学更具趣味性和感染力，培养学生对美的感知能力。我们要打造一个充满活力和创意的学习环境，让学生在全面发展的道路上茁壮成长。

一、学科整合美育范式综合类教学设计的选择思路

综合类课程设计在教育实践中扮演着重要角色，分为"学科综合实践活动""以解决生活问题为主线的综合课程"和"以解决社会问题为主线的综合课程"三大类别，旨在通过精心设计和筛选活动课例，确保课程内容的丰富性和趣味性，同时将美学元素融入学生的日常生活，使其成为理解世界、思考问题、解决问题的关键要素。设计活动时，需考虑学生的年龄、兴趣和认知水平，以选择适宜的教学内容和方法。综合类审美课例设计，旨在培养学生的审美素养，将各学科知识和技能巧妙融入审美教育活动中，使学生能够获得全面的审美体验。这种设计方法不仅有助于拓宽学

生的知识视野，提高其综合素质，还可以培养其创新思维和解决问题的能力。同时，课程评价的多元化和科学性也要充分考虑，以全面评估学生的学习成果。综合类课程设计的核心在于整合不同学科领域的知识与技能，以实现跨学科的综合性学习。通过融入审美元素，学生在跨学科的学习过程中培养审美情感，提升审美认知，进而形成独立的审美观念。

二、学科整合美育范式综合类教学设计案例与评析

学科整合美育范式综合类教学设计与评析是当今教育领域的一个重要课题，旨在通过将不同学科的知识和美育理念融合在一起，设计出更全面、更具创新性的教学方案。这种综合类教学设计不仅能够提高学生的知识水平，还可以培养他们的审美能力、创造力，学生对知识的综合应用，从而解决学科、生活和社会中的实际问题。通过对这种教学设计的评析，我们可以深入了解其优点和不足，为进一步优化教学提供有益的参考。

案例：以学科问题解决为主线的课程综合《红岩》

引言

红岩精神作为重庆本土的一种红色精神，蕴含丰富的教学资源。将红岩精神融入项目化学习中，有利于充分挖掘其当代价值，是契合党史学习教育和"四史"教育的重要内容。[1]在学校课程体系中，每个学科都有自己独特的学习内容，为实现教育总目标提供了支撑。新课标从各个学科的特点出发，把学校审美教育的总目标转变成学科审美教育的目标，并提出了符合语文学科特点的审美教育要求。因此，在挖掘《红岩》这部红色经典的美育价值之前，有必要借助语文课程标准，关注跨学科学习任务群，结合项目化实践活动，充分认识红色经典中的美育特征。

---

[1] 张秋玲，佘小涵. 高中语文学习任务群的红色经典之美——以《红岩》为例 [J]. 新课程评论，2019（Z1）：27-33.

案例设计

课题《红岩，我把你传承》		分类：学科类综合	年级：六年级
本课例参加浙渝川皖四省美育活动			
维度	项目		
教学(活动)目标设计	学科知识或技能目标——求真（学科知识点或技能点） 1. 阅读《红岩》整本书，梳理故事情节； 2. 聚焦人物在典型环境下的选择，体会典型人物的形象； 3. 参观"红岩魂陈列馆"等红岩文化基地，对比典型人物在小说中的表现，初步感知红岩精神的内涵。 品德价值取向目标——求善（学科育人） 1. 通过阅读《红岩》、参观红岩文化基地（如渣滓洞、白公馆、红岩魂陈列馆等）等语文实践活动，体会红岩精神的崇高美。 2. 联系生活实际，在生活中践行新时代红岩精神，做时代新人。 审美与人文素质目标——求美（审美） 1. 通过对红岩精神的学习体会，知道美来源于生活又反作用于生活，培养学生在生活中发现美、感受美、创造美的能力		
视点 （关键词）	1. 针对学科知识点或技能点进行定义 典型环境：指小说等叙事性文学作品中，围绕典型人物展开，并促进故事情节发展的环境。 典型人物：指小说等叙事性文学作品中塑造的具有代表性的人物。 人物形象：指在小说等叙事性文学作品中典型人物的品质或精神。 2. 在定义里提取2~3个关键词 环境；情节；人物		
审美点 （与学科视点相关）	1. 对审美点进行定义 红岩革命烈士面对敌人威逼利诱、严刑逼供，依然忠于党，死守党的秘密。红岩烈士面临生死挑战，与敌人斗智斗勇、拼搏抗争，不折不挠，宁死不屈，最终凝结成崇高的红岩精神。 2. 美感词（描述对审美视点感受的2到3个短语或词汇） 红岩精神；崇高美		
教学(活动)重难点	重点： （1）阅读《红岩》整本书，梳理故事情节； （2）聚焦人物在典型环境下的选择，体会典型人物的形象；		

	（3）参观"红岩魂陈列馆"等红岩文化基地，对比典型人物在小说中的表现，初步感知红岩精神的内涵。 难点： （1）通过阅读《红岩》整本书、参观红岩文化基地（如渣滓洞、白公馆、红岩魂陈列馆等）等语文实践活动，体会红岩精神的崇高美。 （2）联系生活实际，在生活中践行新时代的红岩精神，争做时代新人
教学(活动)过程设计	一、情景设置，导入视点 1. 回顾旧知，引出问题 上个月，学校开展了红色美育系列活动。在这些活动中，我们发现有些同学讲不出红岩故事，说不出红岩人物，不清楚红岩精神诞生的时代，不明白红岩精神能给今天的我们带来什么启发。 2. 引出分享主题 本月，我们开展了红色美育系列之"红岩，我把你传承"项目化实践活动。这个月我们读了《红岩》小说，在小说中，分析了人物形象，实地参观了红岩文化基地，体会了红岩精神在不同时代的内涵。今天，我们要进行本次项目实践活动的成果展示，希望大家通过今天的活动，能深入了解更多的红岩人物和红岩故事，深刻理解红岩精神的崇高美，通过自己的实际行动传承红岩精神，成为有理想、有本领、有担当的时代新人。 二、揭示视点 1. 学生结合项目书畅谈参观感受 （1）播放各小组参观花絮。 （2）各小组结合项目书与整本书阅读经验谈感受。 小结：同学们结合阅读《红岩》小说和参观红岩文化基地的经历，理解红岩精神：面对敌人死亡威胁时不折不挠，坚定不移地与敌人作斗争；与战友团结友爱、互帮互助；对党的事业的忠诚和坚贞不屈；战斗过程中英勇无畏、朴素节约。 教师指导，知红岩： （1）教师指导，播放习近平总书记在重庆讲话视频，学生谈收获。 （2）播放红岩联线主持人谈新时代红岩精神内涵的视频，畅谈感受。 小结：红岩精神就是坚如磐石的理想信念、不屈不挠的斗争精神、出淤泥而不染的政治品格、民主团结的统战思维。 三、强化视点

学科整合的美育范式和创新实践

	1. 学生分小组合作、自主探讨如何从坚如磐石的理想信念、不折不挠的斗争精神、出淤泥而不染的政治品格、民主团结的统战思维四个方面传承红岩精神。 2. 各小组就小组合作学习成果进行展示交流，并相互补充 3. 教师播放宣传片 （1）播放城市"红岩"人宣传片，知道践行红岩精神的多种形式。 （2）学生分享生活中践行红岩精神的行为举止。 小结：希望同学们从自己做起，从身边小事做起，让红色基因生生不息、代代相传。 四、延伸视点 除了红岩精神外，大家还可以用同样的方法去了解红船精神、井冈山精神、大别山精神等，这些是中国共产党人和中华民族的宝贵精神财富，希望同学们能做一个有理想、有本领、有担当的社会主义建设者和接班人。 五、回归视点 同学们，作为本次项目活动的参与者和见证者，老师为你们感到骄傲。你们能立足自己的问题，通过读《红岩》小说，分析人物在典型环境下的选择，体会人物形象；实地参观红岩文化基地，深入理解了红岩精神的崇高，还能落实到行动中，树立远大理想。愿你们知行合一、争做时代新人。今天成果展示到此结束，下课！
板书	红色美育系列活动 红岩，我把你传承 坚如磐石的理想信念 传承红色基因　　　　不屈不挠的斗争精神 争做时代新人　　　　出淤泥而不染的政治品格 民族团结的统战思维
作业设计	布置作业（课内或课外，以教学目标和内容为据）： 1.《红岩》人物信息卡展示。 2.《红岩》故事情节图。 3.《红岩》美词佳句主题摘录。 4. 艺术表演展示，如器乐合奏《红梅赞》、舞蹈《绣红旗》、表演唱《我是红岩乖娃娃》、绘画《小萝卜头》等

案例反思

一、主题鲜明

本节案例是《红岩》全书的阅读展开的项目化学习成果分享课。在项目化学习的第一阶段，学生首先阅读《红岩》，通过梳理小说的文体特征、整理故事情节，着重关注人物在典型环境中所做的选择，深入体会典型人物形象的塑造。第二阶段，结合学校的艺术特色和地理位置，引导学生实地走访渣滓洞、白公馆、红岩革命陈列馆等红岩文化基地，全面感知红岩精神的崇高美：这种精神包括坚如磐石的理想信念、不屈不挠的斗争精神、出淤泥而不染的政治品格，以及民主团结的统战思维。第三阶段，学生将个人艺术特长融入其中，通过讲述红岩故事，结合自身实际行动，传承红岩精神。此举旨在引导学生从自身出发，从身边的小事做起，成为合格的红岩精神传承者和弘扬者，实现知行合一的目标，践行崇高美的理念。这一过程旨在通过实践行动，使学生深刻领悟并践行红岩精神，推动个体价值观与社会价值观相融合，促进学生全面发展。

二、充分发挥学生的主体作用

学生作为学习的主体，理应将其置于教学活动的核心位置。只有以学生为中心，贴近他们的生活实际，才能有效引发他们的情感共鸣，进而达到预期的教学效果。在本节课中，以"红岩精神"为主题，结合学生喜爱的艺术形式，引导学生通过讲述自己在项目化学习中的感悟，反思个人行为，表达对红岩精神的理解。通过真实的活动体验，学生初步感知革命先烈坚定不移、宁死不屈等红岩精神的高尚品质。这种教学设计旨在通过学生参与的实际活动，使他们深入体会并领悟红岩精神的内涵，从而激发学生的爱国情怀和责任感，提高其思想品德。这一过程旨在通过学术性的引导和实践活动，引发学生对红岩精神的深刻思考，培养其独立思考和价值观念的塑造能力。

三、形式丰富多样

在本次活动中，通过课前阅读、参观实地景点和准备工作（如排练和绘画等），以及活动中的讲故事和表演等环节，学生充分体验了革命志士为真理而奋斗的坚定意志和无畏精神。在个人准备过程中、他人的讲述中以及观看短片时，学生不断产生新的认知，心灵得到洗礼，情感得到升华，

学科整合的美育范式和创新实践

审美观点得到持续强化。在这一过程中,学生通过参与各种活动,深刻理解了红岩精神的内涵和价值,进一步认识到革命志士为理想信念而奋斗的崇高精神。在活动中,学生的情感得到了深化,审美视角也得到了不断强化。这种体验和学习过程不仅促进了学生对历史事件和人物的认知,还有助于培养学生的情感智慧和审美素养,提高他们的思辨能力和综合素质。

案例总评

"美育"就是对美的审美和创作的一种教育,也就是通过对艺术美、自然美、社会美等方面的审美以及进行合理的审美教育,来帮助人们建立起一种正确的审美观,从而增强人们对美的鉴赏能力和创造力。学校教育要把"立德树人"这一根本任务落实到"完整的人"上来,就必须把美育从课程中抽离出来,在各个学科的教学内容中潜移默化地渗透美育,充分发挥各个学科"春风化雨"的审美教育作用。

语文是融通美育的核心学科。《义务教育语文课程标准(2022年版)》(下文简称《标准》)将"审美创造"设定为语文学科四大核心素养之一。《标准》所设定的六个"语文学习任务群",都是以或隐或显的方式对美育进行渗透和贯通的。在每一个学段中,都有对"老一辈无产阶级革命家和革命英雄人物的代表性作品及反映其生平事迹的传记、故事等"进行详细介绍,阐发革命精神的作品,以及革命圣地、革命旧址和革命文物等学习内容。

该课例从《红岩》著作出发,是一节由语文学科延伸出来,综合美术、音乐等学科的学科类综合实践活动课程。基于"整本书阅读""跨学科学习"两个学习任务群,开展项目式学习,探索蕴含于红色经典中的美育价值,帮助学生形成系统的知识观提高学生阅读综合素养,更好地帮助学生理解红岩精神,并树立为国家建设努力学习的远大理想。

不同的学习内容使每个学习任务群都有区别于其他任务群的、个性化的美育价值与美育特征。《红岩》作为一部反映党领导人民革命取得胜利的小说，梳理体现革命精神的历史人物、历史事件就成了审美观照的重要对象。

《标准》所制定的六大"学习任务群"，潜移默化地贯穿着审美教育。中国汉字是"美"的源泉，而语言又是审美最直接的客体。《红岩》这部小说的文体特征和其中的诗词、对联、俗语等丰富的语言表现方式，共同构成了语言的结构之美。学生在项目化学习过程中阅读小说，以革命历史事件、历史人物为对象，抓住典型环境中典型人物的表现，加上实地红色研学活动，充分体会红岩精神的崇高美。

（案例设计：刘耀、蒋煜生、沈燕妮 执教与反思：瞿亚君 点评：何风云）

三、学科整合美育范式综合类教学案例设计展望

未来的综合类教学案例设计将着重于学生综合素养的培养，包括批判性思维、沟通能力、团队合作和创新能力等方面。案例设计将强调培养学生的综合能力，旨在使其具备综合分析问题和解决问题的能力，进而培养学生跨学科思维和综合应用能力。这种设计注重引导学生在面对复杂问题时能够综合运用各种知识和技能，培养其独立思考和创造性解决问题的能力。

另外，未来的综合类教学案例设计将更加注重全球视野和跨文化交流。案例设计将融入国际化元素，促进学生跨文化交流与合作，培养他们的国际意识和跨文化沟通能力，帮助学生将更好地理解全球化背景下的复杂挑战，培养适应不同文化环境的能力，为未来的国际交往和合作打下坚实基础。

综合类教学案例设计还将继续利用先进技术，如虚拟现实和人工智能等，为学生创造更加生动多样的学习体验。通过技术的运用，案例设计将提供更具互动性和个性化的学习环境，激发学生的学习兴趣和创造力，促

进他们在实践中不断学习和成长。

综合类教学案例设计的未来发展将专注于培养具备综合素养、社会责任感和国际视野的学生。这种设计将为学生提供更广阔的发展空间，帮助他们在竞争激烈的社会中脱颖而出。通过持续创新和实践，综合类教学案例设计将成为教育领域的重要趋势，为学生的综合素质提升和未来发展提供更多的可能性。

第六章
PART SIX

学科整合美育范式的评价体系

　　学科整合美育范式立足于五育融合的时代背景，致力于美与德、智、体、劳等元素的贯通融合，旨在促进学生审美能力与核心素养的全面发展，实现"五育并举"育人目标。而学科整合美育范式评价体系的开发构建，能够以理论形式引导学校和教师关注美育在学科整合中的重要作用，帮助美育工作者更具科学性、更有针对性地落实美育教学过程，评价美育课程效果，从而进一步提升美育实践质量。2018年9月，习近平总书记在全国教育大会上指出，要深化教育体制改革，健全立德树人落实机制，扭转不科学的教育评价导向，坚决克服唯分数、唯升学、唯文凭、唯论文、唯帽子的顽瘴痼疾，从根本上解决教育评价指挥棒问题。[1] 2020年，中共中央、国务院印发的《深化新时代教育评价改革总体方案》指出，要改革学生评价，促进德智体美劳全面发展。其中提出要改进美育评价，全面提升学生感受美、表现美、鉴赏美、创造美的能力。[2] 同年，中共中央办公厅、国务院办公厅颁发的《关于全面加强和改进新时代学校美育工作的意见》再次强调要推进美育评价改革，明确学生发展评价内容，进一步强化学校美

---

[1] 中华人民共和国教育部.培养德智体美劳全面发展的社会主义建设者和接班人.[EB/OL].（2020-10-15）[2024-02-09]. http：//www.moe.gov.cn/jyb_xwfb/xw_zt/moe_357/jyzt_2018n/2018_zt19/zt1819_gd/mtpl/201809/t20180919_349377.html.

[2] 中华人民共和国中央人民政府.中共中央 国务院印发《深化新时代教育评价改革总体方案》.[EB/OL].（2020-10-13）[2024-03-06]. https：//www.gov.cn/zhengce/2020-10/13/content_5551032.htm?eqid=c205ee290000226a00000005649017e9.

育育人功能。① 由此可见，党和国家高度重视学校美育评价工作，把学校美育作为我国教育评价领域改革的重点任务。因此，有必要进一步探索学科整合美育范式评价体系的开发构建。本章立足学科整合美育的三大范式——艺术课程美育增值范式、学科课程美育渗透范式、综合课程美育效应范式，详细梳理学科整合美育范式的理论基础，系统构建多层次多维度的美育评价体系，为学科整合美育范式的评价工作提供参考依据。

第一节　学科整合美育范式评价的理论基础

随着教育改革的不断深化，美育在学科整合中的地位日益凸显。美育，即通过艺术教育和审美实践，培养学生的审美情感、审美判断和创新思维的能力。而学科整合，则是将不同学科的知识、方法和观念进行有机融合，形成跨学科的教学和学习模式。美育与学科整合的结合，旨在通过艺术手段，将其他学科的知识和技能融入审美体验中，提高学生的综合素质。而学科整合美育范式的评价需基于科学的理论进一步开展，第四代教育评价理论、情绪智力评价理论、生态艺术教育理论的核心理念与学科整合美育范式的评价理念具有相通之处，可作为学科整合美育范式评价的理论基础，为开发全面客观的评价工具、搭建科学有效的评价体系提供有力的理论支撑和实践指导。

一、第四代教育评价理论及其对美育评价的启示

教育评价理论自 19 世纪末起历经一百余年的发展演变，形成了当前以建构主义为哲学基础、注重多元价值的第四代教育评价理论。该理论由美

---

① 中华人民共和国教育部. 中共中央办公厅国务院办公厅印发《关于全面加强和改进新时代学校美育工作的意见》.[EB/OL].（2020-10-15）[2024-02-09]. http: //www. moe. gov. cn/jyb_xxgk/moe_1777/moe_1778/202010/t20201015_494794. html.

第六章 学科整合美育范式的评价体系

国著名评估专家库巴和林肯在其著作《第四代评估》中提出,批判了传统评价忽视价值多元性以及过分强调管理主义和科学实证主义的倾向,将评价视作参与评价的人或者团体间不断融合、协商价值标准的过程,也是一种共同的心理建构过程。[①]基于第四代教育评价理论的具体发展历程,探析其核心理念,挖掘教育评价理论对于学科整合美育范式评价的价值,可为学校美育工作提供全新的评价哲学范式与建构主义方法论。

(一)第四代教育评价理论的发展历程

教育评价活动伴随着教育的产生而逐渐发展起来,这一活动早在中国古代的考试制度中便有体现。而教育评价的概念,源自泰勒于 1933 年开始的"八年研究"。泰勒强调"教育评价本质上是一种测定教育目标在课程和教学方案中究竟被实现多少的过程"[②]。自 19 世纪末测量技术的兴起,教育评价理论更新换代,经历了测量时代、描述时代、判断时代,如今已发展至建构时代。

评价是评价主体对评价客体做出价值判断的过程。[③]20 世纪 80 年代,库巴和林肯在其著作《第四代评价》中提出的现代教育评价发展"四代论"[④],成为目前较为科学的教育评价理论划分依据。在"四代论"中,教育评价理论历经 19 世纪末起以测量为标志的第一代教育评价理论、20 世纪 30 年代起以描述为标志的第二代教育评价理论、20 世纪 50 年代起以判断为标志的第三代教育评价理论、20 世纪 80 年代起以建构为标志的第四代教育评价理论。

第一代教育评价理论在测量技术兴起时代应运而生。这一理论重视评

---

① 李吉桢. 第四代教育评价理论的中国化研究[D]. 天津师范大学,2019.
② 唐京,陈卫旗. 从"组织气氛"到"组织文化"——概念发展的逻辑[J]. 心理学动态,2001(1):62-65.
③ 冯平. 评价论[M]. 北京:东方出版社,1997:34.
④ Egon, G. Guba &Yvonna, S. Lincoln. Fourth generation evaluation. Newbury Park, Calif.:S age Publi cations,1989:148.

学科整合的美育范式和创新实践

价结果的客观化与数量化,这与当时的时代背景紧密相关。20世纪初至30年代间,西方世界发明编制了诸多量表,以用于教育测量。在这一时期,评价者更多地关注的是用科学权威的测验量表检测学生的各项数据,反而忽视了收集材料的意义价值,存在一定的片面性。

第二代教育评价理论在泰勒的"八年研究"中应运而生。这一理论克服了第一代教育评价理论对于数据过分重视的缺陷,把更多的注意力转移到对儿童测得数据的描述分析上。泰勒之所以被称作"教育评价之父",是因为在这一时期,泰勒提出将测量和评价进行区分,不能将测量和评价同等看待,而是把测量当作评价的一种工具,同时也正式提出"教育评价"这一概念。但这一理论也存在其局限性,并不能保证教育目的的合理性与适切性,也忽视了教育活动中各种非预期的行为和效果。

第三代教育评价理论在美国的教育改革中应运而生。在这一理论中,价值判断成为最为关键的评价环节。1966年,斯塔弗尔比姆对泰勒评价模式提出了异议,认为"评价最重要的意图不是为了证明(prove),而是为了改进(im-prove)。因此,评价不应局限于评判决策者所确定的教育目标预期效果的达到程度,还应该收集有关教育方案实施全过程及实施结果的资料,评价是为决策提供有用信息的过程"①,并进一步提出CIPPP评价模式。描述时代评价的显著特征是用一定的标准去衡量所得结果是否达到了既定目标,并作出"价值判断",以此来评价教育的效果。

第四代教育评价理论于1989年由库巴和林肯在《第四代评价》著作中正式提出。这一理论反思批判了前三代理论忽视多元价值、过于重视科学实证以及管理主义较为严重的局限,并以建构主义为哲学基础,强调共同建构、全面参与以及多元价值,认为教育评价是一个具有复杂、丰富内涵的过程,不应简单地对其作出评判。

---

① 陈玉琨,赵永年. 教育评价[M]. 北京:人民教育出版社,1989:298-302.

（二）第四代教育评价理论的核心理念

第四代教育评价理论避免了前三代教育理论的局限性，主张教育评价是参与评价人或团体在评价过程中不断融合进而达成共识的过程，是一个共同的心理建构过程。这一理论反对管理主义和过度的科学实证主义，更强调关注多元价值，实现参与评价群体的全面参与，进而建构评价共识。

第四代教育评价理论认为评价的实质为共同的心理建构过程。教育评价的主体是由具有自我价值判断标准的个体构成，这就意味着在教育评价过程中存在不同的价值评判标准。评价者之间、评价对象之间、评价者与评价对象之间都可能存在价值判断标准的分歧。前三代教育评价理论均是以管理者的价值判断标准为遵循，忽视了评价对象的利益需求。因此，第四代教育评价理论强调关注不同群体的利益，通过协商的方式不断减少不同群体之间的利益摩擦。评价者需要明确教育评价的一切利益相关者，并听取利益相关者的主张、焦虑与争议，通过不断回应与协商，逐步减少彼此的分歧，进而共同建构一个统一的价值判断标准。

与此同时，第四代教育评价理论不同于前三代教育评价理论将评价对象及其他利益相关者排除在外的做法，强调在评价过程中要关照每一位利益相关者的主张，尊重多元主体的价值。第四代教育评价理论强调形成性评价与终结性评价的综合运用，不过分关注参照标准的建构，而更加关注每一个人的发展需求，在反复的协商之中也能进一步激发评价利益相关者更加积极地参与评价过程，进而促进教育对象的全面提升。

（三）第四代教育评价理论对美育评价的启示

将第四代教育评价理论具体运用到教育教学实践过程中来，学校管理者更加重视每一位评价者、评价对象的主张，更加关注评价促进发展的激励功能，强调用过程性评价的方式掌握学生成长发展的全阶段，这对于学校开展教育评价具有重要的指导意义。

第一，第四代教育评价理论有助于学校管理的可持续发展。第四代评价理论"回应式的聚焦方式"彰显了对利益相关者"主张、焦虑、争议"的充分关注与尊重。① 这种对于学校内各评价主体的尊重与关注,启发学校管理者在教育评价过程中避开过度的管理主义陷阱,运用人本主义的管理模式,听取不同教师的教学评价意见与建议,不断实现学校办学共识、教育共识的生成与建构。由此一来,学校教师队伍具有明确统一的发展愿景,学校管理也能够实现可持续发展。

第二,第四代教育评价理论为学校教育评价提供了全新的评价哲学范式。当前多数学校管理是通过评价活动对教育过程中的目标、方式、结果进行绩效问责,进而以强制性的量化结果执行管理。第四代评价理论所指向的共同建构则能够较好地促进学校各主体间的融合。这种强调利益相关方共同参与多元价值的取向,是评价哲学范式的一次变革,有利于学校在坚持自身运行逻辑的同时,保证场域内各权力主体的话语权,为各主体共同参与评价机制培育环境。②

第三,第四代教育评价理论为学科整合美育范式评价提供了建构主义方法论。第四代教育评价理论批判了实证主义倾向的教育评价模式,指出了数字导向背离教育评价初衷的现象,更加关注学生发展的全过程。这一点启发学校管理者在学科整合美育范式评价的过程中,更多地采取过程性评价、实质性评价、分类评价等多种方式。学科整合美育范式评价不等于传统纸质测评,不仅仅以传统的评价方式即测评知识的分数来考察,而应关注在实践活动过程中学生从陶冶情操到激发创新创造美的转化过程。应当建立多元、多样态评价方式,关注学生真实的进步,捕捉有创意的表现,记录典型的行为态度,加深美育体验,发现美育潜能,提高学生的审美修养和审美能力,培育和健全学生的审美心理结构,培养学生敏锐的感知力、丰富的想象力和无限的创造力,促进学生素养发展,提高学生创新和综合

---

① 古贝, 林肯. 第四代评估[M]. 秦霖, 蒋燕玲, 译. 北京: 中国人民大学出版社, 2008: 100-104.
② 王江曼. 高校二级学院评价的理性审视和进路构想——基于场域理论和第四代评价理论[J]. 浙江理工大学学报(社会科学版), 2022, 48(1): 99-107.

素养，实现人的全面发展。

二、情绪智力理论及其对美育评价的启示

情绪智力理论的提出为教育的发展带来了新视角，人们开始关注情绪在教育教学环节中的重要作用。良好的情绪能够作为有效中介在课堂教学过程中发挥提高教学效果的作用。基于情绪智力理论的具体发展历程，探析其核心理念，挖掘情绪智力理论对于学科整合美育范式评价的启发之处，可促使学校美育工作从知识取向到知识美感的评价理念的转向。

（一）情绪智力理论的发展历程

情绪智力首次作为正式概念被提出，始于 1990 年。美国心理学家萨洛维和梅耶在加德纳的多元智力理论基础上，进一步提出了情绪智力理论，并将情绪智力定义为个体监控自我和他人的情绪，识别情绪并运用情绪信息指导思维和行为的能力[①]，首次把情绪纳入智力范畴，具有里程碑意义。1997 年，他们修订了情绪智力的定义：知觉、评估和表达情绪的能力，情绪促进思维的能力，理解、分析和运用情绪的能力，调节和促进情绪的能力。[②]这一定义一直沿用至今。

自此，情绪智力研究如火如荼，得到了进一步发展。1995 年，哈佛大学心理学博士戈尔曼在《情绪智力》一书中提出，情绪智力包括认识自我情绪的能力、管理自我情绪的能力、激励自我情绪的能力、识别他人情绪的能力以及处理人际关系的能力，指出情绪智力结构则包括自我意识、自我管理、社会意识、社交技能等 4 个因素以及 20 种能力。

---

① Salovey P. & Mayer J. D. Emotional intelligence[J]. Imagination, cognition, and personality, 1990, 9（3）: 185-211.
② Mayer J. D. & Salovey P. What is emotional intelligence? In: Salovey P. & Sluyter, D.（Eds.）. Emotional development and emotional Intelligence: Implications for educators[M]. New York, NY, USA: Basicbooks, Inc, 1997. 3-31.

随后，2000年，以色列著名心理学家巴昂出版《情绪智力手册》一书，这是迄今为止第一本全面研究情绪智力的专业著作，标志着情绪智力研究进入繁荣发展阶段。①他认为情绪智力是影响个体应对环境压力的一系列情绪、人格和人际能力的总和，情绪智力结构则包括个体内部、人际、适应性、压力管理、一般心境等5个维度以及15种子成分。②2000年，Petrides等人在研究中将情绪智力理论观点整合为一体，其包括肯定自我、管理他人情绪、社会能力、表达情绪等15个具体构面。

（二）情绪智力理论的核心理念

情绪智力理论体系的核心理念之一为自我情绪意识，这是达成自我和谐的关键能力，表现为运用自我知觉能力对自己的情绪进行自我评价、自我判断、自我激励。其核心理念之二为同理心，这是达成人际和谐的关键能力。人本主义心理学家卡尔·罗杰斯认为同理心的具体含义应包括三个层面：一是能接收并体会到他人的情绪变化；二是能准确地表达并传递出对他人情感体验的共鸣；三是跳出同感，达成深层次的交流，以影响并干预对方的情绪。③其核心理念之三为乐观主义，这是达成人生幸福美好的关键能力。乐观主义可以使个体葆有积极向上的人生态度，在为人处世上能够抵御负面情绪的干扰，进而更容易产生幸福感，创造美好人生。

情绪理论的核心理念指向个体精神世界的丰盈，与学科整合美育范式的培养目标不谋而合。在美育教育的过程中，学生具备正确的审美价值观与综合发展的审美素养，能够有效助力其世界观、人生观、价值观的培育。情绪智力正是学生在成长过程中对个体、对他人、对世界建立情感体验与人生态度的关键能力。在学校美育过程中，学生情绪智力的提升也意味着学生审美经验、审美能力、审美素养的全面提升，二者具有契合之处。

---

① 李春杰.国外情绪智力理论及其应用[J].社会科学战线，2014（6）：279-280.
② Bar-On R. BarOn Emotional Quotient Inventory: Technical Manual[M]. Toronto，Multi-Heath Systems Ins， 1997.
③ 罗杰斯著作精粹[M].刘毅，钟华，译.北京：中国人民出版社，2005：265.

（三）情绪智力理论对美育评价的启示

情绪智力是人们在学习、生活和工作中影响其成功与否的非认知性心理能力，包括情绪觉知能力、情绪评价能力、情绪适应能力、情绪调控能力和情绪表现能力等五种因素。[①]情绪智力理论启发学科整合美育范式以愉悦而适切为评价原则，评价要让学生产生愉悦的体验，体现美的主观性，用合适贴切的方法体现美的客观性。学科整合美育范式评价不仅关注知识取向、片面性美、美学能力的评价，而且关注发展学生的知识美感、全面性美、美学素养，使学生树立正确的情感、态度、价值观，创造美好的人生。

学校的教育过程和社会对教育的评价标准都只注重知识教育，而忽视了情感教育这一领域。[②]传统的教育评价往往以知识为导向，注重学生对知识的掌握程度。在这种评价方式下，学生需要记忆和理解大量的知识，以便在考试或评估中取得好成绩。然而，这种评价方式往往忽略了学生在学习过程中的情感、态度、价值观等方面的发展。随着社会的不断发展，对人才的需求也在不断变化，现代社会需要具有创新精神、批判性思维、解决问题的能力的人才。因此，学科整合美育范式评价原则逐渐转向知识美感，关注学生在学习过程中的体验和感受，注重学生的情感、态度、价值观等方面的发展，激发学生的学习热情和兴趣，培养创新型人才。

三、生态艺术教育理论及其对美育评价的启示

生态艺术教育反对学科独立和技术培养导向的传统教育模式，注重艺术门类与学科间的有机融合[③]，致力于丰富学生的审美经验、培育学生的

---

① 徐小燕，张进辅. 情绪智力理论的发展综述[J]. 西南师范大学学报（人文社会科学版），2002（6）：77-82.
② 傅婵. 情绪智力与中小学生的情感教育[J]. 外国中小学教育，2003(3):46-49.
③ 汪小婷，王苗. 全球视野下的生态艺术教育理论系统综述[J]. 大众文艺，2022（9）：116-118.

生态审美行为、形塑学生的生态审美价值观。基于生态艺术教育理论的具体发展历程，探析其核心理念，挖掘生态艺术教育理论对于学科整合美育范式评价的启发之处，可为学校美育工作实现生态转型与学科整合提供思路与方向指导。

（一）生态艺术教育理论的发展历程

20世纪末，生态艺术教育理论被首次提出，被界定为一种由生态意识主导人类艺术活动与体验的教育。21世纪初，以滕守尧为代表的中国学者将生态关系融入艺术教育，试图超越并取代学科独立、技术导向的传统艺术教育，实现艺术教育与其他学科的融合发展。2020年，曾繁仁先生提出："在后工业'生态文明'新时代，美育的生态转型乃时代发展之必然趋势。"①

生态艺术教育作为一个仍在建构发展的跨学科理论形态，其相关学理研究尚少，且研究导向尚未形成共识。西方学者将生态艺术教育指向生态导向，认为生态艺术教育可缓解资本主义社会技术滥用、发展不均衡的问题，强化生态人文主义进而实现人与自然和谐相处。而中国学者更倾向于将生态艺术教育指向审美导向，认为生态艺术教育可实现多学科之间的融通教育，将达成审美体验和生态价值的深度契合，进而影响学生的心理结构，促使其精神的成长。②

（二）生态艺术教育理论的核心理念

不同艺术学科间的相互联系、相互渗透，形成一种互生互补的生态教育，这种教育模式能够培养具备基本艺术素养、艺术审美与创造力的学生。"整体共生"的生态审美理念既指人与自然的和谐，也指人与社会的和谐。生态艺术教育理论的核心理念具体包括以下三点。

---

① 曾繁仁. 关于当代美育的生态转型[J]. 美育学刊，2020，11（05）：1-4.
② 滕守尧. 回归生态的艺术教育[M]. 南京：南京出版社，2008.

其一，指向学科融通的生态艺术教育。当前的艺术教育因过分强化独立艺术技能而各自分立，这与美育的本质相悖。有学者指出要增强艺术教育的融通性，生态艺术教育的使命之一就是实现艺术学科的融通，实现不同艺术学科、不同学科领域的生态融合。[①]生态艺术教育意味着多种艺术"相互联通、相互对话，以激发出全面的艺术能力和艺术智慧"[②]。实现学科的融通性，就能够实现学生综合素质与核心素养的全面发展。

其二，指向可持续发展的生态艺术教育。2001 年，滕守尧首先提出："……生态式艺术教育是一种注重保护人类精神家园、使人本身得到可持续发展的教育。"[③]生态艺术教育能够强化学生人与自然和谐相处、生态环境可持续发展的审美认知，帮助孩子形塑保护自然环境与人类精神家园可持续发展的审美理念。

其三，指向多样元素的生态艺术教育。生态艺术教育具有天然的丰富性特征，生态环境的一切要素都可为生态艺术教育提供素材，动植物的多样性、颜色与材料的丰富性、一年四季的更迭性、宇宙行星的运行轨迹等，都为生态艺术教育提供了天然的教学图式与载体。

（三）生态艺术教育理论对教育评价的启示

周宪指出："美育是一个跨学科领域，美学（及相关学科）、艺术学、教育学和心理学是美育的四个支撑性学科，这些学科背景的差异既是美育学科共同体的生态，又是相互学习参照的根据。为此，当下美育学科共同体建设的关键任务之一，就是提倡美育学科想象力，克服固有学科的视角局限，学会从其他学科来看待美育，进而为各自学科寻找赋能的新资源。"[④]目前，学校美育主要通过艺术类学科课程实现。在"五育融合"时代背景下，

[①] 周星. 当下美育观念辨析与高校美育难题再认识[J]. 美育学刊, 2020, 11 (5): 11-15.
[②] 滕守尧. 回归生态的艺术教育[J]. 社会科学战线, 2009 (1): 236-247.
[③] 滕守尧. 生态式艺术教育与人的可持续性发展[J]. 民族艺术, 2001 (1): 45-50.
[④] 周宪. 美育的学科共同体及其想象力[J]. 美育学刊, 2021, 12 (4): 1-7.

学科整合的美育范式和创新实践

美育课程以艺术类学科课程为载体，融合德、智、体、劳等，实现"五育并举"，以美育浸润实现共同育人的目的，共同促进学生的全面发展。生态艺术教育理论启发学校管理者在开展学科整合美育范式教学时重视美育与其他学科之间的融通性，实现整体共生，同时能够关注课程的可持续发展与多样化要素的运用。

第二节 学科整合美育范式的评价工具

学科整合美育范式需要根据开发的目的，针对不同的课程选择不同的评价工具。评价工具有量化评价工具和质性评价工具，从评估教学情况、促进教学改进和促进学生美育发展的目的出发，形成艺术类课程评价工具、学科类课程评价工具和综合类课程评价工具三种。根据不同的课程特点选择对应的评价工具，进行不同层次不同程度的美育范式评价。

一、评价工具的类型

评价工具分为量化评价工具和质性评价工具，量化评价工具主要有等级量表、问卷调查、测验和考试以及作业和项目评估等，质性评价工具主要是教师评价法、课堂观测表和学生成长报告册三种。

（一）量化评价工具

1. 等级量表

等级量表是一种常用的量化评价工具，将学生的学习成果或表现分为不同的等级，并为每个等级赋予相应的分值。例如，我们可以将学生的作业质量分为A、B、C、D四个等级，并为每个等级赋予相应的分数。

2. 问卷调查

问卷调查是收集学生对课程内容与结构、教学方法与手段、教师素质与教学态度、学习环境与设施、课程目标与达成度等反馈意见的工具。问卷通常采取匿名形式，学生可以在不透露个人信息的情况下回答问题，从而减少可能的偏见和顾虑，更愿意真实地表达自己的观点和感受，使得反馈更加真实可信。问卷调查的结果可以通过统计软件进行量化分析，使得评价结果更加精确和客观。

3. 测验和考试

测验和考试是一种传统的评估方法，通过给学生提供选择题、填空题、简答题等形式的问题，来测试他们对特定知识和技能的掌握程度。测验和考试的结果通常以分数形式呈现，便于量化和比较。

4. 作业和项目评估

教师可以通过检查学生的作业和项目成果来评估他们对所学知识和技能的应用能力。这种评估方式可以更加全面地了解学生的学习情况，同时也能够鼓励学生在实践中学习和提高。

(二) 质性评价工具

量性评价工具可以观察测量学生课堂学习的外在表现，但不能解释行为过程以及行为产生的深层次原因。质性评价工具则可以通过分析学习行为的外在表现进一步解释行为过程及行为表现产生的原因。例如，教师评价法、行为观察记录表和访谈记录表。

1. 教师评价法

教师评价法是在与学生的日常交往、教学互动中，教师对学生的学习态度、学习能力、学习情况、学习行为等方面的评价。教师评价的方式可以是口头夸赞，也可以是正式的书面点评。在教学过程中，教师与学生的教学互动，教师大多以口头表扬的形式进行评价，或教师写教学日志记录下学生的相关行为表现，在最终的期末点评册上予以反馈。

学科整合的美育范式和创新实践

2. 课堂观测表

课堂观测表主要是研究学生和教师在课堂上的表现，然后根据表现确定合理观察的方向，同时对收集的数据进行科学分析，从而改善课堂教学而开发的一种工具。通过观察学生在课堂上的表现并将其记录在专门的观察表格中，用以了解学生的学习习惯和学习效果，分析观察记录的结果，诊断问题所在，制定培养策略。质性评价工具主要采用行为观察和访谈方式，为实践者提供结构化的、操作性较强的工具支持。

3. 学生成长报告册

学生成长报告册是一种记录学生在校期间成长历程的工具，通常包括学生在学业、品德、特长、社会实践等方面的表现和评价，以及对学生的综合评价和展望未来的建议。主要从学业表现、品德表现、特长和兴趣爱好、社会实践经历、综合评价、展望未来等几个方面编写学生成长报告册。

美育成长报告册的发展历程可以追溯到西方美学教育的兴起。在古希腊和古罗马时期，缪斯教育是美学教育的主要形式，此美学教育以希腊神话中的女神命名，注重培养学生在音乐、绘画、雕塑和诗歌等领域的技能和才华。随着时间的推移，美学教育逐渐发展并融入更多的艺术形式，包括戏剧、舞蹈、建筑等。美育一直是西方教育体系中一个重要的组成部分。从早期笼统而模糊的思想，到后来明确"美育"概念的出现，美育在教育领域中的地位逐渐得到认可和重视。随着社会的发展和教育需求的变化，美育成长报告册也逐渐发展成为一种记录和展示学生在美育中成长的重要工具。

二、评价工具的开发

评价工具开发的目的是评估教学美育情况、促进教学美育渗透以及促进学生美育发展，关于学科整合美育范式的评价，尚缺乏系统化的评价体系。根据艺术类课程、学科类课程和综合类课程的特点，有针对性地开发出了相应的评价表，主要采用的方法有访谈法、观察法等。对于艺术类课程，主要采用评价量表、美育成长报告册等形式；对于学科类课程，主要根据不同的学段制定课堂观察记录表；对于综合类课程，主要基于PBL模式构建综合类课程评价理论模型。

（一）开发目的

1. 评估教学美育情况

教学评价工具能够帮助教师全面了解学生的学习情况，包括学生对知识的掌握程度、学习态度、学习方法等。通过使用评价工具，教师可以更加准确地识别学生的学习难点和需求，从而有针对性地调整教学策略，采取个性化的教学方法。学科整合下美育范式评价工具的不同之处还在于其评估美育浸润学生心灵的教学成果，即隐性的教学影响。开发评价工具的目的是检测学生发现美、感受美、创造美的能力是否得到提升。

2. 促进教学美育渗透

教学评价工具不仅用于评估学生的学习成果，还可以作为教师自我反思和改进教学的依据。通过对评价结果的深入分析，教师可以发现自己在教学过程中的不足和优点，进而调整教学方法和策略，提高教学效果。学科整合下的美育范式评价不仅需要考虑教学方式是否蕴含美的元素，还要考虑教学过程是否体现美的渗透，让学生能够充分感受过程美，使其热爱学习、主动探索知识，乐在其中。

3. 促进学生美育发展

教学评价工具通常涵盖多个方面，如知识掌握、技能运用、态度情感等。学生可以通过评价工具了解自己在各个方面的表现，进而调整自己的发展方向，实现全面发展。此外，还能提供个性化学习建议。教学评价工具往往能够根据学生的学习情况和表现，提供个性化的学习建议。这些建议可以帮助学生更好地规划自己的学习路径，提高学习效率。学科整合的美育范式评价重在让美浸润学生的心灵，让学生在生活和学习中感知美的存在，培养学生发现美、感受美、欣赏美、创造美的能力。

（二）开发思路

1. 艺术类课程评价工具的开发思路

艺术类课程评价工具的开发应遵循艺术教育的特点和目标，结合学生的艺术学习需求和发展阶段，以提供全面、客观、有针对性的评价。艺术类课程评价主要是指以培养学生审美感知、艺术表现、创意实践、文化理解为价值取向，以各艺术学科独特的审美方式为基本载体，以体验、转化美、创造美为主要线索，融合音乐、美术、舞蹈、戏剧、影视等课程中相关联的审美视点，以艺术类课程课堂教学、艺术赏析、艺术创作等为主要实施途径，实现艺术与多学科的跨界组合，实现艺术课程的美育增值。

艺术类课程分为国家艺术课程、艺术学科拓展课程和艺术活动课程三种，国家艺术课程主要是音乐和美术，根据国家颁布的相关政策文件制定相应的评价表，旨在达到国家要求的基本标准。艺术学科拓展课程和艺术活动课程是根据办学特色开展的校本化艺术课程，艺术学科拓展课程以成长记录手册的形式评价学生美育发展的各个阶段，人手一册，周期为六年，艺术活动课程以面向人人、面向班级、面向年级、面向特长分层实施，开展展示性评价。

首先，应当明确评价美育目标，包括知识、技能、情感态度等多个方面，确保评价内容与课程目标一致。其次，关注学生发展。关注学生的个性发展和创造力培养，评价内容不应仅局限于技能水平，还应包括学生的创新思维、艺术鉴赏能力、艺术表现等方面。最后，采取多元化的评价方式，如作品展示、表演、讨论、自我反思等，以全面反映学生的艺术学习成果。鼓励学生进行自我评价和同伴评价，促进他们对自己进行艺术学习的反思。在评价工具中，量化评价和质性评价要结合。量化评价可以提供客观的数据支持，如技能水平、参与度等；而质性评价则能更深入地了解学生的学习过程和情感体验,如作品背后的创意、学生的自我反思等。

总之,艺术类课程评价工具的开发思路应以学生的艺术学习和发展为中心,结合艺术教育的特点和目标,设计全面、客观、有针对性的评价工具,以促进学生的艺术素养和创造力的提升。

2. 学科类课程评价工具的开发思路

学科类课程评价不仅重在关注学生成长,尊重和保护学生的兴趣爱好和个性特点,还关注学生对学科知识美的感受和创造。学生在学习过程中能感受各个学科的独特魅力。学科课程美育渗透范式评价在发展评价中体现美,一是多元化的评价指标,不仅关注学生的知识掌握情况,还要关注学生的能力、情感、态度等方面的发展。二是多样化的评价方式,采用多种评价方式和手段,如书面测试、口头表达、实践操作、作品展示等。此外,应根据课程目标选择适合的评价类型,包括选择题、填空题、简答题、论述题、案例分析题等。同时,也可以考虑采用更为创新的评价方式,如项目制评价、表现性评价等。三是多元化的评价主体,不仅包括教师评价,还要包括学生自评、互评、家长评价等。四是重视形成性评价,不仅要关注学生的学习结果,还要关注学生的学习过程和学习方法。与传统的总结性评价相比,形成性评价更注重学生在学习过程中的表现和发展。五是激励化的评价结果,不仅要指出学生的不足之处,还要肯定学生的优点和进步。因此,学科课程美育渗透范式评价应发挥评价的牵引和导向作用,探索出两个学科课程美育渗透范式评价工具:一是学科课程美育渗透观测表;二是学科课程美育渗透表现表。

总之,学科类课程评价工具的开发思路应以明确课程目标为基础,选择适当的评价类型,确保评价的有效性和可靠性;重视形成性评价,提供反馈与指导,同时保持一定的适应性和灵活性。在技术支持下,可以不断创新评价方式,以更好地促进学生的学习和发展。

3. 综合类课程评价工具的开发思路

综合类课程评价工具是指用于评估综合类课程教学质量和效果的工具，旨在收集和分析学生在课程学习过程中的表现、进步和成就，以及课程本身的设计美、实施美和效果美等。国务院办公厅印发的《深化新时代教育评价改革总体方案》《关于全面加强和改进新时代学校美育工作的意见》，特别强调要改进美育评价，进一步强化学校美育育人功能，构建德智体美劳全面培养的教育体系。

目前，美育评价存在评价标准单一，用一把尺子衡量每一位学生等不科学、不完善的做法，挤压并窄化了美育教育的功能。美育评价应关注学生的真实进步，捕捉有创意的表现，记录典型的行为态度，加深美育体验，发现美育潜能。因此，为了让美育真正落地，以综合拓展性课程为美育载体，积极探索构建课堂、校园、社区等多元参与的评价体系，让评价更具有多元化、整体性、时代性、全面性，让评价真正引领学生走向美好的人生。

综合类课程活动评价普遍存在目标含糊雷同，重过程轻结果，方法不严谨，评、教、学缺乏一致性等问题。综合课程美育效应评价基于PBL模式构建，基本步骤分为确定主题、活动导入、活动组织、活动展开、总结反思、活动拓展等六个环节，以上环节并非固定不变，而是可以灵活安排的。可以将其进行一定的调整，把活动环节分为确定主题、活动设计、活动实施、活动成果展示与总结评价四个步骤。同时，将PBL模式中的选定项目、制订计划、活动探究、作品制作、成果交流和活动评价归纳总结为选定项目、制订计划、活动探究、作品制作与成果交流评价。

结合综合实践活动流程，设计基于PBL模式的综合实践活动评价理论模型。综合类课程美育效应评价分为选定项目评价、制订计划评价、活动探究评价、作品制作与成果交流评价（见图6-1）。

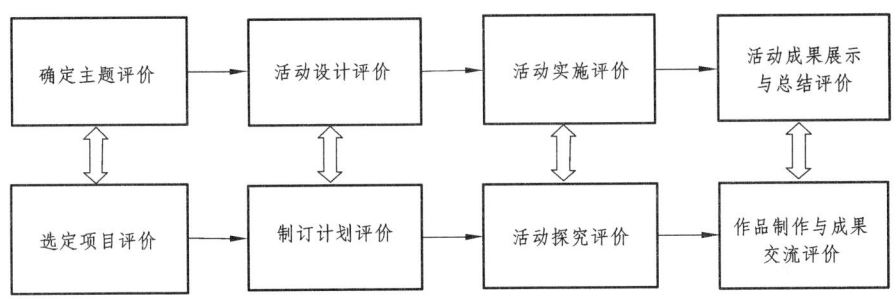

图 6-1 综合类课程美育效应评价理论模型

三、评价工具的选择

根据评价工具的开发思路,儿童艺术学校研制出艺术类课程评价工具、学科类课程评价工具以及综合类课程评价工具三种评价工具。根据其不同的课程特点,有针对性地选择适合的量性评价或质性评价工具,形成儿童艺术学校特有的三大类评价工具。

(一)艺术类课程评价工具

2020年,中共中央、国务院印发《深化新时代教育评价改革总体方案》,强调要推进教育评价,探索学生增值评价,促进学生德智体美劳全面发展。宋乃庆教授指出,"探索增值评价"的提法在中央文件中出现尚属首次,值得我们美育行业注意,也值得我们美育工作者为之振奋。增值性评价作为一种重视过程的发展性、形成性评价,通过获得评价对象在两个及以上时间段的成长数据,分析其在一段时间内成长的"增加值"。评价的目的不是评判评价对象的优劣,而是关注学生的进步程度和变化,把落脚点放在提高人才培养质量上。艺术课程美育增值范式评价积极构建以培养学生正确的审美价值观、形成关键的审美能力、综合发展的审美素养为评价核心,让每个学生的每一天都是美好的。

1. 国家艺术课程美育增值评价

《义务教育艺术课程标准（2022年版）》指出："坚持素养导向。围绕核心素养内涵、课程总目标和学段目标，依据课程的内容要求、学业要求和学业质量标准进行全面、综合的评价，既要关注学生掌握艺术知识技能的情况，又要重视对价值观、必备品格、关键能力的考查。"国家艺术课程美育增值评价注重素养导向，从审美感知、艺术表现、创意实践、文化理解4个维度实施评价，体现教、学、评一体化（见表6-1）。

表6-1 国家艺术课程学科评价量表

	维度描述	评分					改进意见
审美感知	审美对象富有意味的表现特征，以及艺术活动与作品中的艺术语言、艺术形象、风格意蕴、情感表达	5	4	3	2	1	
艺术表现	艺术活动中联想和想象的发挥，表现手段与方法的选择，媒介、技术和艺术语言的运用，以及情感的沟通和思想的交流	5	4	3	2	1	
创意实践	营造氛围，激发灵感，对创作的过程和方法进行探究与实验，生成独特的想法并转化为艺术成果	5	4	3	2	1	
文化理解	感悟艺术活动、艺术作品所反映的文化内涵，领会艺术对文化发展的贡献与价值，阐释艺术与文化之间的关系	5	4	3	2	1	

（1）音乐学科。对音乐学科进行模块化评价，具体分为情感态度、音乐常识、表演水平、个人特长4个模块，每个模块必须获得基本学分（合格），允许学生根据自身情况选择模块获得加分，通过对学生进行日常过程性观察记录和期末选择性表演对学生进行最后学业评定（见表6-2）。

表6-2 国家艺术课程音乐学科模块化评价表

音乐学科模块化评价表			
	日常过程性观察记录	期末选择性表演
情感态度		
音乐常识		
表演水平		
个人特长		
综合评定		

（2）美术学科。美术学科运用"学生成长记录袋"。实施过程性发展性评价。教师结合学生每次作业的自评情况和作业的实际质量给出A、B、C、D四个等级，达到B等的入选，入选达到一定数量就可以获得学期优秀等级（见表6-3）。

学科整合的美育范式和创新实践

表 6-3　国家艺术课程美术学科记录袋

序号	作业内容	作业自评（AB/C/D）	教师评价（AB/C/D）
1			
2			
3			
4			
……			

学期等级：

2. 艺术学科拓展课程美育增值评价

艺术学科拓展课程美育增值评价重在开齐开足艺术相关课程，尊重教育规律和人才成长规律，激发学生的积极性，提高学生参与度，展现学生风采。艺术学科拓展课程美育增值评价将美育评价和艺术评价相结合，纳入学生综合素质报告册，关注学生个体成长，尊重和保护学生的兴趣爱好和个性特点，促进学生全面发展。

学生成长报告册是一种记录学生在校期间成长历程的工具。其中，美育成长报告册是一种记录学生美育成长的报告。

针对本学校美育实际教学情况，我们制定了《重庆市沙坪坝区儿童艺术学校美育成长报告册》，主要从美育主要目标和美育同时目标两个方面着手对学生进行评价，期期反馈，六年一本，见证学生六年的成长（见表6-4）。

表6-4 学生美育素质评价成长报告册

学生美育素质评价		☆	☆☆	☆☆☆
美育主要目标		☆	☆☆	☆☆☆
感美	审美感知、判断、享受			
立美	审美认知、体验、向往			
创美	审美想象、意象、创造			
美育同时目标		☆	☆☆	☆☆☆
德育	品德行为的道德审美欣赏、感受与创造能力			
智育	感知、记忆、思维、表现和创造能力			
体美	健康运动的审美欣赏、感受与创造能力			
劳育	审美认知能力、实践能力、体验能力			
出勤情况:				

（1）感美：感美包括审美感知、判断、享受。感美是通过欣赏艺术美、自然美、生活美、社会美等培养学生的审美能力和文化素养，教师通过引导学生观察、情境体验、互动交流、创造表现等方式，检测学生的审美感知、判断、享受情况。

（2）立美：立美包括审美认知、体验、向往。立美是通过体验表演、展示、制作等方式来表达自己对美的理解和感受，教师通过引导学生绘画、手工制作、音乐表演、文学作品朗诵、舞台表演等方式，检测学生的审美认知、体验、向往情况。

（3）创美：创美包括审美想象、意象、创造。创美是通过自己的创造来表达对美的想象，教师通过引导学生绘画创作、手工制作、文学作品创作、表演创作、环境美化等，检测学生的审美想象、意象、创造情况。

（4）德育：在教育实践中，要同时检测美育和德育的效果，以全面了解学生的综合素质和品德发展情况。对学生的思想品质、道德观念、社会

学科整合的美育范式和创新实践

责任感、法律意识等方面进行考查，可以评估学生对社会、对他人、对自身的态度和价值观，以及他们的行为表现和社会责任感。

（5）智育：在教育实践中，要同时检测美育和智育的效果，以全面了解学生的综合素质和智力发展。对学生知识、技能、思维能力和创新能力等方面进行考查，通过考试、作业、项目完成情况等评估学生对所学知识的掌握程度。

（6）体育：在教育实践中，要同时检测美育和体育的效果，以全面了解学生的综合素质和体能发展情况。对学生身体素质、运动技能、健康行为等方面进行考查，通过体能测试、运动技能评估、健康检查等评估学生对体育锻炼的参与度和效果。

（7）劳育：在教育实践中，要同时检测美育和劳育的效果，以全面了解学生的综合素质和劳动技能发展情况。对学生劳动观念、劳动技能、劳动习惯等方面进行考查，通过组织学生参与艺术创作和劳动实践，评价学生的审美能力和劳动技能，或者通过劳动实践中的表现评价学生的艺术创造力和合作精神等。

3. 艺术活动课程美育增值评价

艺术活动课程是国家艺术课程的补充，旨在引导学生把技能、体验综合创造表达出来，是学生表现美的课程。艺术活动课程坚持小班化（教学）、分层教学两大策略，达到"人人会乐器，个个会跳舞"的目标，做到"班班有团队，月月有活动，期期有展示"。

《义务教育艺术课程标准（2022年版）》指出："坚持以评促学。倡导评价促进学习的理念，关注学生真实发生的进步，捕捉、欣赏、尊重学生有创意的、独特的表现，并予以鼓励，不断加深学生的艺术体验，引导学生发现自己的艺术潜能，合理运用评价结果改进学习，发展自己的艺术特长。"针对艺术活动课程美育增值评价，学校进行了整体设计，按照面向人人、面向班级、面向年级、面向特长的原则分层实施，开展展示性评价。

学生的审美与人文素养从何而来？我们坚定地认为，主要从艺术实践活动中来。学生的差异很大，必须区分艺术实践活动的层次。艺术实践活动分为面向人人、面向班级、面向年级、面向特长四个层次。艺术活动课程美育增值评价强调实践、经历，强调学生参与，重在激发学生热爱艺术，鼓励他们在原有基础上不断进步。

（1）面向人人。面向人人的艺术活动有期末汇报演出、新年音乐会、校园集体舞等活动。比如，期末汇报演出是艺术活动课程一大特色，也是一项传统活动。从建校以来，每学期结束各团队都要汇报自己的成果，也邀请全校家长一同参与，与学生共同分享艺术成果。上学期是人人上台展示，下学期是精品创作展示。学校还组织学生到大剧院进行期末汇报演出，向重庆市群众展现美。新年音乐会每年一届，至今已经举办了33届。比如，2024年学校举办以"艺展歌喉，唱响未来"为主题的第33届新年音乐会，邀请了5位教师和18位学生作为节目评委，评选出各年级的最佳表演奖、最受欢迎奖和最佳组织奖（见表6-5）。校园集体舞，大课间音乐一响起，操场上人人跳起欢快的集体舞。现在每天歌声嘹亮，将民族民间舞等特色融入大课间，艺术活动参与率达到100%。

表6-5 新年音乐会评分表

新年音乐会评分表							
班级	歌曲内容（10分）	表情台风（10分）	歌唱技巧（30分）	舞台编排（20分）	服装统一（20分）	背景道具（10分）	总分
一年级一班							
一年级二班							
……							

（2）面向班级。学校面向班级的艺术活动有班级合唱、班级器乐、音诗画等活动。班级合唱、班级器乐由音乐教师利用日常时间和上课练习时间进行开展，参与率达到100%，学校班级合唱和班级器乐获得2023年重庆市中小学艺术活动月比赛一等奖。音诗画是集音乐、诗歌、舞蹈于一体的艺术表现形式，由学生自创、语文和艺术教师指导，在班级活动中展示。

（3）面向年级。面向年级的艺术活动有小课题展示、综合实践活动等活动，如美术班同学把这一年的最优秀的美术作品做成台历，义卖的钱给重庆市奉节县某学校的孩子购买校服。为了丰富学生大课间生活，艺术教师组织学生自编自创校园集体舞，《校园集体舞》小课题获沙坪坝区一等奖。

（4）面向特长。面向特长的有精品节目创作、中外人文交流、出国演出等，每年参加多次交流演出，如英国爱丁堡国际艺术节、迎冬奥和杭州亚运会倒计时200天等展演、承办重庆市关工委建党100周年活动、重庆市少儿曲艺大赛等。

全校有40%的学生在国家级、市区级展演中荣获一、二等奖。舞蹈《小花的梦》一举获得群星奖金奖，美术作品《包谷熟了》获群星奖金奖，舞蹈《移民娃娃搬新家》获重庆市一等奖，表演唱《民工子女上学校》获得文化部、教育部金奖，清音《江妈妈，我们对您说》获教育部三等奖，琵琶表演唱《采花花》获教育部三等奖。

进行艺术课程美育增值范式评价，挖掘学生美育个性，提升学生文化理解、审美感知、艺术表现、创意实践等核心素养，丰富学生的精神文化生活，让学生身心更加愉悦，活力更加彰显，人格更加健全。学生进行心理健康测评，健康程度达到100%。让人人都是美育工作者，增强教师的美育意识，提高教师的美育素养。学校创作十余个精品节目，荣获文化部、教育部金奖；先后获得首批"重庆市艺术教育示范学校""重庆市学校艺术教育工作先进单位"、首批"沙坪坝区特色学校"等多项荣誉称号。此外，学校蝉联"教育部全国艺术教育先进单位"，还获得教育部首批"中华优秀文化艺术传承学校""重庆市美育特色学校"等十余个市级以上荣誉称号，获批西南大学"伶俐美育基金"。

（二）学科类课程评价工具

1. 学科课程美育渗透观测表

课堂观测表是通过研究在课堂上的表现，确定合理的观察点，在收集客观数据的基础上，对数据进行科学分析，从而为更好地改善课堂教学而开发的一种工具。学科课程美育渗透观测量表是基于渗透语言美、逻辑美、简洁美、文化美等美育因素，观测是否达到学科课程美育渗透的目的，是否用美促进学生审美发展、提高学生审美和人文素养。

学科课程美育渗透课堂观测表主要是通过关注教师设计、关注学生课堂学习状态和学习效果的渠道，反映教师的美育渗透课堂情况。该表从观评项目、指标具体要求、评价等级和改进意见四个维度进行评价，再从关注设计和关注学生两个方面开展评价（见表6-6）。

表6-6 学科课程美育渗透课堂观测表

班级		授课教师		观测时间	
课题				课时	
观评项目	指标具体要求			评价等级（优、良、中、差）	改进意见
关注设计	1. 是否了解学生已有认知。是否关注学生对知识后续学习				
	2. 教学目标是否以素养为导向渗透美育				
	3. 教学重难点和审美视点是否把握好				
	4. 审美视点教学环节清晰与否。美育渗透突出与否				
	5. 板书设计是否推动教学过程				

续表

关注学生	关注学习状态	倾听： 1. 课前准备好，坐姿端正。 2. 不讲小话，不搞小动作、不打断他人发言。 3. 注意力集中，边听边思考。 4. 结合他人发言，优化自身思考		
		氛围： 1. 学生积极参与学习活动并提问。 2. 主动思考、探究，有浓厚求知欲		
		自信： 1. 具有批判质疑、创新开拓精神。 2. 能大胆、清晰地表达自己的观点		
		合作： 1. 善于与人合作，懂得合理分工。 2. 虚心听取他人意见		
	关注学习效果	目标达成度： 1. 学生清晰本节课学习目标。 2. 掌握基础知识，能运用所学知识发现问题提出问题。 3. 具有独立地探究新知识、筛选信息能力		
		思维条理性： 1. 对所学知识建立整体结构梳理。 2. 有条理表达自己的意见。 3. 解决问题过程清晰，步骤明晰		
		思维创造性： 1. 具有创造思维，能用不同的方法解决问题。 2. 具有独立思考的能力		

（1）关注设计。学科课程美育渗透课堂观测量表在关注设计中考量5个方面：一是了解学生已有认知了吗？关注学生对知识的后续学习了吗？二是教学目标以素养为导向渗透美育吗？三是教学重难点和审美视点把握

好了吗？四是审美视点教学环节清晰吗？美育渗透突出吗？五是板书设计推动教学过程了吗？关注设计主要是挖掘教材的美感因素，合理地组织课堂教学，最大限度地将美呈现给学生，推行愉悦而适切的教育，让学生的每一天都是美好的。

（2）关注学生。学科课程美育渗透课堂观测量表在关注学生方面，主要从关注学生学习状态和关注学生学习效果、改进措施及建议三个维度来评价。其中，关注学生学习状态又以倾听、氛围、自信、合作4个方面进行观察，关注学生学习效果又以目标达成度、思维条理性、思维创造性3个方面进行观察。改进措施及建议是站在学生成长的角度评价的，以促进学生发展，实现学生个人增值。

2. 学科课程美育渗透表现表

表现性评价最开始起源于美国，是在20世纪90年代兴起的一种评价方式。表现性评价主要是从一些测试的行动、表演、展示等外显客观的行为来评价学生，如口头表达能力、文字表达能力、思维能力、创造能力、实践能力等。学科课程美育渗透表现表是基于各个年龄段一年级、二年级、三至六年级学生的心理特点、行为习惯、学习内容等方面，对学生进行学科课程美育渗透表现性评价。一、二年级开展非纸笔表现性评价，三至六年级开展核心素养评价。

一年级非纸笔表现性评价单从倾听、与人交往、书写、朗诵与背诵、表达、运算能力、空间观念、问题解决8个方面对学生进行表现性评价。一年级非纸笔表现性评价采用现场测试的方式，邀请各年级组组长担任考核人员对学生进行测评。测试过程会用摄像机全程记录。测评后，相应教师会根据测试过程做好结果分析，并在教研组分析测试结果并反馈（见表6-7）。

表 6-7 一年级非纸笔表现性评价单

项目	标准	等级	具体表现
倾听	1. 专注。一节课40分钟，能在教师的引导下适时地关注课件、黑板、书本、老师和学生发言内容。 2. 积极思考，能随时根据学习内容，主动思考问题，积极回应课堂中的问题	☆☆☆	1. 非常好（　） 2. 与周边同学讲话（　） 3. 自己玩自己的东西，如橡皮、手等（　）
与人交往	1. 内心友好善良。 2. 能与同学合作完成事情。 3. 乐于助人	☆☆☆	1. 能很好地与同学合作相处（　） 2. 不肯吃点亏，不愿礼让他人（　） 3. 没有为善利他、帮助他人的意识（　）
书写 坐姿	头正 身直 足安	☆☆☆	1. 优秀（　）10分，以下有一项扣1分 2. 头低得太低（　） 3. 身体离桌子太近（　） 4. 脚随意放，甚至跷脚（　）
书写 握笔姿势	(正确握笔图示)	☆☆☆	1. 非常好（　）10分，以下有一项扣1分 2. 手指离笔尖太近（　） 3. 大拇指包食指过多（　） 4. 笔与纸面角度不对（　）
书写 书写情况	大小合适 横平竖直 书写有力 结构合理	等级☆☆☆	1. 工整，优秀（　）10分，以下有一项扣1分 2. 大小不合适（　） 3. 笔画歪斜（　） 4. 力度绵软无力（　） 5. 结构不太合理（　）

续表

项目	标准	等级	具体表现
朗读背诵	1. 正确认读词语。 2. 正确读段落。不加字，不减字。 3. 流畅。诗句连读，断句合适。 4. 背诵流畅	☆☆☆	1. 非常好（　）10分，以下有一项扣1分 2. 有加减字情况（　） 3. 短语连读不够，断句不合适（　） 4. 背诵有遗漏（　）
表达	1. 观察细致，能抓住关键信息。 2. 根据一幅图信息进行合理想象。 3. 能合理选用词语。 4. 表达清楚	☆☆☆	1. 非常好（　）10分，以下有一项扣1分 2. 关键信息有遗漏（　） 3. 想象力还可以更好（　） 4. 词语选用不合适，表达不够清楚（　）
运算能力	每分钟能计算8~10道计算题。 10道为3星，9道为两星，8道为1星，8道以下不合格	☆☆☆	总共计算（　）道 正确（　）道 错误（　）道
空间观念	在钟面上拨出正确的时刻	☆☆☆	1. 一次就正确地拨出（　） 2. 一次未能选出正确的拨出（　） 3. 两次均未能选出正确的拨出（　）
问题解决	根据数学书的定价选择合适的人民币	☆☆☆	1. 一次找出所需人民币（　） 2. 一次未能找出所需人民币。（　） 3. 不能找出所需人民币（　）

二年级非纸笔表现性评价单也是从倾听、与人交往、书写、朗诵与背诵、表达、运算能力、空间观念、问题解决8个方面对学生进行表现性评价。但语文和数学在一、二年级的内容上有不同的要求。比如语文，二年级的书写要求比一年级更加严格，朗读方面一年级的评价是做到流畅，二

年级则不仅要达到流畅，还要有感情。在表达方面，一年级的要求是能根据一幅图进行合理想象，二年级则要求能对多幅图之间的关联进行合理想象和补充。数学一年级主要是考查学生一位数的加减法，二年级则主要是考查学生两位数的加减法。在空间观念方面，对于钟面的时间，一年级是考查学生整时、几时半等，二年级则是考查学生认识几时几分。在问题解决方面，一年级要求能根据数学书的定价选择合适的人民币，二年级则要求会估计物体长度并准确测量等。

二年级非纸笔表现性评价采用现场测试方式，邀请各年级组组长担任考核人员对学生进行测评。测试过程会用摄像机全程记录。测评后，相应教师会根据测试过程做好结果分析，并在教研组分析测试结果并反馈（见表6-8）。

表6-8　二年级非纸笔表现性评价单

项目		标准	等级	具体表现
倾听		1. 专注。一节课40分钟，能在教师的引导下适时地关注课件、黑板、书本、老师和学生发言内容。 2. 积极思考，能随时根据学习内容，主动思考问题，积极回应课堂中的问题	☆☆☆	1. 非常好（　　） 2. 与周边同学讲话（　　） 3. 自己玩自己的东西，如橡皮、手等（　　）
与人交往		1. 内心友好善良。 2. 能与同学合作完成事情。 3. 乐于助人	☆☆☆	1. 能很好地与同学合作相处（　　） 2. 不肯吃点亏，不愿礼让他人（　　） 3. 没有为善利他、帮助他人的意识（　　）
书写	坐姿	头正 身直 足安	☆☆☆	1. 优秀（　　），以下有一项扣1分 2. 头低得太低（　　） 3. 身体离桌子太近（　　） 4. 脚随意放，甚至跷脚（　　）

续表

项目	标准	等级	具体表现
握笔姿势	正确握笔	☆☆☆	1. 非常好（　　）10分，以下有一项扣1分 2. 手指离笔尖太近（　　）有一项扣一分。 3. 大拇指包食指过多（　　） 4. 笔与纸面角度不对（　　）
书写情况	大小合适 横平竖直 书写有力 结构合理　　等级☆☆☆		1 工整，优秀（　　）10分，以下有一项扣1分 2. 大小不合适（　　） 3. 笔画歪斜（　　） 4. 力度绵软无力（　　） 5. 结构不太合理（　　）
朗读	1. 读段落不加字，不减字。 2. 流畅。短语连读，断句合适。 3. 读出语气，有感情	☆☆☆	1. 非常好（　　）10分 2. 有加减字情况（　　） 3. 短语连读不够，断句不合适（　　） 4. 读书太平淡（　　）
表达	1. 观察细致，信息运用恰当。 2. 能对多幅图之间的关联进行合理想象和补充。 3. 表达清楚、流畅	☆☆☆	1. 非常好（　　）10分，以下有一项扣1分 2. 信息有遗漏，图之间的关联不够（　　） 3. 表达不够清楚（　　） 4. 想象力还可以更好（　　）
运算能力	每分钟能计算8~10道计算题。 10道为3星，9道为两星，8道为1星，8道以下不合格	☆☆☆	总共计算（　　）道 正确（　　）道 错误（　　）道
空间观念	在钟面上拨出正确的时刻	☆☆☆	1. 一次就正确地拨出（　　） 2. 一次未能选出正确的拨出（　　）

续表

项目	标准	等级	具体表现
			3. 两次均未能选出正确的拨出（ ）
问题解决（量感）	会估计物体长度，准确测量	☆☆☆	1. 估计、测量准确。 2. 估计差距大，测量准确 3. 估计差距大，测量不准确

表6-9 儿童艺术学校语文学科3—6年级核心素养评价量表

班级	姓名	评价要素						合计得分	评价结果		
		能力指标			素养指标				8≤A≤10（优）	6≤B<8（合格）	C<6（不合格）
		仪态大方（1分）	声音洪亮（1分）	语言规范（1分）	表达顺序（1分）	表达清楚（2分）	具体生动（2分）	有感染力（2分）			

语文学科三至六年级核心素养测评，主要是从学科能力和学科核心素养对学生进行测评，能力指标包括仪态大方、声音洪亮、语言规范。此项指标在三至六年级的测评中均有涉及，而素养指标会结合新课程标准在各个年段中的具体要求和教科书的学习重难点涉及（见表6-9）。在考查核心素养时，所设计的内容一定是基于学生的真实学习、生活场景，并把对生活的理解、感悟和解决问题融入其中，为学习生活服务。例如，四年级上册语文核心素养的检测，选取《欢乐的放学路上》中校门口的场景，将学生置身于放学人群，让学生借助提供的问题或自己补充问题把场景说清

楚，展现并记录自己的真实生活。这是学生对自己生活的关注，引导学生做生活中的有心人，为学生学习语文学科知识和用学科知识解决学习、生活上的问题奠定坚实的基础（见表6-10）。

表6-10 沙坪坝区儿童艺术学校四年级上期语文核心素养检测

> 口头表达题目：《欢乐的放学路上》
> 场景：
> "叮铃叮铃……"放学铃声响起来了，同学们背着书包三三两两结伴而出，我随着人群走出校门，突然看见……
> 如果你是校门口同学中的一员，请根据文章题目与场景，说说自己和同学的各自表现。也可以借助以下问题把场景说清楚。还可以补充几个问题哟！
> 1. 我放学路上是和谁一起的？
> 2. 我们说了什么？
> 3. 我们遇到了什么事？
> 4. ＿＿＿＿＿＿＿＿＿＿＿＿
> 5. ＿＿＿＿＿＿＿＿＿＿＿＿
> ……

三至六年级进行核心素养测评时，数学学科主要从表达和内容两个维度进行核心素养评价。表达方面评价的要点主要有是否抬头挺胸、是否有眼神交流、手势配合如何、是否清晰流畅、音量是否合适、是否采用学科语言。具体要求，第一层次是能开口；第二层次是音量合适、手势配合、面向评委；第三层次是眼神交流、学科语言清晰流畅。内容方面的评价要点，主要有是否观点合理、结论正确。具体要求，第一层次是有正确结论，第二层次是观点表达准确。评价结果分为3个维度，分别是优秀、良好、合格。测评内容主要是依据本学期数学学科知识内容，选取2~3道明显涉及核心素养的数学问题，如三年级上册数学测评题，选取了周长与面积的知识点，借助用篱笆围鸡圈的情景。除法的算理，以95÷3为例，要求说一说数字表示什么。时间问题，按照规律求现实问题。以上3个例题都主要是为了考查学生的几何直观、运算能力等核心素养（见表6-11、表6-12）。

表 6-11　儿童艺术学校数学学科 3—6 年级核心素养评价量表

评价内容	评价要点	具体要求		得分
表达（20）	抬头挺胸 眼神交流 手势配合 清晰流畅 音量合适 学科语言	能开口	14 分	
		音量合适、手势配合、面向评委	优：17 良好：16 合格：15	
		眼神交流、采用学科语言、清晰流畅	优：20 良好：19 合格：18	
内容（80）	观点合理 结论正确	有正确结论	给该题分值的一半（40 分）	
		观点表达准确	优：思路清晰、表达流畅、自信给剩下分值的 85%～100%（34～40 分）	
			良：有思路，能表达给剩下分值的 70%～84%（28～34 分）	
			合格：有结论，但思路需要引导，给剩下分值的 60%～69%。（24～27 分）	
总分（100）				

表6-12 沙坪坝区儿童艺术学校三年级上册数学核心素养测试题

1. 李阿姨用篱笆靠墙围1个鸡圈（如右图）。列式计算，并说出解题思路。
（1）这个鸡圈的面积是多少平方米？（2分）

（2）围这个鸡圈需要多少米长的篱笆？（2分）

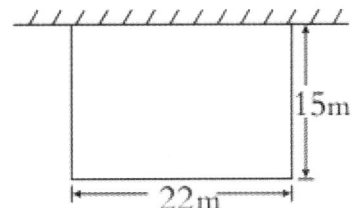

2. 一共95枝花，平均每个花瓶插4枝。结合题目说一说下面数字表示的什么？（3分）

8表示什么？

12表示什么？

3. 重庆843路公共汽车10分钟开出一班，妈妈想要搭上7：45的汽车，到达车站时已经是7：48，她要等（　　）分钟才能乘坐下一班。说一说你是怎么想的？（3分）

学科整合的美育范式和创新实践

三至六年级的核心素养测评,采用现场测试的方式,抽取学生独立上台讲解,邀请各年级组组长担任考核人员并对学生进行测评。测试过程会用摄像机全程记录。测评后,相应教师会根据测试过程做好结果分析,并在教研组分析测试结果并反馈。

(三)综合类课程评价工具

综合类课程运用多个学科的知识和方法探索一个主题。学校综合类课程包括三种类型:以学科问题解决为主线的课程综合、以生活问题解决为主线的课程综合、以社会问题解决为主线的课程综合。三类综合课程仍以审美为核心,以活动为载体,以问题解决为主线,开展探究、调查、走访、实践等,密切学生与自然、生活、社会的联系,使学生在真实情境中学会获得直接经验,学以致用,提高解决问题的能力。

1. 以学科问题解决为主线的课程综合

以学科问题解决为主线的课程综合是指将学科知识与实践相结合,通过实践活动来提高学生的实践能力和综合素质。它不仅涉及学生对学科知识的学习和理解,还要求学生能够将所学知识应用于实际情境,并能够解决实际问题。学科类综合性实践活动可以是课堂内的实践活动,也可以是课外的实践项目。

2. 以生活问题解决为主线的课程综合

以生活问题解决为主线的课程综合基于学生经验,密切联系学生的生活实际,体现对知识的综合应用。该课程强调以学生的经验、生活问题为核心,以主题的形式对课程资源进行整合,以有效地培养和发展学生解决问题的能力、探究精神和综合实践能力为目的。

3. 以社会问题解决为主线的课程综合

以社会问题解决为主线的课程综合是指以社会问题为核心,开展以发现问题、分析问题和解决问题为基本流程的项目式活动课程。以社会问题解决为主线的综合课程旨在培养学生的问题意识以及解决社会问题的能力，考核也是以真实情境中出现的社会问题为主。

综合类课程美育效应范式是指将综合类课程视为美育实施的转化渠道和策略，通过以学科问题解决为主线的课程综合、以生活问题解决为主线的课程综合和以社会问题解决为主线的课程综合三类实践活动来提升学生在真实情境中创造性解决问题的能力。综合类课程美育效应范式强调在活动中育人，在实践中成长，以五育融合育人为基本路径，把美育贯穿于德育活动、审美实践、体育活动、劳动实践中，把美育融通于课程的设计、实施、评价的全过程，实现综合类课程美育效应。

综合类课程都是从四个维度进行评价，但评价的侧重点有所不同。综合类课程采用的是量性评价工具，以1~5分的赋分方式对综合类课程进行评分，从4个方面来设计综合类课程美育效应评价量表，分别是确定主题评价、活动设计评价、活动实施评价、活动成果展示与总结评价。基于PBL模式下构建综合类课程美育效应评价量表（见表6-13）。

表6-13 综合类课程美育效应评价量表

	维度描述	评分					改进意见
"确定主题"评价	发现问题能力	5	4	3	2	1	
	信息收集能力	5	4	3	2	1	
	信息处理能力	5	4	3	2	1	
"活动设计"评价	分析问题能力	5	4	3	2	1	
	活动方案设计	5	4	3	2	1	
"活动实施"评价	协调过程能力	5	4	3	2	1	
	解决问题能力	5	4	3	2	1	
	团队合作能力	5	4	3	2	1	
"活动成果"评价	成果作品	5	4	3	2	1	
	成果汇报	5	4	3	2	1	

学科整合的美育范式和创新实践

综合类课程美育效应"确定主题"评价,主要是通过选定综合类课程项目,选取一个主题,明确综合类课程活动开展的目的和意义,诊断综合类课程主题的难度是否适合现阶段学生的年龄和心理特点,评价学生探索的敏锐性与批判思维,判断学生检索资料的能力与系统整理能力等能力(见表 6-14)。

表 6-14 综合类课程美育效应"确定主题"记录单

序号	研究主题	研究意义
1		
2		
3		
4		
……		
最终确定主题:		

综合类课程美育效应"活动设计"评价，主要是对综合课程的活动方案、学生的活动方案设计进行评价，评价活动准备阶段、活动实施阶段、活动总结阶段具体内容的安排是否合理，难度是否恰当（见表6-15）。

表6-15 综合类课程美育效应"活动设计"记录单

活动主题		小组成员	
研究目标			
活动方案	阶段	具体内容	人员分工
	活动准备阶段		
	活动实施阶段		
	活动总结阶段		

综合类课程美育效应"活动实施"评价，主要是对活动准备阶段、活动实施阶段、活动总结阶段三个阶段评价。这三个阶段对应三个方面的能力，分别是协调过程能力、解决问题能力、团队合作能力。活动准备阶段主要是考查学生分析问题的能力、分析论证的能力和总结归纳的能力。活动实施阶段主要是对学生解决问题的综合能力进行分析与判断，包括联想能力、转移经验能力、动手操作能力、组织协调能力、独立决策能力等。活动总结阶段主要是对活动过程和活动结果进行系统梳理和总结，主要对学生与人沟通、交流能力和小组协作等能力进行评价（见表6-16）。

表 6-16　综合类课程美育效应"活动实施"记录单

活动主题			小组成员	
阶段	时间	研究方式	人员分工	阶段成果
活动准备阶段				
活动实施阶段				
活动总结阶段				

综合类课程美育效应"活动成果展示与总结"评价，主要是对成果作品进行评价和对成果汇报进行评价。该阶段主要是让学生及时获得关于学习过程的反馈，改进后续活动，促进全面发展。该过程评价包含多方面的评价，如语言表达能力、分析问题能力、提出问题能力、回答问题能力、兼容能力等（见表 6-17）。

表 6-17　综合类课程美育效应"活动成果展示与总结"记录单

活动主题		汇报人	
研究目标			
研究结果			
研究成效			
存在问题及改进意见			

第三节 学科整合美育范式评价工具的应用

为了更好地说明评价工具应用的具体操作方法，本节节选艺术类课程中的《狮王进行曲》和学科类课程中的《笔尖流出的故事》以及综合类课程中的《红岩》三个案例片段作为示范，展示评价工具的使用过程以及具体评价方式。

一、艺术类课程评价工具的应用

艺术课程美育增值范式以培养学生审美感知、艺术表现、创意实践、文化理解为价值取向，以各艺术学科自己独特的审美方式为基本载体，以体验美、转化美、创造美为主要线索，融合音乐、美术、舞蹈、戏剧、影视等课程中相关联的审美视点，通过艺术课程课堂教学、艺术赏析、艺术创作等实施途径，实现艺术与多学科的跨界组合，实现艺术课程的美育增值。

《义务教育艺术课程标准（2022年版）》指出："坚持素养导向。围绕核心素养内涵、课程总目标和学段目标，依据课程的内容要求、学业要求和学业质量标准进行全面、综合的评价，既要关注学生掌握艺术知识技能的情况，更要重视对价值观、必备品格、关键能力的考查。"艺术课程美育增值评价注重素养导向，从审美感知、艺术表现、创意实践、文化理解4个维度实施评价，体现教、学、评一体化（见表6-18、表6-19）。

表6-18 国家艺术音乐学科（1~2年级）评价量表

	维度描述	评分					改进意见
审美感知	能体验音乐的情绪与情感，了解音乐的基本特征，感知音乐的艺术形象，对音乐产生兴趣	5	4	3	2	1	

续表

维度描述		评分					改进意见
艺术表现	能积极参与演唱、演奏、歌唱表演、律动、音乐游戏、舞蹈、戏剧表演等艺术活动，积累实践经验，享受艺术表现的乐趣	5	4	3	2	1	
创意实践	对音乐有好奇心和探究欲，能在探究声音与音乐的过程中表达自己的想法和感受	5	4	3	2	1	
文化理解	初步了解中国音乐文化和世界多元音乐文化	5	4	3	2	1	

表6-19 国家艺术美术学科（1~2年级）评价量表

维度描述		评分					改进意见
审美感知	能感知身边的美，认识美存在于我们身边，初步形成发现、感知、欣赏美的意识	5	4	3	2	1	
艺术表现	能使用不同的工具、材料和媒介，按照自己的想法，以平面、立体或动态等表现形式表达所见所闻、所感所想	5	4	3	2	1	
创意实践	学会从外观和使用功能等方面了解物品的特点，能针对某件物品的设计提出自己的改进意见，进行装饰和美化，初步形成设计意识	5	4	3	2	1	

续表

	维度描述	评分					改进意见
文化理解	能利用不同的工具、材料和媒介，体验传统工艺，学习制作工艺品，知道中国传统工艺是中华民族文化艺术的瑰宝，增强中华民族自豪感	5	4	3	2	1	

下面以《狮王进行曲》为例，说明艺术类课程评价工具的应用。这一课程紧密围绕音乐元素的表达功能展开，使学生在学习过程中形成一种良好的倾听习惯，并在此过程中逐渐培养音乐的鉴赏能力。同时，教师的示范可以使学生对音乐有最直接的感受，进而更好地体会音乐的特征和变化。《狮王进行曲》是一曲以体验性活动为主的音乐，其表现形式以体验性活动为主，着重于对听觉和触觉的训练（见表6-20）。

表6-20 艺术类课程评价工具的应用

	维度描述	评分					改进意见
审美感知	能体验音乐的情绪与情感，了解音乐的基本特征，感知音乐的艺术形象，对音乐产生兴趣	5	4	3	2	1	1. 采用层层深入的提问方法进行音乐表象的积累。 2. 仔细地对谱例进行分析和研究，指导幼儿去发现和模仿乐曲中的节奏。
艺术表现	能积极参与演唱、演奏、歌唱表演、律动、音乐游戏、舞蹈、戏剧表演等艺术活动，积累实践经验，享受艺术表现的乐趣	5	4	3	2	1	

续表

维度描述	评分					改进意见
创意实践	对音乐有好奇心和探究欲，能在探究声音与音乐的过程中表达自己的想法和感受	5	4	3	2	1	3. 进行小组教学模拟实践活动，培养学生的创新能力、合作能力、表演能力、语言表达能力以及整体规划设计能力
文化理解	初步了解中国音乐文化和世界多元音乐文化	5	4	3	2	1	

二、学科类课程评价工具的应用

学科类课程在小学主要是指道德与法治、语文、数学、英语、科学、体育等非艺术学科。学科课程美育渗透范式，主要是指以学科核心素养为导向，以学科基础知识、基本技能为主要载体，以学科课程作为美育的辅助性手段和方式，将美育渗透到各个学科的教学中，使学生在学习知识的同时获得审美体验和感悟。通过在学科中渗透语言美、逻辑美、简洁美、文化美等美育因素，以课堂教学为主要途径，实施教学评一体化课程构建，达到学科课程美育渗透的目的。

下面以统编版教材中的《笔尖流出的故事》为例说明学科类课程评价工具的应用。设计《笔尖流出的故事》写作案例的目的是让学生围绕主要人物展开想象，创设完整情节，感受故事矛盾之美，培养学生的写作能力。

学科课程美育渗透课堂观测量表主要是通过关注教师设计、关注学生课堂学习状态和学习效果，反映教师的美育渗透课堂情况。该表是从观评项目、指标具体要求、评价等级和改进意见四个维度进行评价，再从关注设计和关注学生两个方面开展评价（见表6-21）。

表6-21 学科类课程美育渗透课堂观测量表

班级	六年级	授课教师	刘刚	观测时间	5.7
课题		《笔尖流出的故事》		课时	1课时
观评项目		指标具体要求		评价等级(优、良、中、差)	改进意见
关注设计		1. 是否了解学生已有认知，是否关注学生对知识的后续学习		优	1. 学习情境创设和优化。新课程标准强调"创设真实的情景可以激发学生学习的积极性。"本课的情景可以更加贴近学生的生活或学习实际，最大程度地激发学生的学习热情。比如，评选故事创编大王。这样的学习情境能一以贯之地出现在学习过程的主要环节中，进而串联起整堂课，让学生持续地浸润在这样的情境中。 2. 新情节的创设。在新情节的创设上，本课给学生做了一些较好的提示，但是学生对新情节的创设受到自身经验的影响。课前要学生充分做好预习，思考"有什么样特点的
		2. 教学目标是否以素养为导向渗透美育		优	
		3. 教学重难点和审美视点是否把握好		优	
		4. 审美视点教学环节清晰与否。美育渗透突出与否		优	
		5. 板书设计是否推动教学过程		优	
关注学生	关注学习状态	倾听： 1. 课前准备好，坐姿端正。 2. 不讲小话，不搞小动作、不打断他人发言。 3. 注意力集中，边听边思考。 4. 结合他人发言，优化自身思考		优	
		氛围： 1. 学生积极参与学习活动并提问。 2. 主动思考、探究，有浓厚求知欲		优	

续表

班级	六年级	授课教师	刘刚	观测时间	5.7
关注学习效果	自信： 1. 具有批判质疑、创新开拓精神。 2. 能大胆、清晰地表达自己的观点			良	兔子会发生什么事"。此外，在课堂上应给同学充分发言的机会，通过倾听同学的发言，激发他们创设不同人物特点的故事新情节。老师需强调，这样的想象不是凭空来的。 3. 故事的结局。故事的结局应多样性。本课只是让学生写了"乌龟又赢了"这一个结果来构思新故事，对于其他结果却未涉及。是否可以在课堂上让学生有更多的选择，让故事新编更丰富一些
	合作： 1. 善于与人合作，懂得合理分工。 2. 虚心听取他人意见			优	
	目标达成度： 1. 学生清晰本节课学习目标。 2. 掌握基础知识，能运用所学知识发现问题提出问题。 3. 具有独立地探究新知识、筛选信息能力			优	
	思维条理性： 1. 对所学知识建立整体结构梳理。 2. 有条理表达自己的意见。 3. 解决问题过程清晰，步骤明晰			优	
	思维创造性： 1. 具有创造思维，能用不同的方法解决问题。 2. 具有独立思考的能力			良	

三、综合类课程评价工具的应用

综合课程是实现立德树人的重要路径，以五育融合为背景，以培养学生德智体美劳全面发展为课程目的,促使学生充分发挥主体作用,形成对知识、情感、方法等的自主体验。课程内容不局限于单个学科,可以是跨学科、超学科等多种方式,根据学生的爱好、兴趣、接受能力和原有的知识结构,以及学生的需要和特点,以生活、社会为主题或者以学科概念为主题,多元化开展实施。

下面以综合类课程中的《红岩,我把您传承》为例说明综合类课程评价工具的应用。综合类课程是以确定主题为前提,以活动设计为方向保障,以活动实施为核心,以活动成果展示为关键,以活动总结与拓展为重点。因此,综合类课程美育效应评价按活动流程分为确定主题评价、活动设计评价、活动实施评价、活动成果展示与总结评价等,为了将理论模型落实到具体实践,在参考相关指标体系的基础上,构建基于PBL模式的综合类课程美育效应评价表(见表6-22、表6-23)。

表6-22 综合类课程美育效应"确定主题"记录单

序号	研究主题	研究意义
1	重庆红岩	了解重庆红岩,重庆精神
2	沙坪坝红岩	了解重庆红岩,沙坪坝精神
3	红岩,我想对您说	通过重庆红岩,感悟重庆红岩精神
4	红岩,我把您传承	体会红岩精神,了解重庆红岩精神,促进学生在生活中发现美、感受美、创造美
……		
最终确定主题:《红岩,我把您传承》		

表 6-23　综合类课程美育效应"活动设计"记录单

活动主题	《红岩，我把你传承》	小组成员	第 1 小组
研究目标	学科知识或技能目标——求真（学科知识点或技能点） 1. 阅读《红岩》整本书，梳理故事情节； 2. 聚焦人物在典型环境下的选择，体会典型人物的形象； 3. 参观"红岩魂陈列馆"等红岩文化基地，对比典型人物在小说中的表现，初步感知红岩精神的内涵。 品德价值取向目标——求善（学科育人） 1. 通过阅读《红岩》、参观红岩文化基地（如渣滓洞、白公馆、红岩魂陈列馆等）等语文实践活动，体会红岩精神的崇高美。 2. 联系生活实际，在生活中践行新时代红岩精神，做时代新人。 审美与人文素质目标——求美（审美） 通过对红岩精神的学习体会，知道美来源于生活，又反作用于生活，培养学生在生活中发现美、感受美、创造美的能力		

活动方案	阶段	具体内容	人员分工
	活动准备阶段	1. 参观"红岩魂陈列馆"等红岩文化基地。 2. 阅读《红岩》整本书，梳理故事情节	1-4 号
	活动实施阶段	学生分小组合作、自主探讨，如何从坚如磐石的理想信念、不折不挠的斗争精神、出淤泥而不染的政治品格、民主团结的统战思维四个方面传承红岩精神。 　　除了红岩精神外，用同样的方法去了解红船精神、井冈山精神、大别山精神等	1-4 号

续表

活动主题	《红岩，我把你传承》	小组成员	第 1 小组
活动总结阶段	1.《红岩》人物信息卡展示。 2.《红岩》故事情节图。 3.《红岩》美词佳句主题摘录。 4. 艺术表演展示，如器乐合奏《红梅赞》、舞蹈《绣红旗》、表演唱《我是红岩乖娃娃》、绘画《小萝卜头》等		1-4 号

第一阶段，学生首先阅读《红岩》，通过梳理小说的文体特征、整理故事情节，关注人物在典型环境中所做的选择，深入体会典型人物形象的塑造。第二阶段，结合学校的艺术特色和地理位置，引导学生实地走访渣滓洞、白公馆、红岩革命陈列馆等红岩文化基地，全面感知红岩精神的崇高美。这种精神包括坚如磐石的理想信念、不屈不挠的斗争精神、出淤泥而不染的政治品格，以及民主团结的统战思维。第三阶段，学生将个人艺术特长融入其中，通过讲述红岩故事，结合自身实际行动，传承红岩精神。此举旨在引导学生从自身的出发，从身边小事做起，做合格的红岩精神传承者和弘扬者，实现知行合一的目标，践行崇高美的理念。

这一过程旨在通过实践行动，使学生深刻领悟并践行红岩精神，推动个体价值观与社会价值观的融合，促进学生全面发展（见表6-24）。

表 6-24　综合类课程评价量表

	维度描述	评分					改进意见
"确定主题"评价	发现问题能力	5	4	3	2	1	1. 学生在项目化学习过程中，阅读小说，以革命历史事件、历史人物为对象，抓住典型环境中典型人物的表现，加红色研学活动，充分体会红岩精神的崇高美。 2. 以典范性的语言运用结果为学习材料，通过鉴赏、表达、评价、创造等个性化的言语实践实现美育素养的提升。
	信息收集能力	5	4	3	2	1	
	信息处理能力	5	4	3	2	1	
"活动设计"评价	分析问题能力	5	4	3	2	1	
	活动方案设计	5	4	3	2	1	
"活动实施"评价	协调过程能力	5	4	3	2	1	
	解决问题能力	5	4	3	2	1	
	团队合作能力	5	4	3	2	1	
"活动成果"评价	成果作品	5	4	3	2	1	
	成果汇报	5	4	3	2	1	

学科整合美育范式的评价基于科学的理论进一步开展，以第四代教育评价理论、情绪智力评价理论、生态艺术教育理论等理论基础为支撑，开发了艺术类课程美育增值评价、学科类课程美育渗透评价、综合类课程美育效应评价三类相应的评价工具，并以具体案例呈现工具应用过程，进而完善学科整合美育范式的科学评价体系。

参考文献

[1] 席勒弗里德里希. 审美教育书简[M]. 冯至，范大灿，译. 上海：上海人民出版社，2022.

[2] 粟高燕. 论学校美育体系的创新[J]. 教育探索，2002（10）.

[3] 联合国教科文组织丛书. 学会生存——教育世界的今天和明天[M]上海：上海译文出版社，1979.

[4] 汪宏，赵伶俐. 政策视域下中国学校美育百年嬗变[J]. 西南大学学报：社会科学版，2022，48（1）.

[5] 章咸，张援. 中国近现代艺术教育法规汇编[M]. 北京：教育科学出版社，2011.

[6] 凯洛夫. 教育学：上册[M]. 北京：人民教育出版社，1950.

[7] 凯洛夫. 教育学：下册[M]. 北京：人民教育出版社，1951.

[8] 赵伶俐. 让教师学会发现美、感知美、体验美、表达和创造美[J]. 人民教育，2017（Z3）.

[9] 张超，尹爱青. 新时代美育教师的培养路径[J]. 学校党建与思想教育，2023（6）.

[10] 温家宝. 文学艺术与真善美[N]. 人民日报，2006-11-29（1）.

[11] 赵伶俐. 美育：使人格完美和谐的教育[J]. 人民教育，2014（21）.

[12] 陈平. 美育为什么重要——基础教育中美育的价值和实现途径[J]. 课程.教材.教法，2017（2）.

[13] 舒丹. 走向文化立场：当代学校美育的价值选择[J]. 中小学管理，2019（6）.

[14] 秦波，李婷婷. 以美为经·五育融合：构建学校美育新格局[J]. 中小学管理，2021（12）.

[15] 怀特海. 教育的目的[M]张亚琴，鲁非凡，译.太原：山西教育出版社，2002.

[16] 中华人民共和国教育部. 义务教育课程方案（2022年版）[S]. 北京：北京师范大学出版社，2022.

[17] 何茜，余雁君. 新时代中小学艺术教育的时代使命与价值重构[J]. 课

程.教材.教法，2023，43（2）.

[18] 王杰.以美育人，建设素养型艺术课程标准[J].课程·教材·教法，2023，43（2）.

[19] 伍香平，朱会从.试论儿童审美体验[J].教育研究与实验，2021（2）.

[20] 谢渊.高校艺术实践类课程线上线下混合教学模式探究[J].江苏高教，2023（8）.

[21] 赵伶俐.视点结构教学技术原理——通用教学行为理论·诊断·评价·培训系统之一[M].上海：百家出版社，2002.

[22] 李玉文.论美的学科素养及实践价值[J].教育科学研究，2023-11-09.

[23] 张良，易伶俐.核心价值观如何进课程——联合国教科文组织的嵌入式设计模式及其意蕴[J].比较教育研究，2021，43（11）.

[24] 章建石.基于学生增值发展的教学质量评价与保障研究[M].北京：北京师范大学出版社，2014.

[25] 宋佳怡，程岭.课堂教学中增值性评价的优势及实施策略[J].教育科学论坛，2023（28）.

[26] 孙泽文，左菊，胡璇.教学设计：内涵、模块及其代表模式[J].内蒙古师范大学学报：教育科学版，2011，24（10）.

[27] 孙泽文，左菊，胡璇.教学设计：内涵、模块及其代表模式[J].内蒙古师范大学学报：教育科学版，2011，24（10）.

[28] 王江曼.高校二级学院评价的理性审视和进路构想——基于场域理论和第四代评价理论[J].浙江理工大学学报：社会科学版，2022，48（1）.

[29] 徐小燕，张进辅.情绪智力理论的发展综述[J].西南师范大学学报：人文社会科学版，2002（6）.

[30] 傅婵.情绪智力与中小学生的情感教育[J].外国中小学教育，2003（3）.

[31] 范蔚，赵伶俐.审美化教学论[M].北京：北京师范大学出版社，2016.

[32] 赵伶俐.视点结构教学技术原理[M].上海：百家出版社，2002.

[33] 赵伶俐.课堂教学技术与艺术：执教行为训练·评价·鉴赏[M].重庆：西南师范大学出版社，1993.

[34] 赵伶俐.人生价值的弘扬——当代美育新论[M].成都：四川教育出版社，1993；北京：北京师范大学出版社，2016.